高等职业教育经济管理类核心课程系列规划教材

Essentials of
Economics

经济学基础

主　编　付　兵　胡明琦　王　竹

副主编　王皑雪　杨光芬　陈晶晶　王家烈

参　编　莫兴军　杨　彦

ZHEJIANG UNIVERSITY PRESS
浙江大学出版社

前　　言

　　经济学基础是我国高等院校财经类和管理类专业必修的一门专业基础课,它主要介绍流行于西方市场经济国家的现代经济理论与经济政策。我国已经出版过一些西方经济学教材,其中虽然不乏优秀教材,但普遍存在本科和高职高专教材不分的问题,远远不能适应高职高专教育的需要。因此,有必要编写一本既符合特定层次培养目标,又符合中国国情的高质量的教材。本教材在借鉴国内外著名经济学教材体系和结构的基础上,遵循理论联系实际及学以致用的原则,在每章的内容中都穿插了匹配案例,突出教学中的实践环节。

　　本教材共十一章,包括:经济学概述(第一章),介绍经济学基本概念、经济学的主要内容和经济学的研究方法;微观经济学部分(第二至七章),分别是需求与供给理论、消费者行为理论、生产者行为理论、市场理论、分配理论、市场失灵与政府干预;宏观经济学部分(第八至十一章),分别是国民收入核算与决定理论、失业与通货膨胀理论、经济周期与经济增长理论、宏观经济。与以往的教材相比,本教材注重培养学生分析问题和解决问题的能力,在每个章节前面都有"学习目标"和"开篇案例",在每章的知识点中都会插入某些生活中的经济案例,章节后还设有"本章小结"和"思考练习",为财经商贸类学生一些后续课程的学习打下坚实的基础。

　　本教材适合高职高专经济管理类专业学生使用,也适合作为各类短期培训的选用教材,同时也是广大对经济学感兴趣的自学者可以选用的一本经济学基础教材。

　　本教材由贵州电子信息职业技术学院教师共同编写完成,由付兵、胡明琦、王竹担任主编,王皑雪、杨光芬、陈晶晶、王家烈担任副主编,莫兴军和杨彦参编。各章节编写分工如下:第一章由付兵编写,第二章由陈晶晶、莫兴军编写,第三章由陈晶晶编写,第四章由付兵编写,第五章由胡明琦编写,第六章由杨光芬、杨彦编写,第七章由王皑雪编写,第八章由王竹、胡明琦编写,第九章由杨光芬编写,第十章由王竹、王家烈编写,第十一章由王家烈编写,付兵负责全书的统稿工作。

　　由于编者水平有限,难免有疏漏之处,敬请广大读者提出宝贵意见,我们将及时进行补充修正。

编　者

目　录

第一章　经济学概述

▶ 学习目标

1. 了解经济学的概念
2. 理解稀缺性、选择的概念
3. 掌握经济学的研究对象
4. 能区分微观经济学与宏观经济学
5. 明白什么是实证分析法和规范分析法
6. 能用经济学理论解释某些经济现象

▶ 开篇案例

为什么学习经济学:向经济学家那样思考

在日常生活中,每个人其实都在自觉不自觉地运用着经济学知识。比如在自由市场里买东西,我们喜欢与小商小贩讨价还价;到银行存钱,我们要想好是存定期还是活期。经济学对日常生活到底有多大作用,有一则关于经济学家和数学家的故事可以参考。故事说的是三个经济学家和三个数学家一起乘火车去旅行。数学家讥笑经济学家没有真才实学,弄出的学问还摆了一堆诸如"人都是理性的"之类的假设条件;而经济学家则笑话数学家们过于迂腐,脑子不会拐弯,缺乏理性选择。最后经济学家和数学家打赌看谁完成旅行花的钱最少。于是三个数学家每个人买了一张票上车,而三个经济学家却只买了一张火车票。列车员来查票时,三个经济学家就躲到了厕所里,列车员敲厕所门查票时,经济学家们从门缝里递出一张票说,买了票了,就这样蒙混过关了。三个数学家一看经济学们这样就省了两张票钱,很不服气,于是在回程时也如法炮制,只买了一张票,可三个经济学家一张票也没有买就跟着上了车。数学家们心想,一张票也没买,看你们怎么混过去。等到列车员开始查票的时候,三个数学家也像经济学家们上次一样,躲到厕所里去了,而经济学家们却坐在座位上没动。过了一会儿,厕所门外响起了敲门声,并传来了查票的声音。数学家们乖乖地递出车票,却不见查票员把票递回来。原来是经济学家们冒充查票员,把数学家们的票骗走,躲到另外一个厕所去了。数学家们最后还是被列车员查到了,乖乖地补了三张票,而经济学家们却只掏了一张票的钱,就完成了这次往返旅行。这个故事经常被经济学教授们当作笑话讲给刚入门的大学生听,以此来激发学生们学习经济学的兴趣。但在包括经济学初学者在内的大多数人看来,经济学既枯燥又乏味,充满了统计数字和专业术语,远没有这则故事生动有趣;而且经济学总是与货币有割舍不断的联系,因此,人们普遍以为,经济学的主题内容是货币。其实,这是一种误解。经济学真正的主题内容是理性,其隐而不彰的深刻内涵就是人们理性地采取行动的事实。经济学关于理性的假设是针对个人而不是团体。经济学是理解人们行为的方法，它源自这样的假设：每个人不仅有自己的目标，而且还会主动地选择正确的方式来实现这些目标。这样的假设虽然未必总是正确，但很实用。在这样的假设下发展出来的经济学，不仅有实用价值，能够指导我们的日常生活，而且这样的学问本身也由于充满了理性而足以娱人心智，令人乐而忘返。尽管我们在日常生活中时常有意无意地运用了一些经济学知识，但如果对经济学知识缺乏基本的了解，就容易在处理日常事务时理性不足，给自己的生活平添许多不必要的烦扰。比如，刚刚买回车子，没过两天，这款车子却降价了，大部分人遇到这种情况的时候都垂头丧气，心里郁闷得很；倘若前不久刚刚买了房子，该小区的房价最近却上涨了，兴高采烈是一般购房者的正常反应。这些反应虽然符合人之常情，但跌价带来的郁闷感觉却是错误的。

经济学认为，正确的反应应该是：无论是跌价，还是涨价，都应该感觉更好。经济学认为，对消费者而言，最重要的是你消费的是什么——房价、车价是多少以及其他商品的价格是多少。在价格变动以前，你所选择的商品组合（房子、车子加上用收入余款购买的其他商品）对你来说就是最好的东西。如果价格没有改变，你会继续这样的消费组合。在价格变化以后，你仍然可以选择消费同样的商品，因为房子、车子已经属于你了，所以，你不可能因为价格变化而感觉更糟糕。但是，由于房子、车子与其他商品的最佳组合取决于房价、车价，所以，过去的商品组合仍然为最佳是不可能的。这就意味着现在还有一些更加吸引人的选择，因此，你的感觉应该更好。新的选择虽然存在，但你却更钟情于原来的最佳选择（原来的商品组合）。

在日常生活中，我们还常常烦扰于别人为什么挣得比我多，总是觉得自己得到的比应得的少，而经济学却告诉我们这样的感觉是庸人自扰，也是错误的。经济学认为别人比自己挣得多是正常的，自己得到的就是应得的，如果自己不能理性地坦然面对，只会给自己的生活带来不必要的烦扰和忧愁。

我们之所以在日常生活中遇到这样那样的烦扰，主要还是因为对经济学有一些误解，这可能是经济学说起来比较简单的缘故。"供给与需求""价格""效率""竞争"等都是大家耳熟能详的经济学词汇，而且这些词汇的意思也是显而易见的，因此，很多时候，似乎人人都是经济学家。人们不敢随便在一个物理学家或数学家面前班门弄斧，但在一个经济学家面前，谁都可以就车价跌了该高兴还是该郁闷等实际问题随意发表自己的见解。其实，经济学中有许多并非显而易见的内容，并不是每个人想象的那么简单。在经济学领域，要想从"我听说过"进入到"我懂得"的境界并不是件轻而易举的事情。

因此，掌握正确的经济学知识，将经济学思考问题的方法运用到日常生活中来，使我们能够更加理性地面对生活中的各种琐事，小到油盐酱醋，大到谈婚论嫁，就会减少生活中的诸多郁闷和不快，多一些开心，多一些欢笑。

经济学的理论告诉我们：资源是稀缺的，时间是有限的，选择是有代价的。我们要学会放弃一些眼前的利益，而选择机会，选择未来，坚持学习，不断地给自己充电，适应新的变化。如果你能多懂得一点经济学，就会多一点机遇，少一点风险。

讨论题：

1. 为什么学习经济学？

2. 如何学好经济学？

第一节　经济学基本概念

经济活动即生产和消费活动,是人类社会赖以生存和发展的基础。有两个基本的事实支配着人们的经济活动,即有限的资源和无穷的欲望。经济学从消费者、厂商、政府等多个角度研究如何用有限的资源最大限度地满足人们的需要,并揭示其规律,它是人们进行经济决策的基本理论依据。

经济学并非高高在上的纯学术理论,正如19世纪伟大的经济学家阿尔弗雷德·马歇尔所言,"经济学是一门研究人类一般生活事务的学问"。经济学原理可以运用到人们生活中的方方面面,不管是阅读新闻、租房或购房,还是管理企业,都有可能因学习并运用经济学原理而受益。

一、经济学的定义

人类从事经济活动的历史源远流长,其间不乏较成熟的经济思想,而系统研究经济活动并形成学科体系的经济学仅有200多年的历史。如今,经济学已发展成为分支众多的一门学科。经济学体系的基础起源于西方的微观经济学和宏观经济学,一般合称西方经济学。

西方经济学家对经济学的概念有多种定义。例如,经济学是研究国民财富的科学;经济学是研究生产关系的科学;经济学是研究如何把日子过得更好的科学;经济学是研究"快乐与痛苦"的微积分;经济学是研究如何"尽我们所有的,做我们最好的"等,如此这种,都是从不同角度给出了经济学要研究的对象和内容。

那么到底什么是经济学?迄今为止,在经济学界还没有一个被普遍接受的定义,一般认为,经济学根源在于人类欲望的无限性、资源的稀缺性以及所产生的行为选择。经济学之所以会产生和存在,是由于物质客观上的稀缺性及由此所引起的选择的需要。

目前,西方学者比较认同的经济学定义为:经济学是研究人和社会如何进行选择,来使用可以有其他用途的稀缺资源,以便生产各种商品,并在现在或将来把商品分配给社会的各个成员或集团以供消费之用。

二、欲望和稀缺性

马克思曾指出,物质资料的生产是一切社会存在和发展的前提。生存与发展的前提就是不断地用物质产品(或劳务)来满足人们日益增长的需要,而这些日渐增加的需要来自于人的欲望。经济学的产生和发展是人类社会进步的需要,欲望和稀缺性问题是经济学产生的基础,正是由于普遍存在的资源稀缺性与人类欲望无限性之间的矛盾,决定了任何社会所面临的基本经济问题,确定了经济学要研究的对象。

(一)欲望的无限性

欲望是人们为了满足生理或者心理上的需要而产生的渴望。简而言之,欲望是一种缺乏的感受与求得满足的愿望,即"求之不得"的感受。美国心理学家马斯洛认为,人的欲望是有层次的,当一个较低层次的欲望得到满足或部分得到满足时,就会产生更高层次的欲望。

人的欲望是无穷的,欲望的实现需要借助一定的物品。满足人们欲望的物品分成两类:

自由取用的物品(非经济物品或免费物品)和经济物品(需要花钱来购买的物品)。

自由取用的物品是指人类无须做出努力或花费任何代价便可随意得到的物品,如阳光、空气和水等。面对人类无限的欲望,用来满足人类需要的自由取用的物品将越来越少。比如水,在200多年前是自由取用的,而在今天,水已成为最为稀缺的资源之一。

经济物品是指人类必须付出一定代价或花费一定数量的金钱才能得到的物品。人类欲望的满足主要依赖于消费各种经济物品,经济物品在量上常常是稀缺的。

（二）资源的稀缺性

稀缺性就是资源的有限性。稀缺性是相对于人类无穷欲望而言的。人的欲望是无限的,用来满足人的欲望的资源又是有限的,这就反映为资源的稀缺性。资源的稀缺性既是相对的,又是绝对的。

1.资源的稀缺性具有绝对性

稀缺性是人类社会永恒的问题,资源稀缺的绝对性存在于人类社会的各个时期和人们生存的所有区域。从历史上来看,稀缺性存在于人类社会的所有时期。从世界各地来看,稀缺性存在于所有人类活动的区域。现实生活中的每个人都面临着稀缺性的问题,只不过稀缺的内容不同而已。

2.资源的稀缺性具有相对性

资源稀缺的相对性是指相对于人类无限的欲望而言,再多的资源也是稀缺的。

有人说,经济学就是关于选择的学问。正是由于普遍存在的资源稀缺性与人类需要无限性之间的矛盾,决定了经济学的研究对象是稀缺资源的配置和利用问题。

三、经济学研究对象

资源的稀缺性是一切经济问题产生的根源。经济学研究资源的稀缺性要解决两方面的问题:一方面是人们尽可能充分地利用资源以获得最大的满足;另一方面是人们需要对资源的用途做出合理的安排或配置,尽可能地降低机会成本。这两方面问题都属于在既定的资源约束条件下如何有效运用资源的问题,即效率问题。由于资源是稀缺的,人们在经济活动中就要做出各种各样的"选择"。

▶【案例1-1】

吴三桂"冲冠一怒为红颜"——选择

我们知道在清朝入关之前,在中国的历史上曾经发生了这样一个十分有意思的故事。

1644年,李自成率大顺军浩浩荡荡攻入北京城,明朝的崇祯皇帝万般无奈之下在景山选择了自缢。但是李自成心里清楚,并不是占据了北京城就可以高枕无忧了,因为此时的山海关还被明朝将领吴三桂所占据。于是李自成决定派人去游说吴三桂投降于他,并且答应给予许多优惠条件,以此来拉拢吴三桂,并声明要犒赏吴三桂及其驻守在山海关的部队。此时的吴三桂被李自成的诚意打动,已有降意。

就在吴三桂准备投诚李自成的前夕,吴三桂先后接到来自北京城的两个消息:其一是吴三桂的父亲被李自成的大将刘宗敏抓捕追赃,并且遭到非难;其二是吴三桂最爱的小妾陈园园也被刘宗敏所强占。得此消息之后,吴三桂勃然大怒,一气之下,拔剑斩杀一名来使,决定一要为父报仇,二要抢回爱妾陈园园,三要与李自成势不两立。吴三桂态度的 180 度大转变,引起大顺朝的一片非议。这时候占据北京的李自成就面临着如下选择:其一是继续招降吴三桂,但是招降吴三桂可能会影响到占有陈园园的刘宗敏,进一步影响到大顺军的团结;其二是征伐吴三桂,但毕竟其是一股不可小觑的力量,又没有人愿意去征战。对李自成来说真的是左右为难,但最后还是决定要与吴三桂一战。吴三桂得知大顺朝前来讨伐一事之后,大为震惊。他十分清楚,以自己的这点兵力是无法抵挡大顺军的,甚至很有可能会命丧黄泉。吴三桂冥思苦想,到底是就这样投降于李自成呢?还是奋起力量与他们拼死一搏呢?万般无奈之下,吴三桂决定向清军多尔衮借兵抗衡李自成。多尔衮闻讯窃喜,因为清军的志向在于问鼎中原,一直苦于没有出路,得知吴三桂借兵的消息后,当然欣喜若狂。聪明的多尔衮提出了借兵的条件,那就是吴三桂必须诚服于清军,当然清军也不会亏待吴三桂。此时的吴三桂已经是热锅上的蚂蚁——团团转了,再一想自己的爱妾还在敌军之手,于是决定与多尔衮合作,共同抗击大顺军。就这样吴三桂选择了"冲冠一怒为红颜"。

我们可以明显地看出在吴三桂"冲冠一怒为红颜"这个故事里存在着许多选择,例如,崇祯皇帝在被逼无路的情况下选择了自缢而亡;李自成在对吴三桂的立场上是战是和也左右摇摆不定,难以做出选择;同样吴三桂也面临着这样的选择——是投降李自成还是为了心爱的女人与李自成为敌。在这么多的选择里,主人公们都做出了各自不同的选择。

首先我们看崇祯皇帝,他因为觉得自己对不住列祖列宗给他传下来的基业,无地自容,而走上了不归路。其次是李自成,他认为自己创立的大顺军重于一切,不希望因吴三桂而影响了他与刘宗敏的关系。最后是吴三桂在靠自己力量夺回陈园园无望的时候,选择了借兵对抗李自成,这对他来说也是一个不错的选择。从这些历史人物的身上我们发现,他们做出的选择都是有利于自己的。

美国著名经济学家曼昆在其名著《经济学原理》里就曾提出过经济学十大原理,"人们面临权衡取舍"就是其中之一。所谓人们面临权衡取舍,说到底就是如何选择的问题,那么为什么选择能够成为经济学的十大原理之一呢?因为资源是稀缺的。资源稀缺才会导致我们在选择一种资源的时候就有可能会错失另一种资源,因此选择是一个很难的问题。所以我们可以说经济学是一门关于选择的科学——经济学的本质就在于选择。

在微观经济学中讲的就是个体(包括家庭、企业和单个市场)如何选择的问题,例如企业扩大产量是通过提高技术还是增加要素投入量,消费者是购买普通商品还是高档商品呢?在宏观经济学中也存在这样的问题,国家有钱了,是去消费还是投资呢?国家在面临通货膨胀和失业的时候到底是先解决哪个问题呢?这些都说明在经济学中选择无处不在!

其实生活中也处处充满了选择,比如,一个上班族是选择休假还是继续加班呢?家里来了多年未见的朋友,是在家里做饭吃还是到饭店就餐呢?面对如此多的选择,我们究竟该何去何从呢?

第二节 经济学的主要内容

西方经济学分为微观经济学和宏观经济学两个领域。微观经济学研究家庭和企业如何做出决策,以及它们在某个市场上的相互交易;宏观经济学研究整体经济现象,如通货膨胀、失业、经济周期性波动等。现实中,微观经济学和宏观经济学是密切联系的,不考虑微观经济主体的决策就无法理解宏观经济问题。尽管微观经济学与宏观经济学之间存在固有的关系,但这两个领域仍然是不同的,所以它们有时采用不同的分析方法。在高校的经济专业教学中,通常分设微观经济学和宏观经济学两门课程。

一、微观经济学

微观的英文为"micro",原意是"小"。微观经济学又称为个量经济学,是以单个经济单位为研究对象,着眼于分析单个生产者、单个消费者的经济行为及单个市场的变化规律,其核心是说明价格机制如何解决社会的资源配置问题。

(一)对微观经济学概念的理解

理解微观经济学的概念时,要注意以下几点。

1. 微观经济学的研究对象是单个经济单位的经济行为

单个经济单位是指组成经济的最基本单位——厂商和居民户。厂商又称企业,是经济活动中的生产者;居民户又称家庭,是经济活动中的消费者。在微观经济学的研究中,假设居民户与厂商经济行为的目标是实现利润最大化。

2. 微观经济学解决的是资源配置问题

资源配置问题就是如何根据现有的资源和人们的需要,决定生产的种类和数量,并寻找适合的分配方式。资源配置的核心是要使生产要素达到最优化,如果每个经济单位都实现了要素效率最大化,整个社会资源的配置效率也就实现了最大化,这将给社会带来最大的经济福利。

3. 微观经济学的中心理论是价格理论

市场经济条件下,居民户和厂商的行为要受价格的支配,生产什么、如何生产和为谁生产都由价格决定。价格机制如一只看不见的手,调节着整个社会的经济活动,通过价格机制的调节,社会资源的配置实现最优化。微观经济学的内容相当丰富,主要包括均衡价格理论、消费者行为理论、生产理论、分配理论和市场失灵与微观经济政策。价格理论是微观经济学的核心,其他内容都是围绕这一中心问题展开的。

4. 微观经济学的研究方法是个量分析

个量分析是研究经济变量的单项数值是如何决定的,微观经济学中所涉及的变量,如某种产品的价格、需求量,某企业的成本、收益等均属于个量。微观经济学分析这类个量的决定、变动与相互关系,说明价格机制如何实现社会资源的合理配置。

(二)微观经济学的基本假设

经济学的研究总是以一定的假设条件为前提,就微观经济学而言,其基本的假设条件如下。

1. 市场出清

市场出清是指市场供求相等,即没有商品短缺或供过于求。市场出清是供求相等的均衡状态,理想的状态下,价格机制可以自发实现市场出清。市场出清假设可以使复杂的动态研究转化为静态分析。

2. 完全理性

完全理性指消费者和厂商都是理性的经济人,其行为动力是自己的利益,行为的目标是最大化。在这一假设条件下,价格调节资源配置优化才是可能的。

3. 完全信息

完全信息是指消费者和厂商可以免费而迅速地获得各种市场信息,并可借助对自己有用的信息做出理性的经济决策。在市场经济条件下,只有信息是完全的,消费者和厂商才能及时对价格信号做出反应,资源才能得到最优配置,消费者和厂商才能实现其利益的最大化。

(三)微观经济学研究的基本内容

微观经济学研究的基本内容包括以下方面。

1. 均衡价格理论

均衡价格理论是微观经济学的核心。该理论主要研究在市场机制下,需求、供给和价格是如何决定的,以及价格如何调节整个经济的运行。

2. 消费者行为理论

该理论从欲望与效用入手,研究消费者如何把自己有限的收入分配于各种物品的消费上,以实现效用最大化。

3. 生产者行为理论

该理论从生产要素与生产函数、短期成本与长期成本分析入手,研究生产者如何把自己有限的资源用于各种物品的生产上而实现利润最大化。这一部分包括生产要素与产量之间的关系的研究、成本与收益关系的研究。

4. 市场理论

该理论从市场结构入手,重点研究完全竞争、垄断竞争、寡头垄断和完全垄断四种市场条件下的厂商行为。

5. 分配理论

该理论从生产要素的需求与供给入手,研究产品按什么原则分配给社会成员,即工资、利息、地租和利润的性质、形成机制及其在经济中的作用。

6. 市场失灵与微观经济政策

该理论研究市场失灵及其产生的原因,以及政府干预解决市场失灵的方法。

二、宏观经济学

宏观经济学以国民经济的总体为对象,研究如何充分利用社会资源、国民收入总量均衡、就业、通货膨胀和经济增长等问题,通过分析经济中各有关总量的决定及其变化,说明资源如何才能得到充分利用。

(一)对宏观经济学概念的理解

理解宏观经济学的概念时,请注意以下几点。

1. 宏观经济学的研究对象是整个国民经济

宏观经济学研究的不是经济中的各个单位,而是由这些单位组成的整体以及有关的经济总量,即研究整个国民经济的运行方式与规律,是从总体上分析经济问题。

2. 宏观经济学解决的是社会资源的利用问题

宏观经济学以资源实现配置作为既定的条件,研究现有资源未能得到充分利用的原因、达到充分利用的途径以及如何实现增长等问题。

3. 宏观经济学的中心理论是国民收入决定理论

宏观经济学把国民收入作为最基本的总量,以国民收入决定理论为基础来研究资源利用问题,分析整个国民经济的运行,内容相当广泛,包括国民收入核算理论、国民收入决定理论、失业与通货膨胀、经济周期与经济增长理论以及宏观经济政策理论等,其中,国民收入决定理论被称为宏观经济学的核心。

4. 宏观经济学的研究方法是总量分析

总量是指能反映整个经济运行情况的经济变量。总量分析就是分析这些总体经济变量的决定、变动及其相互关系,并由此说明经济的运行状况和决定经济政策。

(二)宏观经济学的基本假设

宏观经济问题的研究基于以下假设。

1. 市场机制是不完善的

市场经济条件下的各国经济在繁荣与萧条的交替中发展。经济危机的一次次发生打破了资本主义自由市场经济的完美神话,使人们对自发调节的市场机制产生了怀疑,尤其是20世纪30年代的世界经济大危机使经济学家认识到,要让社会资源得到充分利用,仅靠市场机制是不够的,如果只依靠市场机制的自发调节,经济就无法克服危机。

2. 政府应该且有能力调节经济,纠正市场机制的缺点

市场机制的不完善主要表现为外部性、垄断、信息不完全等市场失灵现象,解决市场失灵问题,必须依靠政府的力量。通过研究,认识经济运行的规律,政府采取恰当的手段可以对宏观经济进行调节。20世纪30年代资本主义世界经济大危机中的"罗斯福新政"成功地说明了政府调节经济的重要性和必要性。

3. 各种经济变量之间存在着错综复杂的相互关系

宏观经济学研究的是总量,它就必须考虑各种总量之间的关系。与微观经济学相比,宏观经济学这种更现实的假设使它更为复杂化。

(三)宏观经济学的基本假设

宏观经济学的基本内容包括以下几个方面。

1. 国民收入核算理论

国民收入是衡量一国经济资源利用情况和整个国民经济状况的基本指标。国民收入核算理论主要研究国民收入的基本总量及其相互关系、国民收入核算的主要方法,说明国民收入核算的恒等关系。

2. 国民收入决定理论

这是宏观经济学的核心。国民收入决定理论就是要从总需求和总供给的角度出发,分析国民收入的决定因素和变动规律。

3. 失业与通货膨胀理论

失业与通货膨胀是各国经济中最主要的问题。宏观经济学把失业与通货膨胀和国民收入联系起来考察,分析其原因和相互关系,以便找出解决这两个问题的途径。

4. 经济周期与经济增长理论

经济周期是指国民收入的短期波动,经济增长是国民收入的长期增长趋势。这一理论主要分析国民收入短期波动的原因、长期增长的源泉等,以期实现经济增长的调节问题。

5.宏观经济政策理论

宏观经济政策是国家干预经济的具体措施,宏观经济政策理论主要研究宏观调控的基本工具、政策目标和政策效果等。

三、微观经济学与宏观经济学的联系

微观经济学与宏观经济学各有其研究的内容和相应的分析工具,但它们作为一门学科的理论体系的两大组成部分,又是密切联系的。

(一)微观经济学与宏观经济学是互相补充的

经济学的目的是要实现社会福利的最大化,为了实现这一目的,既要实现资源的最优配置,又要实现资源的充分利用。微观经济学是在既定社会资源已实现充分利用的前提下,分析如何达到资源最优配置的问题,宏观经济学在假定资源已实现最优配置的前提下,分析如何实现社会资源充分利用的问题。它们从不同的角度分析社会经济问题,共同组成经济学的基本原理。

(二)微观经济学是宏观经济学的基础

整体经济是单个经济单位的总和,宏观经济行为的分析总是要以一定的微观经济分析为理论基础。例如,失业理论与通货膨胀理论属于宏观经济理论,必然涉及劳动的供求与工资的决定等微观经济理论。

(三)微观经济学和宏观经济学既有区别又有联系

微观经济学和宏观经济学使用的分析方法除个量分析和总量分析的区别外大都是相同的,如二者都使用模型法、静态分析法和动态分析法,在进行数量分析时都采用边际分析法,都把制度作为既定前提来分析资源的配置与利用问题。

四、经济学研究的基本问题

面对资源的稀缺,需要做出选择的不仅是个人,而且涉及整个经济,如个人、家庭、厂商、政府都要面对资源的稀缺与需要的无限性及由此引起的选择问题。这些选择活动结合在一起构成经济的运行。经济学家们将稀缺资源如何选择的问题归结为以下三个基本问题。

第一,生产什么和生产多少?产品生产出来是为了满足人们的某种需要,不同的产品满足不同的需要,不同数量的产品满足不同程度的需要。由于资源是稀缺的,而人们的需要又是多种多样的,所以把既定的资源用来生产何种产品,或者用多少资源来生产某种产品组合都是经济决策者要进行的必要选择。

第二,怎样生产?也就是用什么方式组织生产。一般而言,一种产品的生产可以采取多种不同的方法,一个经济社会满足其成员需要的方式很多,因此需要做出恰当的选择,力求达到用尽可能少的资源消耗获得尽可能大的需要满足。

第三,为谁生产?也就是生产出来的产品如何分配。有限的资源给谁使用,为满足谁的需要来使用,就涉及产品的分配问题。任何社会的生产都是周而复始的再生产过程,产品在社会成员间的分配将影响生产要素的流向和配置。一般情况,优质的劳动、资本、土地总会流向效率较高的部门,为了合理配置各种生产要素,人们就必须研究社会产品如何分配的问题。

在现实经济生活中,资源是稀缺的,但在不同的社会中,资源配置和利用问题的解决方法是不同的。经济制度就是一个社会做出选择的方式,或者说解决资源配置与资源利用的方式。人类社会的各种经济活动都是在一定的经济制度下进行的,因此,经济学的研究应该关注经济制度问题。

【案例 1-2】

观一叶可否知秋

微观行为与宏观结果甚至可能是背离的。对此,萨缪尔森在他经典的教科书上曾打过一个精辟的比方。他说,好比在一个电影院看电影,有人被前面的人挡住了视线,如果他站起来的话,他看电影的效果将会改善。因此,站起来就微观而言是合理的。但是,如果大家都站起来的话,则大家看电影的效果都不能得到真正的改善,站着和坐着的效果是一样的,不过是徒然增加了一份"折腾"的成本而已。这个例子足以说明,在微观上合理的事情在宏观上未必合理,在个体是理性的事情在总量上未必理性。

另一个例证是金融危机。当有人发现银行不稳,他的最佳办法就是将存款取出,以保全自己。但是否会保证全体的安全呢?恰恰相反,如果所有人都这么做的话,金融危机就会发生,个人也将受损。亚洲金融危机就是这样,有人看到本币不稳,纷纷抛售本币,购买外币,其结果是本币一落千丈,而且引发金融危机,全国人民都受损。在北京坐车,我经常发现个体最优与集体失败的例子。前边有堵车现象,有的司机看旁边还有一条路,就闯了进去,结果这条路也被堵上,最后堵得严严实实,连清路的交警车也挤不进来。这就是个人最优让集体彻底失败。

因此,我们无法从微观现象简单推导出宏观结论。在宏观经济学方面,所谓"观一叶而知秋"的说法是靠不住的。

微观经济学是以单个经济单位为研究对象,着重考察和说明消费者和生产者的最大化行为。宏观经济学是以国民经济总过程的活动为研究对象,着重考察和说明国民收入、就业水平、价格水平等经济总量是如何决定的、如何波动的,故又被称为总量分析或总量经济学。微观经济学是宏观经济学的基础,但在微观上合理的事情在宏观上未必合理,对个体是理性的事情在总量上未必理性。上述例子说明了这个问题。

由于整体经济的变动产生于千百万个人的决策中,所以,不考虑相关的微观经济决策而要去理解宏观经济的发展是不可能的。例如,宏观经济学家可以从个人所得税减少对整个物品与劳务生产的影响进行分析。为了分析这个问题,他必须考虑所得税减少如何影响家庭把多少钱用于物品与劳务的决策。又如,失业现象严重时,作为个人,除了一些佼佼者能谋到职业外,总有人没有就业岗位,作为厂商也不能无效率地吸收工人,所以失业问题是宏观问题,解决就业是政府的责任。尽管微观经济学与宏观经济学之间存在固有的关系,但这两个领域仍然是不同的。在经济学中,也和在生物学中一样,从最小的单位开始并向上发展,看来是自然而然的,但这样做既无必要,也并不总是最好的方法。从某种意义上说,进化生物学建立在分子生物学之上,因为物种是由分子构成的。但进化生物学和分子生物学是不同的领域,各有自己的问题和方法。同样,由于微观经济学和宏观经济学探讨不同的问题,所以,它们有时采用相当不同的方法,并通常分设微观经济学和宏观经济学两门课程。

第三节　经济学的研究方法

经济学家在研究经济问题时用了独特的方法、工具和概念,建立了反映市场经济规律的理论。学习经济学就是学会像经济学家一样思考,学会分析经济问题的方法。经济学的研究方法有多种,本节简单介绍最主要的几种方法。

一、实证分析与规范分析

(一)实证分析

实证分析企图超越或排斥一切价值判断,只研究经济本身的内在规律,并根据这些规律分析和预测人们经济行为的后果。实证分析通常回答"是什么"的问题,用实证方法分析经济问题被称为实证经济学。运用实证方法研究经济问题是从对经济现象的观察出发得出经验性结论,然后再通过进一步观察检验这些结论并发展或修改这些结论,这也是所有实证科学(物理学、生物学等自然科学)遵循的方法。

(二)规范分析

规范分析是以一定的价值判断为基础,提出分析处理经济问题的标准,并研究如何才能符合这些标准。规范分析通常回答"应该是什么""为什么"的问题,用规范方法分析经济问题被称为规范经济学。运用规范方法研究经济问题必然要判断经济事物的好坏,从一定的价值判断出发来分析问题,因此要涉及是非善恶、应该与否、合理与否的问题。很显然,由于人们的立场观点、伦理道德标准不同,对同一经济事物会有完全不同的看法,因此,规范分析所得出的结论可能是千差万别的。

【案例 1-3】

经济学的研究主要方法——实证经济学与规范经济学

现在上至国务院下至普通的老百姓非常关心我国的 GDP 和人均 GDP,因为这两个数字前者代表一个国家的综合国力,后者反映老百姓生活的富裕程度。从实证角度看,这些数字的统计归纳过程就是实证分析的过程,如果对某些数据有怀疑还可以重新检验。具体数字是客观的,在统计过程中不涉及道德问题,只回答是什么。从规范分析的角度来研究,首先在我国目前的情况下确定一个合理的经济增长率,确定一个反映人民生活水平小康的标准。为了实现这一目标,国家就应该要制定相应的产业政策、货币政策和财政政策。人均生活水平小康的标准涉及道德问题。对于该问题,不同的人站在不同角度得出的结论是不一样的。有的人认经济增长率提高是好事;有的人认为经济增长率太快是坏事,应停止经济增长。这些都是主观的好坏判断无法检验。

二、均衡分析和非均衡分析

均衡概念是法国经济学家瓦尔拉斯于 1874 年提出的,被称为瓦尔拉斯均衡。

均衡分析就是在假定经济体系中的经济变量既定的条件下,考察体系达到均衡时所出现的情况以及实现均衡所需要的条件。

均衡分析是经济学常用的一种方法,可分为局部均衡分析和一般均衡分析。

局部均衡分析是仅就经济体系的某一部分加以考察和研究,以分析经济事物均衡的出现以及均衡与不均衡的交替过程,而假定其他部分对所观察的部分没有影响。一般均衡分析则是就整个经济体系加以观察和分析,以探讨整个经济总体达到均衡的过程。

非均衡分析是相对于瓦尔拉斯均衡而言的,可称为非瓦尔拉斯均衡。它是指由于价格作用,经济运行中不能形成供求相等的均衡价格和均衡产量,主张以历史的、制度的、社会的因素作为分析经济现象的基本方法。即使是量的分析,非均衡分析也不是强调各种力量相等时的均衡状态,而是强调各种力量不相等时的非均衡状态。西方经济学中运用的分析方法主要是均衡分析。

三、边际分析

边际分析是经济学常用来预测或评价决策后果的一种基本方法,被认为是了解和掌握经济理论的钥匙。它是数量分析的一种。边际的含义本身是因变量关于自变量的变化率,或者说自变量变化一个单位时因变量的改变量。边际分析是基于各种经济变量存在函数关系这个前提的,这种方法实际是用来确定适度的变量界限的最好方法。边际分析在微观经济学中被广泛使用,如效用分析、收入分析、成本分析以及其他理论分析中都可使用边际分析法,由此也产生了一系列极为重要的边际概念和边际法则,例如边际效用、边际收益、边际成本、边际利润、边际产量、边际生产力、边际效用递减规律和边际收益递减规律。

四、静态分析、比较静态分析和动态分析

静态分析是分析经济现象的均衡状态以及有关经济变量达到均衡状态所必须具备的条件。这种分析方法完全忽略了时间因素和变量变化达到均衡状态的过程,注重经济变量对经济体系影响的最终结果。犹如观察一张照片,仅就这个不动的画面进行分析。这是一种静止地、孤立地分析经济问题的方法。

比较静态分析就是经济现象一次变动的前后,以及两个或两个以上的均衡位置进行分析研究,并把新旧均衡状态加以比较,完全抛开了对转变期间和变动过程本身的分析,就是只对一个个变动过程的起点和落点进行对比分析。犹如观察几张不同时点的照片,对其进行起点和落点的对比研究。

动态分析是分析经济现象在时间推移中变动过程的状态和关系,说明某一时点上经济变量的变动如何影响下一时点上该经济变量的变动,以及这种变动对整个均衡状态变动的影响。这种分析方法把经济现象的变化当作一个连续不断的过程看待,探讨经济事物从均衡到非均衡又达到均衡的交替发生过程。犹如观察一系列连续移动的照片,来分析各个照片的变动、衔接,像电影图像的出现过程一样。

五、定性分析和定量分析

定性分析是说明经济现象的性质及其内在规定性与规律性。定量分析是分析经济现象之间的量的关系。分析各种经济现象之间的量的关系可以更为精确地反映经济运行的内在

规律,因此微观经济学和宏观经济学中特别注意定量分析。定量分析使经济学更能运用于边际,这也是经济学中广泛运用了数学工具的重要原因。经济学中数学的运用主要在两个方面:一是运用数学公式、定理来表示或推导、论证经济理论,这就是一般所说的数理经济学。而根据一定的经济理论,编制数学模型,并将有关经济数值代入这种模型中进行计算,以验证理论或进行经济预测,这就是一般所说的计量经济学。数学是经济学的重要分析工具,这一点应该十分注意。

本章小结

经济学是人类社会经济发展到一定阶段的产物,其发展经历了重商主义、古典政治经济学、新古典经济学和现代西方经济学四个阶段。经济学产生于稀缺性,是研究稀缺资源在各种可供选择的用途中如何进行最有效的配置以使人类的无限欲望得到最大满足的一门理论经济学。经济学的研究对象是资源的稀缺性以及由此产生的经济问题。经济学要解决的基本问题是由资源稀缺性引发的生产什么、怎样生产和为谁生产等。

经济学的主要内容包括微观经济学和宏观经济学两个部分。微观经济学主要运用个量分析法,着眼于分析单个经济单位如厂商或消费者的经济行为,以及单个市场的经济现象等;宏观经济学主要运用总量分析法,以整个国民经济为考察对象,研究经济中各有关总量的决定及其变动,以解决失业、通货膨胀、经济周期性波动与经济增长等总体经济问题。

实证分析和规范分析是研究西方经济学的主要方法。实证分析是描述经济现象"是什么"以及社会经济问题实际上是如何解决的。规范分析是要研究经济活动"应该是什么"以及社会经济问题应该怎么样解决。此外,经济学的研究方法还包括均衡分析与非均衡分析,边际分析、静态分析、比较静态分析和动态分析等。

思考与练习

一、单项选择题

1. 经济学研究的是(　　　)。

A. 如何实现稀缺资源的有效配置问题　　B. 企业如何赚钱的问题

C. 用数学方法建立理论模型　　　　　　D. 政府如何管制的问题

2. 人们在进行决策时必须做出某种选择,这是因为(　　　)。

A. 选择会导致短缺

B. 人是自私的,所做出的选择会实现自身利益的最大化

C. 人们在决策时面临的资源是有限的

D. 个人对市场的影响微不足道

3. 下列哪些是属于规范经济学研究的范畴(　　　)。

A. 电冰箱在夏季热销的原因分析　　　　B. 政府如何改变收入分配不均的现象

C. 对中国经济进入新常态的研究　　　　D. 失业人员的再就业问题研究

4. 由市场配置资源意味着(　　　)。

A. 所有的人都会得到他想要的东西　　　B. 资源的配置是由市场规则(机制)实现的

C. 政府能够决定谁获得多少消费品　　　D. 要得到急需的物品你只能"走后门"

5.下列符合经济学中有关经济人的假设的是（   ）。

A.东北人都是活雷锋　　　　　　　B.个人利益服从集体利益

C.三十亩地一头牛,老婆孩子热炕头　　D.如果可能,我会买下全世界的黄金

6.微观经济学和宏观经济学区别在于（   ）。

A.微观经济学研究个体经济行为,宏观经济学研究总体经济现象

B.微观经济学研究厂商行为,宏观经济学研究政府行为

C.微观经济学研究产品市场,宏观经济学研究失业问题

D.微观经济学研究范围狭小,宏观经济学研究涉猎广泛

二、多项选择题

1.下列属于微观经济学研究内容的是（   ）。

A.价格理论　　　　B.生产者理论　　　　C.消费者行为　　　　D.失业与通货膨胀

E.市场理论　　　　F.分配理论　　　　G.国民收入的决定

2.下列属于宏观经济学研究内容的是（   ）。

A.市场理论　　　　　B.经济增长与经济周期　　　　C.国民收入核算

D.失业与通货膨胀　　E.国民收入决定　　F.宏观经济政策　　G.市场失灵与政府规则

3.经济学的基本问题是（   ）。

A.价格如何决定　　　B.生产什么　　　　C.为谁生产

D.何时生产　　　　　E.怎样生产

4.下列属于微观经济学的假设前提的有（   ）。

A.完全理性　　　　　　　　　　　B.市场机制是不完善的

C.市场出清　　　　　　　　　　　D.完全信息

5.下列属于宏观经济学假设前提的有（   ）。

A.市场出清　　　　　　　　　　　B.政府有能力调节经济

C.政府有必要调节经济　　　　　　D.市场机制是不完善的

三、判断题

1.资源的稀缺性是由于人们的欲望存在无限性特征。　　　　　　　　　　（   ）

2.实证分析和规范分析对经济问题研究的结论是一样的。　　　　　　　　（   ）

3.微观经济学的核心理论是需求与供给理论。　　　　　　　　　　　　　（   ）

4.经济学研究的基本问题是为什么生产、怎样生产的问题。　　　　　　　（   ）

5.经济人假设意味着每一个人在任何场合下都是自私自利的。　　　　　　（   ）

四、简答题

1.请简要介绍微观经济学的基本研究内容。

2.经济学的基本问题是什么?

3.如何区分实证分析与规范分析?

五、思考题

1.某地一造纸厂排出的污水污染了周围的农田,造成农产品减产。请分别用实证分析法和规范分析方法进行分析。

2.现在很多都市都流行"拼车"。对"拼车"这一方式,人们见仁见智。赞成者认为,拼车是一种精明消费,花很少的钱享受到了方便快捷,更有利于社会资源的节约以及环境污染、

交通拥挤问题的缓解。反对者认为,它会损害合法车辆经营者的利益,同时也不利于国家税收。

　　讨论:(1)拼车是在什么条件下产生的,拼车的人出于什么样的目的参与其中?

　　　　(2)参与拼车对拼车人的生活水平会有什么样的影响?

第二章 需求与供给

▶学习目标

1. 掌握需求、供给的含义
2. 理解导致需求变动和供给变动的因素
3. 能解释供求相互作用如何决定均衡价格和均衡数量
4. 能掌握需求弹性和供给弹性的类型及影响因素
5. 明确商品需求弹性与总收益的关系
6. 理解并掌握市场上普通商品的供求变化

▶开篇案例

价格为什么会波动

当台风袭击东南沿海各省时,水果市场中荔枝的价格就会上涨;当"十一"黄金周结束后,全国各旅行社线路的价格呈直线下降;如果航空票价涨了,人们就会转向乘坐高铁、汽车等其他交通工具;如果东南亚旅游的价格下降了,人们就会从别的旅游线路转向东南亚;当中东地区爆发战争时,国际石油价格会上涨;当主要产油国之间爆发价格战时,又会导致石油价格下降。

分析:

为什么一些事件发生后会对某些商品的价格产生影响? 这些事件中影响价格波动的原因是什么?

第一节 需求理论

在市场体系中,消费者最终决定购买了什么商品,但什么因素影响了消费者做出的决策? 当然有很多因素会影响消费者购买商品的意愿。例如,当消费者购买面包时,零用钱的多少、面包的种类、购买其他零食的数量等多种因素都会对这次购买产生影响。不过一种因素起着决定性的作用,那就是商品的价格。

一、需求与价格

(一)需求

需求是决定价格的关键因素之一,那么到底什么是需求呢?

需求(demand)是指消费者在某一特定时期内,在某一价格水平下愿意而且能够购买的商品或劳务的数量。需求是购买欲望和支付能力的统一,缺少任何一个条件都不能成为有效需求。仅有第一个条件只能被看成欲望和需要,而不是需求。例如,某一个消费者很想购买一款宝马车,但他的收入很低,除了日常的收支之外,他所有的储蓄无法达到购买宝马车的价格水平,在不存在借贷的条件下,无法形成对宝马车的需求。同样,消费者仅有购买能力但没有购买意愿的话,也不能形成需求。这就是说,需求是消费者根据其欲望和购买能力所决定的计划购买量。

(二)需求表

需求表(demand schedule)是一个表示在其他影响消费者想买多少某种物品的任何一个因素都不变的情况下,一种物品价格与需求量之间关系的表格。需求表是以数字表格的形式来表示需求这个概念。

例如:消费者张某对面包在不同价格的不同需求量如表 2-1 所示。

表 2-1　张某对面包的需求量

面包价格/元	面包的需求量/个
0	10
5	8
10	6
15	4
20	2
25	0

表 2-1 表示在不同面包价格时,张某每个月买多少个面包。如果面包是免费的,张某买 10 个面包。在每个面包为 5 元时,赵某买 8 个。随着价格继续上升,他对面包的需求量越来越少。当价格达到 25 元时,张某不买面包。

(三)需求曲线

需求曲线是用图形的形式来表述需求这个概念,表明商品价格与需求量之间关系的一条曲线,向右下方倾斜。一般而言,商品的需求曲线是根据商品需求表中不同的价格—需求量的组合在平面坐标图上所绘制的一条曲线。图 2-1 是根据表 2-1 绘制的一条需求曲线。在图 2-1 中,横轴表示商品的需求量,纵轴表示商品的价格。

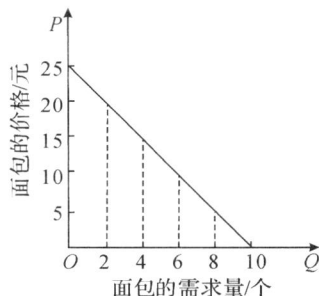

图 2-1　需求曲线

(四)需求函数

需求函数是以代数表达式形式表述需求这个概念的。需求函数有广义和狭义之分。

1. 广义的需求函数

广义的需求函数是指表示一种商品的需求数量和影响该商品需求数量的各种因素之间的相互关系的函数。其中,影响商品需求数量的各个因素是自变量,需求数量是因变量。如

果我们用 D 表示在各种因素影响下的商品的需求量,用 $a,b,c,d,\cdots,n$ 代表影响商品需求量的各个因素,则广义的需求函数写为:

$$D=f(a,b,c,d,\cdots,n) \tag{2-1}$$

2.狭义的需求函数

如果我们对影响一种商品需求量的所有因素同时进行分析,这就会使问题变得复杂起来。在处理这种复杂问题时,通常将问题简化,即一次把注意力集中在一个影响因素上,而同时使其他因素保持不变。所以,我们假定其他因素保持不变,仅考虑商品本身价格水平的影响。这是因为一种商品的价格是决定需求量的最基本因素,所以如果把一种商品的需求量仅仅看成是这种商品的价格的函数,需求函数就可以用下式表示:

$$Q_d=f(P) \tag{2-2}$$

式中:Q_d——商品的需求量;

P——商品的价格。

(五)需求定理

1.需求定理的基本内容

从表 2-1 可见,商品的需求量与其商品价格呈反方向变动的。价格与需求量之间的这种关系对经济中大部分物品都是正确的,而且,实际上这种关系很普遍,因此经济学家称之为需求定理。

需求定理的基本内容是:在其他条件不变的情况下,商品的需求量与价格呈反方向变动,即需求量随着商品本身价格的上升而减少,随商品本身价格的下降而增加,这就是需求定理,也称为需求法则。

需求定理作为一种经济理论是以一定的假设条件为前提的,这个假设条件就是"其他条件不变"。所谓"其他条件不变",是指除了商品本身的价格之外,其他影响需求的因素都是不变的。离开了这一前提,需求定理就无法成立。例如,如果收入在增加,商品的需求量与价格就不一定呈反方向变动。

2.需求定理的例外

需求定理指的是一般商品的规律,但是这一定理也有例外情况。比较典型的例外就是炫耀性商品。炫耀性商品是用来显示人的社会身份的商品,例如高档首饰、豪华型轿车等。这种商品只有在价格高时才具有显示人的社会身份的作用,因此价格下降其需求量反而减少。

吉芬商品也是需求定理的例外,吉芬商品是指低档的生活必需品。在某种特定的情况下,这种商品具有价格上升,需求量增加的特点。1845 年爱尔兰大灾荒时,土豆价格上升,其需求量反而增加。由于这种现象是由英国经济学家吉芬发现的,因此这种价格上升,需求量增加的情况被称为"吉芬之谜",具有这种特点的商品被称为吉芬商品。

此外,在证券市场和期货市场等投机性比较强的市场上,基于对未来价格的预期和投机的需要,人们往往"买涨不买落",即价格上涨时反而抢购,价格下跌时反而抛出。这也是需求定理的例外。

二、影响需求的其他因素

一种商品的需求数量主要取决于该商品自身的价格,此外,还有一些其他因素也决定了

人们对该种商品的需求,主要有以下几个:

（一）替代品的价格

替代品是指功能相似可以相互替代以满足人们同等需要的商品。如茶叶与咖啡、牛肉与羊肉等。这种有替代关系的商品,当一种商品价格上升时,另一种商品相对便宜,对其需求就会增加;反之,则相反。即一种商品的价格与其替代品的需求量呈同方向变动。例如,如果蛋糕价格上升,人们可能少吃蛋糕,多吃面包,即面包的需求量会上升。

（二）互补品的价格

互补品是指功能相互补充才可以满足人们某种需要的商品。例如汽车与汽油、镜架与镜片等。这种有互补关系的商品,一种商品的价格上升,消费者对另一种商品的需求就会减少;反之亦然。即一种商品的价格与其互补品的需求量呈反方向变动。如汽油价格上升,汽车使用成本就会提高,对汽车的需求就会减少;反之,若汽油价格下降,汽车使用成本就会降低,对汽车的需求就会增加。

▶【案例 2-1】

超市为什么要了解互补品和替代品

超市里出售货物的品类多得让人摸不着头脑,以薯片为例,各种各样的包装、品牌、口味让人眼花缭乱。与此同时,超市每年还在往货架上新增一些货品物种,并撤下一些旧的货品物种。那么超市在做这些活动的时候是如何决策的?

克里斯托夫·唐是加州大学洛杉矶分校安德森管理学院的教授。在接受《巴尔的摩太阳报》的采访时,他指出超市不一定要从货架上撤下销售最缓慢的货物,而要考虑货物之间的替代关系。特别是要考虑撤下的货物与其他货物是替代品关系还是互补品的关系。克里斯托夫·唐认为把销售缓慢的能够被另一种商品替代的商品撤下,那么情况会得到很好的改善。

超市不仅在上下架商品时考虑商品之间的替代关系和互补关系,在商品陈列时同样会用到。例如,互补关系的商品,在陈列时就不会离得太远,这种关系有时候也被称作为关联商品。

（三）消费者收入水平

消费者收入水平与商品的需求量的变化分为两种情况。对于一般商品来说,当消费者收入水平提高时,就会增加对商品的需求量。相反,当消费者收入水平下降时,就会减少对商品的需求量。即消费者收入水平与商品的需求量呈同方向变化。但并非所有物品都如此,也有一部分商品,当人们的收入增加时对其需求反而减少。在经济学中把前一类称为正常商品,后一类称之为低档品。对于一些低劣的食品、粗制滥造的服装而言,消费者收入水平与商品的需求量呈反方向变化。这类商品在经济学里被称为劣等商品。例如公交车,当人们的收入增加之后,人们会乘坐出租车或者通过打车软件叫车,乃至自己出钱买一辆车,这时乘公交车的需求减少。

（四）消费者偏好

消费者对某种商品的偏好程度会对该商品的需求量产生影响,偏好程度越高,需求量越大;相反,偏好程度越低,需求量越少。消费者的偏好受社会环境、风俗习惯、时尚潮流等多个因素的影响,其中广告宣传可以在一定程度上影响偏好的形成,这也是为什么众多企业不惜重金大做广告的原因。

(五)消费者预期

如果消费者预期某种商品的价格将上涨,就会增加对该商品的现期需求量;如果消费者预期某种商品的价格将下降,就会减少对该商品的现期需求量。影响消费者购买的预期因素,还包括对未来收入的预期、政府经济政策预期等。

(六)买者的数量与结构

买者的数量增加会使商品需求数量增加,反之,买者的数量减少会使商品需求数量减少。买者的结构变动主要影响需求的构成,进而影响某些商品的需求,例如人口老龄化会增加对保健品的需求。

如果把影响需求量的各个因素作为自变量,把需求量作为因变量,则可以用函数关系来表示一种商品的需求量和影响该商品需求量的因素之间的依存关系,即需求函数。综合以上因素,需求函数可用公式表示为

$$Q_d = f(P, P_r, Y, T, E) \tag{2-3}$$

式中:Q_d——商品需求量;

P——商品价格;

P_r——相关商品的价格;

Y——消费者收入水平;

T——消费者偏好;

E——消费者预期。

三、需求量的变动与需求的变动

(一)需求量的变动

需求量的变动是指在其他因素不变的条件下,由商品本身价格变动所引起的需求量的变动。需求量的变动表现为同一条需求曲线的点的移动,向左上方移动是需求量减少,向右下方移动是需求量增加。如图 2-2 所示。

(二)需求的变动

需求的变动是指在商品本身价格不变的条件下,由其他因素变动所引起的需求量的变动。需求的变动表现为需求曲线的平行移动,需求曲线向左下方移动是需求的减少,需求曲线向右上方移动是需求的增加。如图 2-3 所示。

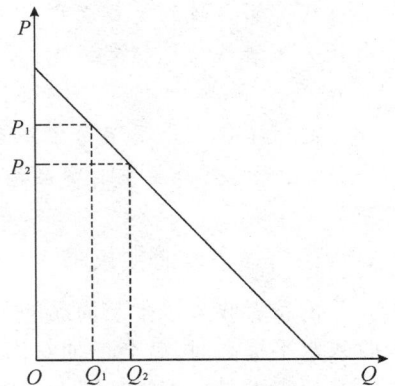

图 2-2　需求量的变动

根据影响需求的主要因素总结这些因素变量的增加将会导致需求曲线如何移动,如表 2-2 所示。

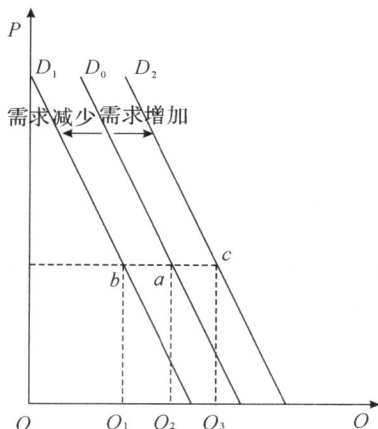

图 2-3　需求量的变动

表 2-2　导致市场需求曲线移动的变量

变量值增加	导致需求曲线变化	原因
替代品价格	向右移动	消费者购买的替代品减少,该产品的购买增加
互补品价格	向左移动	消费者购买的互补品减少,该产品的购买减少
收入(正常品)	向右移动	消费者把他们较高收入中的一部分用于购买该商品
偏好	向右移动	消费者在每一个价格水平下更喜欢这类产品
人口	向右移动	消费者数量增加会导致需求量增加
预期未来的价格	向右移动	消费者现在购买更多的产品来规避未来的涨价

总之,需求量的变动与需求的变动诱发因素不同,变化形式表现亦不同,而且需求的变动会引起需求量的变动,而需求量的变动不一定会引起需求的变动。例如,当苹果的价格上涨时,若其他条件均不变,改变的只是苹果的需求量,苹果的需求并不会改变。明确二者区别,便于正确理解政府的微观经济政策。比如政府规定香烟包装必须明确标注"吸烟有害健康",这一标注将改变人们对香烟的需求,使其减少。

第二节　供给理论

供给与需求是相对的概念,是卖者愿意并且能够销售的数量。同样有许多决定供给的因素,但价格仍然起着决定性的因素。

一、供给与价格

(一)供给

供给(supply)是卖者在一定时期内,在某一价格水平下愿意并且能够供应的商品或劳务的数量。供给是卖者计划提供的商品量。供给量是个预期概念,不是指实际出售量,而是生产者预计、愿意或打算供给的数量。

同需求的定义相似,供给也要同时具备两个条件:一是生产者愿意出售,二是生产者有供给能力,二者缺一不可。

(二)供给表

供给表是表示在其他影响卖者想卖多少某种物品的任何一个条件都不变的情况下,一种物品价格与供给量之间关系的表格。供给表是以数字表格的形式来表示供给这个概念。

例如:卖者对面包在不同价格的不同供给量如表 2-3 所示。

表 2-3　卖者对面包的供给表

面包的价格/元	面包的供给量/个
0	0
5	1
10	2
15	3
20	4
25	5

表 2-3 表示在不同价格时面包的供给量。如果面包是免费的,卖者将不出售面包。在每个面包为 5 元时,卖者的供给量是 1 个。随着价格继续上升,卖者的供给量越来越多。

(三)供给曲线

供给曲线是用图形的形式来表述供给这个概念,表明商品价格与供给量之间关系的一条曲线,向右上方倾斜。一般而言,商品的供给曲线是根据商品供给表中不同的价格—供给量的组合在平面坐标图上所绘制的一条曲线。图 2-4 是根据表 2-3 绘制的一条供给曲线。在图 2-4 中,横轴表示商品的供给量,纵轴表示商品的价格。

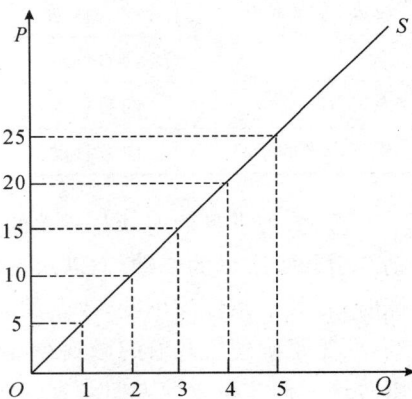

图 2-4　面包的供给曲线

(四)供给函数

供给函数是以代数表达式形式表述供给这个概念的。供给函数也有广义和狭义之分。

1. 广义的供给函数

广义的供给函数是指表示一种商品的供给量和影响该商品供给量的各种因素之间的相互关系的函数。其中,影响商品供给量的各个因素是自变量,供给量是因变量。如果我们用 S 表示在各种因素影响下的商品的供给量,用 $a,b,c,d,\cdots,n$ 代表影响商品供给量的各个因素,则广义的供给函数写为:

$$S = f(a,b,c,d,\cdots,n) \tag{2-4}$$

2.狭义的供给函数

我们假定其他因素保持不变,仅考虑商品本身价格水平的影响。这是因为一种商品的价格是决定供给量的最基本因素,所以如果把一种商品的供给量仅仅看成是这种商品的价格的函数,供给函数就可以用下式表示:

$$Q_s = f(P) \tag{2-5}$$

式中:Q_s——商品的供给量;

　　P——商品的价格。

(五)供给定理

1.供给定理的基本内容

从表 2-3 中可以看出,商品的供给量随着商品价格的上升而增加。相应地,在图 2-4 中的供给曲线具有一个明显的特征,它是向右上方倾斜的,它的斜率为正值。也就是说,在其他条件不变的情况下,商品的供给量与价格呈同方向变动,即供给量随着商品本身价格的上升而增加,随商品本身价格的下降而减少,这就是供给定理,也称为供给法则。

供给定理作为一种经济理论也是以一定的假设条件为前提的,这个假设条件就是"其他条件不变"。所谓"其他条件不变",是指除了商品本身的价格之外,其他影响供给的因素都是不变的。离开了这一前提,供给定理同样无法成立。

2.供给定理的例外

供给定理指的是一般商品的规律,但是这一定理也有例外情况。比较典型的例外是劳动力的供给。工资是劳动力的价格,当工资增加时,一开始劳动力的供给会随着工资的增加而增加,但当增加到一定程度时,如果继续增加,劳动力的供给量不但不会增加,反而会减少。

另一种供给定理的例外是某些商品由于受各种条件的限制,其供给量是固定的,无论价格上升或下降,其供给量都不会变,例如,古董、字画等这些供给量一定的商品,即使价格一涨再涨,供给量始终保持不变。

二、影响供给的其他因素

一种商品的供给量主要取决于该商品自身的价格,此外,还有一些其他因素也决定了人们对该种商品的供给,主要有以下几个:

(一)替代品的价格

对于替代品,一种商品价格上升,会使另一种商品需求增加,从而这种商品的价格上升,供给增加;反之,一种商品价格下降,会使另一种商品需求减少,从而这种商品的价格下降,供给减少。因此,一种商品的价格与其替代品的供给呈同方向变动。

(二)互补品的价格

对于互补品,一种商品价格上升,会使另一种商品需求减少,从而这种商品的价格下降,供给减少;反之,一种商品价格下降,会使另一种商品需求增加,从而这种商品的价格上升,供给增加。因此,一种商品的价格与其互补品的供给呈反方向变动。

(三)生产成本

商品供给量与其生产成本呈反方向变动。在商品自身价格不变的条件下,生产成本上升会减少生产者利润,从而使得商品的供给量减少。相反,生产成本下降会增加生产者利润,从而使得商品的供给量增加。

(四)技术状况和管理水平

技术进步和管理水平的提高,通常会带来劳动生产率的提高,生产成本的降低,或产量的增加。因而在产品价格保持不变的情况下,生产者愿意供应更多的产品。

(五)生产者预期

如果生产者对未来的预期是乐观的,就会增加产量供给;如果生产者对未来的预期是悲观的,就会减少产量供给。

(六)卖者的数量

市场出售者的数量也会改变供给。当新企业进入市场时,供给曲线会向右移动,表示在任意一个既定的价格水基础上,市场上提供商品的数量增加了。当现有的企业退出或离开时,供给曲线向左移动。即卖者的数量一般与商品的供给呈正相关的关系。

如果把影响供给量的各个因素作为自变量,把供给量作为因变量,则可用函数关系来表示供给量和影响该商品供给量的因素之间的依存关系,即供给函数。综合以上各因素,供给函数可用公式表示:

$$Q_s = f(P, P_r, C, T, E) \tag{2-6}$$

式中:Q_s——商品供给数量;

P——商品本身价格;

P_r——相关商品价格;

C——生产成本;

T——技术状况和管理水平;

E——生产者预期。

三、供给量的变动与供给的变动

供给量的变动是指在其他因素不变的条件下,商品本身价格变动所引起的供给量的变动。在供给曲线上供给量的变动表现为沿着同一条供给曲线上的点的移动,向右上方移动是供给增加,向左下方移动是供给减少,如图 2-5 所示。

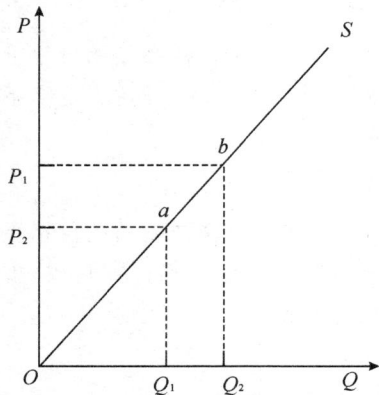

图 2-5 供给量的变动

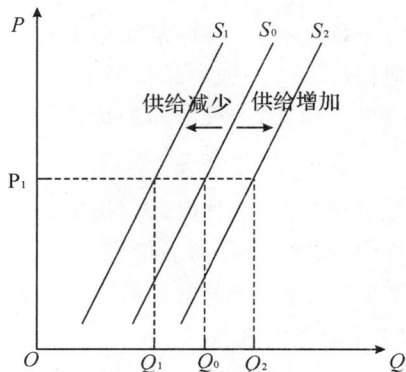

图 2-6 供给的变动

供给的变动是指在商品本身价格不变的条件下,由其他因素变动所引起的供给数量的变动。供给的变动表现为供给曲线的平行移动,供给曲线向右下方移动是供给增加,供给曲线向左上方移动是供给减少,如图 2-6 所示。

根据影响供给的主要因素总结这些因素变量的增加将会导致供给曲线如何移动,如表 2-4 所示。

表 2-4　导致市场供给曲线移动的变量

变量值增加	导致需求曲线变化	原因
投入品价格	向左移动	原材料价格上涨
技术	向右移动	成本下降
买者数量	向右移动	更多的企业导致每一价格水平基础上供给量增加
生产者预期未来的价格	向左移动	现在销售减少,而在未来高价格时获利

第三节　均衡价格理论

供给和需求是分析任何社会形态社会经济活动的有效经济工具,供给和需求关系所形成的市场均衡价格的分析,是微观经济分析中最基本的经济原理。

一、均衡价格

(一)均衡价格的含义与形成

均衡是个物理学概念。在经济学中,均衡是指经济事物中有关的变量在一定条件的相互作用下所达到的一种相对静止的状态。

所谓均衡价格(equilibrium price),是指消费者为购买一定商品量所愿意并能够支付的需求价格,是与生产者为提供一定商品量所愿意接受的供给价格相一致时的价格。也就是需求和供给相等时的价格,在图形上表现为需求曲线与供给曲线的交点所对应的价格,如图 2-7 所示。

(二)均衡价格的形成

均衡价格是市场上供求双方在竞争过程中自发形成的。当供大于求时,生产者之间的竞争会导致价格下降;当供小于求时,消费者之间的竞争会导致价格上升,如图 2-7 所示。只有当供给量等于需求量,并且供给价格等于需求价格时,双方

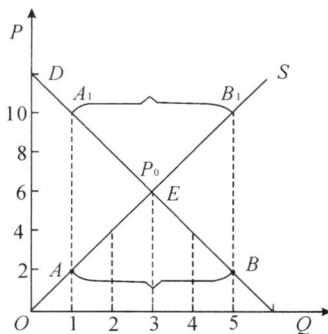

图 2-7　均衡价格的形成

处于相对平衡状态,此时的价格就是均衡价格。如果有外力的干预(如垄断力量的存在或者国家的干预),那么这种价格就不是均衡价格。

二、均衡的变动

从图 2-7 可以看出,一种商品的均衡价格是由该商品市场的需求曲线和供给曲线的交点决定的,所以,当商品的需求或供给发生变动,即商品的需求曲线或供给曲线的位置移动,都会使均衡价格发生变动。下面说明商品需求或供给的变动对均衡价格以及均衡数量的影响。

(一)需求变动对均衡价格的影响

在供给不变的情况下,需求增加会使需求曲线向右平移,从而使得均衡价格和均衡数量都增加;反之,需求减少会使需求曲线向左平移,从而使得均衡价格和均衡数量都减少,如图 2-8 所示。

由图 2-8 可以得出结论,需求的变动引起均衡价格与均衡数量同方向变动。即:

(1)需求增加引起均衡价格上升,需求减少引起均衡价格下降。

(2)需求增加引起均衡数量上升,需求减少引起均衡数量下降。

(二)供给变动对均衡价格的影响

在需求不变的情况下,供给增加会使供给曲线向右平移,从而使得均衡价格下降,均衡数量增加;供给减少会使供给曲线向左平移,从而使得均衡价格上升,均衡数量减少,如图 2-9 所示。

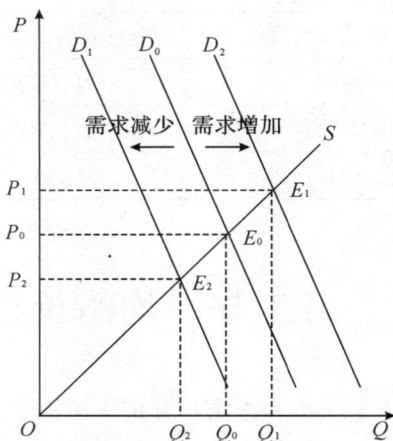

图 2-8　需求变动对均衡价格的影响

由图 2-9 可以得出结论,供给变动引起均衡价格反方向变动,供给变动引起均衡数量同方向变动。即:

(1)供给增加引起均衡价格下降,供给减少引起均衡价格上升。

(2)供给增加引起均衡数量上升,供给减少引起均衡数量下降。

(三)供给与需求都变动对均衡价格的影响

1. 供给需求同向变动

供给需求同向变动又分为两种情况:供需同时增加和供需同时减少。

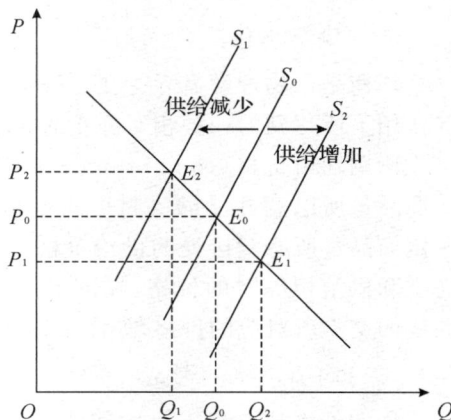

图 2-9　供给变动对均衡价格的影响

(1)供需同时增加。供给增加导致均衡价格下降,均衡数量增加;需求增加使得均衡价格上升,均衡数量增加。所以,供需同时增加肯定使均衡数量增加,均衡价格的变动方向不能确定,它取决于两种情况下哪一个价格上升或下降的幅度更大一些。

(2)供需同时减少。同理,供需同时减少会使均衡数量减少,均衡价格的变动方向不能确定。

2.供给需求反向变动

供给需求反向变动也可以分为以下两种情况。

（1）供给增加，需求减少。供给增加使得均衡价格下降，均衡数量上升；需求减少使得均衡价格下降，均衡数量减少。因此，供给增加和需求减少使得均衡价格肯定下降，但均衡数量变动方向则不一定，它取决于两种情况下哪一个数量上升或下降的幅度更大一些。

（2）供给减少，需求增加。同理，供给减少和需求增加会使均衡价格上升，均衡数量的变动方向不能确定。

（四）供求定理

从上述关于需求与供给变动对市场均衡的影响分析，可以得出供求定理：

第一，需求增加，引起均衡价格上涨；需求减少，引起均衡价格下跌。

第二，需求增加，引起均衡数量增加；需求减少，引起均衡数量减少。

第三，供给增加，引起均衡价格下跌；供给减少，引起均衡价格上涨。

第四，供给增加，引起均衡数量增加；供给减少，引起均衡数量减少。

此外，还有需求与供给同时变化的情况，它们要根据变动的程度大小来确定均衡价格与均衡数量变动的情况。供求反向变动，当程度相等时，均衡价格与需求同方向变动，均衡数量不定；当程度不等时，需求增加大于供给减少，均衡价格增加，均衡数量增加，需求增加小于供给减少，均衡价格增加，均衡数量减少，需求减少大于供给增加，均衡价格减少，均衡数量减少，需求减少小于供给增加，均衡价格减少，均衡数量增加。供求正向变动，当程度相等时，均衡数量与供给同方向变动，均衡价格不定；当程度不等时，需求增加大于供给增加，均衡价格增加，均衡数量增加，需求增加小于供给增加，均衡价格减少，均衡数量增加，需求减少大于供给减少，均衡价格减少，均衡数量减少，需求减少小于供给减少，均衡价格增加，均衡数量减少。

【案例 2-2】

不同歌手门票差别之谜

门票价格是歌手的劳务价格，美声歌手的门票比较便宜，比如某著名美声歌手的门票只要 180 元；通俗歌手的门票比较贵，普通歌手的门票都可以达到 600 元以上。如果用歌手劳动所包含的劳动量恐怕很难理解，美声歌手的专业培训费比通俗歌手高，应该是美声歌手的票价比通俗歌手高，但是事实上相反，这是为什么呢？学过供求定理，我们知道，均衡价格会随着供给与需求变动而变动，美声歌曲是阳春白雪，欣赏的人少，票价就低；通俗歌曲是下里巴人，欣赏的人多，票价就高。这就是供求定理决定的结果。

三、均衡价格的应用

（一）支持价格（地板价格）

支持价格是政府为了扶持某一行业和某种商品的生产而规定的该行业产品的最低价格。支持价格高于均衡价格，致使供给量大于需求量，商品市场将出现过剩。支持价格一般应用于农业生产。

为了维持支持价格,此时政府可以采取两种措施解决这一问题:一种是政府收购过剩产品,或用于储备,或用于出口,在出口受阻的情况下,收购过剩商品必然会增加政府的财政支出;另一种是政府对该商品的生产实行产量控制,使供给减少,重新达到供求平衡,并对减少产量的生产者进行补贴。

支持价格的调动作用,以农业为例,从长期来看支持了农业的发展,调动了农民种田的积极性,使农产品供给大于需求。对过剩的农产品政府只能大量收购,使政府背上了沉重的债务负担。靠保护起来的事物是缺乏生命力的。另外政府解决收购过剩的农产品方法之一就是扩大出口,这就引起国与国之间为争夺世界农产品市场而进行贸易战。

（二）限制价格

限制价格是指政府为限制某一行业和某种商品的生产而规定的这种产品的最高价格。限制价格一般低于均衡价格,商品市场将出现短缺。为了维持限制价格,解决商品短缺问题,政府一般会实行配给制,发放购物券。

限制价格有利于调节收入分配,实现经济社会稳定。但这种政策会引起严重的不利后果。主要表现在:第一,价格水平低不利于刺激生产,从而会使产品长期存在短缺现象。例如,低房租政策是各国运用较多的一种限制价格政策,这种政策固然使低收入者可以有房住,但可能使房屋更加短缺。所以,有的西方经济学家说,破坏一个城市建筑的方法,除了轰炸之外,就是长期低房租政策了。第二,价格水平低不利于抑制需求,可能会在资源缺乏的同时又造成严重的浪费。例如,埃及大部分的粮食依靠进口,但却对面包实行相当低的限制价格,这样,饲料的价格10倍于面包,导致用宝贵外汇进口小麦制成的面包,有30%～40%被改用作饲料。第三,限制价格下所实行的配给制,会引起社会风尚败坏。配给制下会产生黑市交易,易出现"走后门"现象,长期的价格水平不合理是权力腐败、社会风气败坏的经济根源之一,故而一些经济学家反对长期采用限制价格政策。

【案例 2-3】

我国药品价格的限制

我国药品价格经历过全部管制—基本放开—部分管制的发展历程。在药品基本放开阶段,我们发现药品市场有诸多弊端。人们对药品的需求面临信息不对称问题,人们经常不知道什么样的药品是最有效的。而且,人们对生命的珍惜,使得他们在买药时很少讨价还价,这使药品生产企业趁机大肆提高药品的价格,并采用行贿手段让医院帮助其推销质次价高的药品。在我国收入分配不均的背景下,药品的高价使人们把买药的和劫道的相提并论,医生救死扶伤的职业道德面临严峻的考验。有些低收入者生病后,宁愿在家等死,也不肯跨进医院的大门。在这种情况下,我国从1998年到2000年进行了六次药品降价,涉及300多个品种,平均降价15%,累计金额1280亿元。此后,我国每年都有相应文件出台,如2007年国家发改委312号文件规定了九味羌活颗粒等278种中成药内科用药的最高零售价格。我国药品价格限制在一定程度上遏制了药品行业的不正之风。

第四节　弹性理论

当面包的价格降低,对面包的需求通常会如何变化呢? 联系需求定理,答案就是引起对面包需求的增加,但具体增加多少呢? 当某品牌皮包打八折,消费者的需求量可以增加很多,而当食盐促销打八折时,消费者的反应却不那么强烈。这到底是为什么呢? 这就是弹性理论可以回答的问题。

弹性是物理学和机械学上的一个名词,著名经济学家马歇尔最先把弹性概念引入到经济学中。弹性是指一个变量相对于另一个变量发生的一定比例改变的属性。弹性的概念可以应用在所有具有因果关系的变量之间,作为原因的变量通常称自变量,受其作用发生改变的变量称因变量。因此,弹性可以定义为当经济变量之间存在函数关系时,因变量对自变量变化的反应程度。

经济学中的弹性是指衡量需求量或供给量对某种影响因素的反应程度指标,其大小用弹性系数来表示。弹性分为需求弹性和供给弹性,又依据具体影响因素的不同,可以将需求弹性进一步划分为需求价格弹性、需求收入弹性和需求交叉弹性,供给弹性可以进一步划分为供给价格弹性、供给交叉弹性等不同类型。本节主要介绍需求价格弹性、需求收入弹性和需求交叉弹性和供给价格弹性。

一、需求价格弹性

(一)需求价格弹性的含义与计算

需求价格弹性简称需求弹性,指需求量相对价格变化做出的反应程度,某商品价格下降或上升百分之一时,所引起的该商品需求量增加或减少的百分比。弹性的大小可以用需求弹性系数来表示:

$$需求弹性系数=\frac{需求量变动的百分比}{价格变动的百分比}=\frac{\dfrac{变动后的需求量-变动前的需求量}{变动前的需求量}}{\dfrac{变动后的价格-变动前的价格}{变动前的价格}} \quad (2\text{-}7)$$

E_d 代表需求弹性系数,P 代表商品价格,Q_d 代表商品需求量,Q_2、P_2 分别表示变动后的需求量和价格,Q_1、P_1 分别表示变动前的需求量和价格,则公式为

$$E_d=\frac{\Delta Q_d/Q_d}{\Delta P/P}=\frac{(Q_2-Q_1)/Q_1}{(P_2-P_1)/P_1} \quad (2\text{-}8)$$

在理解需求弹性的含义时要注意以下几点。

①在需求量与价格两个变量中,价格是自变量,需求量是因变量,所以,需求弹性是价格变动所引起的需求量变动的程度,或者说是需求量变动对价格变动的反应程度。

②需求弹性系数是需求量变动的比率与价格变动的比率,而不是需求量变动的绝对量与价格变动的绝对量的比。

③对于正常商品来说,需求弹性是负数,这是因为价格与需求量成反比关系。在经济学中,为了分析问题方便,一般都省略掉负号,取其绝对值。

④同一条需求曲线上不同点的弹性系数大小并不相同,这是由于每点的价格及需求量

不同而造成的。

(二)需求价格弹性的分类

根据需求价格弹性系数的大小不同,可以把需求价格弹性分成以下五种类别。

1.需求完全无弹性,即 $E_d=0$

在这种情况下,无论价格怎样变动,需求量都不会变动。这时的需求曲线是一条与横轴垂直的直线,如图2-10所示。如土地、胰岛素、救心丸、火葬费等近似于无弹性。

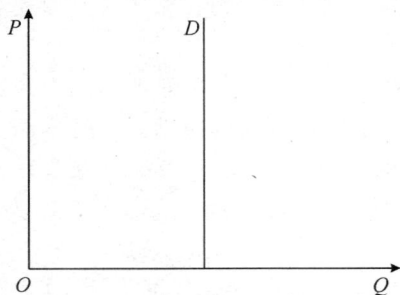
图2-10 需求完全无弹性

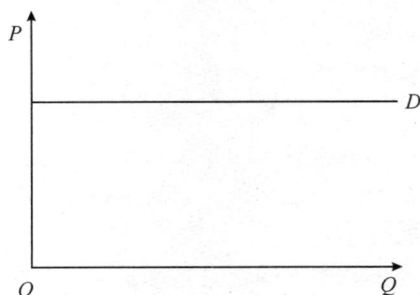
图2-11 需求完全弹性

2.需求完全弹性,即 $E_d \to \infty$

在这种情况下,当价格为既定时,需求量是无限的。这种需求变化是价格以外的因素引发的,如银行以一固定价格收购黄金,不论有多少黄金都可以按这一价格收购,银行对黄金的需求是无限的;再如战争时期的常规军用物资等。这时的需求曲线是一条与横轴平行的直线,如图2-11所示。

3.需求单位弹性,即 $E_d=1$

在这种情况下,需求量变动的比率与价格变动的比率相等。这时的需求曲线是一条正双曲线,如图2-12所示。如报纸等。

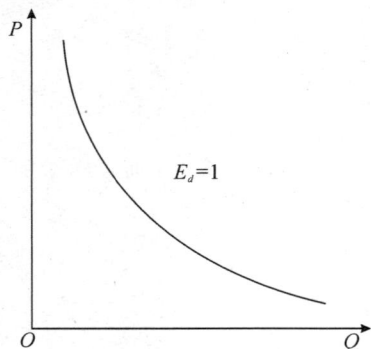
图2-12 需求单位弹性

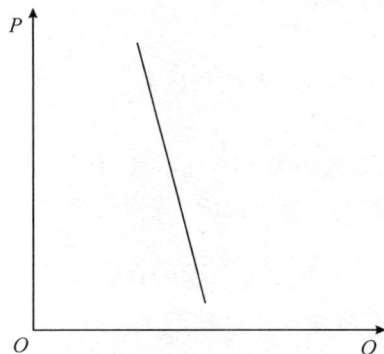
图2-13 需求缺乏弹性

4.需求缺乏弹性,即 $0<E_d<1$

在这种情况下,需求量变动的比率小于价格变动的比率,价格有一个较大的变动,需求量有一个较小的变动。如盐、食物、衣服、农产品、住房等生活必需品。这时的需求曲线是一条比较陡峭的向右下方倾斜的曲线,如图2-13所示。

5.需求富有弹性,即 $E_d > 1$

在这种情况下,需求量变动的比率大于价格变动的比率,价格有一个较小的变动,需求量有一个较大的变动。如奢侈品和价格昂贵的享受型服务。这时的需求曲线较为平坦,如图 2-14 所示。

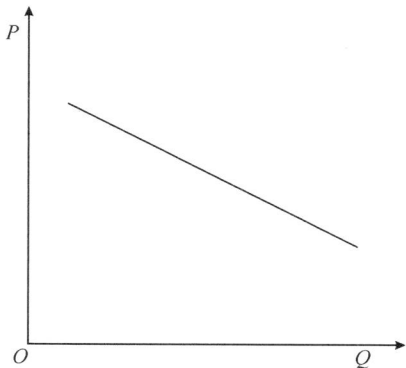

图 2-14　需求富有弹性

【案例 2-4】

牛奶为什么倒入下水道

2002 年 3 月 4 日,四川省最大的乳品企业四川华西乳业有限公司突然做出惊人之举,把库存的 2 吨鲜奶"哗哗"地倒进了下水道。3 月 5 日,《成都商报》赫然登出一条醒目新闻,华西乳业把收购不久的牛奶倒入下水道,这种情况已经连续 1 周。这一事件也使人们联想起了那些接二连三的相关报道。如海南的牛奶收购价一降再降,1 斤牛奶的价钱还不如 1 瓶矿泉水,最要命的是奶站还拒收,求卖无门的奶农只好忍痛倒掉牛奶,有的干脆将奶牛宰杀;广西一家从事奶牛饲养、加工和销售的民营企业,每逢销售淡季就不得不把卖不出去的鲜奶白白倒掉,1 年就倒掉 100 吨;继而是兰州市近郊 28 位奶农因买方单方面中断购销契约,无奈而愤怒地将鲜奶倾倒在该公司厂房门前。南京也发生牛奶大战,奶站减少收购量,南京多处发生奶农每天忍痛将白花花牛奶倾倒入鱼堂的倒奶事件。这些倒奶事件引起了社会舆论的极大震动,痛心者有之,斥责者有之,呼吁者有之。有人联想起在小学课本中看到的描写资本家把牛奶倒进大海的故事,惊呼我国出现了生产相对过剩的经济危机! 也有人提出疑问,"鲜牛奶在我们这个刚刚脱离温饱不算太久的国度里,被接二连三地倒掉,当真中国人就是牛奶多的喝不完了?"

牛奶为什么要倒掉? 其实原因很简单,因为牛奶是生活必需品,弹性小,降价增加的销售收益,弥补不了降价的损失。因为养奶牛毕竟不是做服装,生产周期长,供给弹性小,对市场反应不够灵敏。

(三)影响需求弹性的因素

影响需求弹性的因素很多,主要有以下几种。

1.商品的必需程度

一般来说,生活必需品的需求价格弹性较小,非生活必需品的需求价格弹性较大。例如,食盐、大米的需求价格弹性较小,其需求量受价格影响不大。轿车是非生活必需品,它的需求价格弹性较大,其需求量受价格影响就较大。

2.商品的可替代程度

一般来说,一种商品的替代品越多,它的需求就越富有弹性。反之,商品的可替代程度越低,需求的价格弹性就越小。

3.商品的消费支出在消费者预算总支出中所占的比重

消费者在某种商品上的消费支出在预算总支出中所占的比重越大,该商品的需求弹性越大;比重越小,需求弹性就越小。如笔芯、味精等商品的需求弹性就比较小。因为消费者每月在这些商品上的支出是很小的,往往不太重视这类商品价格的变化。

4.商品本身用途的广泛性

一般来说,如果一种商品的用途很广泛,当商品的价格升高之后,消费者只购买较少的数量用于最重要的用途上。当它的价格逐步下降时,消费者的购买量就会逐渐增加,将商品越来越多地用于其他的各种用途上。因此,商品用途越广,需求的价格弹性就越大;反之,用途越狭窄,需求的价格弹性越小。

5.消费者调整需求量的时间

一般来说,消费者调整需求的时间越短,需求弹性就越小;相反,调整时间越长,需求弹性越大。因为当消费者决定减少或停止对价格上升的某种商品的购买之前,一般需要花费时间去寻找和了解该商品的替代品。例如,当石油价格上升时,消费者在短期内不会较大幅度地减少需求量。但设想在长期内,消费者可能找到替代品,于是,石油价格上升会导致石油的需求量较大幅度地下降。

此外,消费者偏好、收入水平、地域差异等也会影响需求价格弹性。

(四)需求的价格弹性与总收益

总收益(TR)也称为总收入,是指企业销售一定量商品所得到的全部收入,也就是销售量与价格的乘积。如果以 TR 代表总收益,P 代表价格,Q 代表销售量,则

$$TR = P \times Q \tag{2-9}$$

在商品流通中,总收益和弹性有着很重要的关系。例如:降低价格将会引起需求量的增加,那么降低价格会引起商品销售收入的增加吗?这取决于需求弹性,需求弹性揭示了价格变动对消费者总支出和厂商总收益的影响,是厂商制定销售策略的依据。下面分别以需求富有弹性的商品和需求缺乏弹性的商品为例来说明需求弹性对厂商总收益的影响。

1.需求富有弹性的商品需求弹性与总收益之间的关系

假设某商品是需求富有弹性的商品,$E_d = 3$,当价格为 1000 元时,其需求量 Q_1 为 100件。此时厂商的总收益 TR_1 为:

$$TR_1 = P_1 \times Q_1 = 1000 \times 100 = 100000 (元)$$

若该商品降价 10%,即 $P_2 = 900$ 元,其需求量增加 30%,即 $Q_2 = 130$ 件,此时厂商的总收益 TR_2 为:

$$TR_2 = P_2 \times Q_2 = 900 \times 130 = 117000 (元)$$

显然,随着该商品价格的下降,厂商的总收益相应增加。

若该商品涨价 10%,即 $P_3 = 1100$ 元,其需求量减少 30%,即 $Q_3 = 70$ 件,此时厂商的总收益 TR_3 为:

$$TR_3 = P_3 \times Q_3 = 1100 \times 70 = 77000(元)$$

显然,随着该商品价格的上升,厂商的总收益相应减少。

由此可以得出结论:对于需求富有弹性的商品,价格与总收益呈反方向变动。价格上升,导致需求量减少,且价格上升的比率小于需求量减少的比率,总收益减少;反之,价格下降,导致需求量增加,且需求量增加的比率大于价格下降的比率,总收益增加。所以,需求富有弹性的商品适宜采用"薄利多销"的促销策略。

2.需求缺乏弹性的商品需求弹性与总收益之间的关系

假设某商品是需求缺乏弹性的商品,$E_d = 0.5$,当价格为 5 元时,其需求量 Q_1 为 1000 件。此时厂商的总收益 TR_1 为:

$$TR_1 = P_1 \times Q_1 = 5 \times 1000 = 50000(元)$$

若该商品降价 10%,即 $P_2 = 4.5$ 元,其需求量增加 5%,即 $Q_2 = 1050$ 件,此时厂商的总收益 TR_2 为:

$$TR_2 = P_2 \times Q_2 = 4.5 \times 1050 = 4725(元)$$

显然,随着该商品价格的下降,厂商的总收益相应减少。

若该商品涨价 10%,即 $P_3 = 5.5$ 元,其需求量减少 5%,即 $Q_3 = 950$ 件,此时厂商的总收益 TR_3 为:

$$TR_3 = P_3 \times Q_3 = 5.5 \times 950 = 5225(元)$$

显然,随着该商品价格的上升,厂商的总收益相应增加。

由此可以得出结论:对于需求缺乏弹性的商品,价格与总收益呈同方向变动。价格下降,导致需求量增加,但需求量增加的比率小于价格下降的比率,总收益减少;价格上升,导致需求量减少,需求量减少的比率小于价格上升的比率,总收益增加。

"谷贱伤农"就是这个道理。因为农产品属于需求缺乏弹性商品,在丰收的情况下,由于粮价下跌,并不会使需求量同比例增加,农民的总收益反而比以前减少了,即增产不增收。

根据上述分析可知,"薄利多销"并不适用于所有商品,只有富有弹性的商品才适用。相反,"谷贱伤农"就是粮食价格缺乏弹性下的表现。所以只有了解需求弹性与总收益之间的相互关系,商家才能根据商品的需求弹性采取适当的价格策略,以减少决策失误,提高收益水平。

二、需求收入弹性

(一)需求收入弹性的概念

需求收入弹性是指需求量变动对收入变动的反应程度,即商品的需求量变动的比率与收入变动的比率的比值。需求收入弹性的大小可以用需求收入弹性系数来表示:

$$收入弹性系数 = \frac{需求量变动的百分比}{收入变动的百分比} = \frac{\dfrac{变动后的需求量 - 变动前的需求量}{变动前的需求量}}{\dfrac{变动后的收入 - 变动前的收入}{变动前的收入}}$$

$$(2\text{-}10)$$

E_m 代表需求收入弹性系数,M 代表收入,Q_d 代表商品需求量,则公式为:

$$E_m = \frac{\frac{\Delta Q_d}{Q_d}}{\frac{\Delta M}{M}} = \frac{\Delta Q_d}{\Delta M} \times \frac{M}{Q_d} \qquad (2\text{-}11)$$

（二）需求收入弹性的类别

根据需求收入弹性系数值的正负，可以将所有商品分为三类。

1. 正常品

正常品的需求收入弹性系数 $E_m > 0$，需求量与收入水平呈同方向变动，即收入提高，需求量增加；收入下降，需求量减少。其中，$0 < E_m < 1$ 的商品，需求量变动的幅度小于收入变动的幅度，经济学称之为必需品，如粮食、服装等；$E_m > 1$ 的商品，需求量变动的幅度大于收入变动的幅度，经济学称之为奢侈品，如珠宝、高档汽车等。

2. 劣等品

劣等品的需求收入弹性 $E_m < 0$，需求量与收入水平呈反方向变动，即收入提高，需求量减少；收入下降，需求量增加。经济学称之为劣等品，如劣质服装、低劣化妆品等。

3. 中性品

这种商品的需求收入弹性系数 $E_m = 0$，即消费者收入变化后，需求量完全没有变化，如食盐等。

三、需求交叉弹性

（一）需求交叉弹性的含义

需求交叉弹性是指一种商品的需求量变动对另一种商品价格变动的反应程度，即一种商品的需求量变动的比率和另一种商品价格变动的比率的比值。其计算公式如下：

$$需求交叉弹性 = \frac{商品\ X\ 的需求量变动的百分比}{商品\ Y\ 价格变动的百分比}$$

$$= \frac{\dfrac{变动后的\ X\ 的需求量 - 变动前的\ X\ 的需求量}{变动前的\ X\ 的需求量}}{\dfrac{变动后的\ Y\ 的价格 - 变动前的\ Y\ 的价格}{变动前的\ Y\ 的价格}} \qquad (2\text{-}12)$$

如果以 E_{XY} 代表需求交叉弹性系数，P_Y 代表 Y 商品价格，Q_{dX} 代表 X 商品需求量，则公式为：

$$E_{XY} = \frac{\frac{\Delta Q_{dX}}{Q_{dX}}}{\frac{\Delta P_Y}{P_Y}} = \frac{\Delta Q_{dX}}{\Delta P_Y} \times \frac{P_Y}{Q_{dX}} \qquad (2\text{-}13)$$

（二）需求交叉弹性的取值范围

需求交叉弹性可以是正值，也可以是负值，它取决于商品之间关系的性质，即两种商品是替代关系还是互补关系。

1. 互补品：$E_{XY} < 0$

对于互补商品来说，一种商品需求量与另一种商品价格之间呈反方向变动，所以其需求交叉弹性系数为负值。一般情况下，功能互补性越强的商品，交叉弹性系数的绝对值越大。

2.替代品：$E_{XY}>0$

对于替代商品来说，一种商品需求量与另一种商品价格之间呈同方向变动，所以其需求交叉弹性系数为正值。一般来说，两种商品之间的功能替代性越强，需求交叉弹性系数的值就越大。

3.独立品：$E_{XY}=0$

若两种商品的交叉弹性系数为零，则说明 X 商品的需求量并不随 Y 商品的价格变动而发生变动，两种商品既不是替代品，也不是互补品，是相互独立的两种商品。

四、供给价格弹性

(一)供给弹性的含义

供给价格弹性简称供给弹性，指供给量变动对价格变动的反应程度，即商品的供给量变动的比率和价格变动的比率的比值。弹性的大小可以用供给弹性系数来表示：

$$供给弹性系数 = \frac{供给量变动的百分比}{价格变动的百分比} = \frac{\dfrac{变动后的供给量 - 变动前的供给量}{变动前的供给量}}{\dfrac{变动后的价格 - 变动前的价格}{变动前的价格}}$$

$$(2\text{-}14)$$

以 E_s 表示供给弹性系数，P 为商品价格，Q 为商品供给量，则公式为：

$$E_s = \frac{\Delta Q/Q}{\Delta P/P} \tag{2-15}$$

由供给定理可知，在通常情况下，商品的供给量和价格呈同方向变动，供给弹性系数应为正值。

(二)供给弹性的类别

各种商品的供给弹性一般也是不同的，根据供给弹性系数的大小不同，也可以把供给弹性分成五种类别。

1.供给无弹性，即 $E_s=0$

在这种情况下，无论价格如何变化，供给量都不变。这时的供给曲线是一条与横轴垂直的线。

2.供给有无限弹性，即 $E_s\to\infty$

在这种情况下，价格既定，供给量可以无限。这时的供给曲线为一条与横轴平行的线。如海边的沙子、电话接线员、非技能的劳动者的供给等。

3.供给单位弹性，即 $E_s=1$

在这种情况下，供给变动的幅度等于价格变动的幅度。这时的供给曲线是一条与横轴成 45°角并向右上方倾斜的曲线。

4.供给富有弹性，即 $E_s>1$

在这种情况下，供给变动的幅度大于价格变动的幅度。这时的供给曲线为一条向右上方倾斜且较为平坦的曲线。

5.供给缺乏弹性，即 $0<E_s<1$

在这种情况下，供给变动的幅度小于价格变动的幅度。这时的供给曲线为一条向右上方倾斜且较为陡峭的曲线。

(三)影响供给弹性的因素

1.生产的难易程度

一般而言,容易生产而且生产周期短的产品,对价格变动的反应快,其供给弹性大。相反,生产不易且生产周期长的产品,对价格变动的反应慢,产品供给弹性也小。

2.生产成本的变化

在其他条件不变的情况下,如果生产成本随产量的增加不会增加太多,则产品的供给弹性就大;相反,如果产量增加促使生产成本增加较多,则供给弹性就小。

3.生产所采用的技术类型

采用资本密集型技术生产的产品,生产规模一旦固定,变动较难,从而其供给弹性小;采用劳动密集型技术生产的产品,生产规模变动较容易,从而其供给弹性也就大。

4.生产时间

当商品的价格发生变化时,生产者对供给量进行调整需要一定的时间。时间越短,生产者越来不及调整供给量。

5.生产要素的供给情况

生产要素的供给充足,或生产要素的价格较低,则供给弹性就大。反之,供给弹性就小。

在分析某种产品的供给弹性时,要将上述因素综合起来。在一般情况下,重工业产品通常采用资本密集型技术,生产较为困难,生产周期长,所以供给弹性就小。轻工业产品,尤其是食品、服装这类产品,一般采用劳动密集型技术,生产较为容易,生产周期短,所以供给弹性大。农产品的生产尽管也采用劳动密集型技术,但由于生产周期长,因而供给缺乏弹性。

本章小结

需求是指消费者在某一特定时期内,在某一价格水平下愿意而且能够购买的商品或劳务的数量。需求是购买欲望和支付能力的统一,缺少任何一个条件都不能成为有效需求。要注意的是,需求是消费者根据其欲望和购买能力所决定的计划购买量。需求曲线是用图形的形式来表述需求这个概念,表明商品价格与需求量之间关系的一条曲线,向右下方倾斜。需求定理的基本内容是:在其他条件不变的情况下,商品的需求量与价格呈反方向变动,即需求量随着商品本身价格的上升而减少,随商品本身价格的下降而增加。需求定理指的是一般商品的规律,但是这一定理也有例外情况。比较典型的例外就是炫耀性商品和吉芬商品。

供给是卖者在一定时期内,在某一价格水平下愿意并且能够供应的商品或劳务的数量。供给是卖者计划提供的商品量。供给量是个预期概念,不是指实际出售量,而是生产者预计、愿意或打算供给的数量。供给曲线是用图形的形式来表述供给这个概念,表明商品价格与供给量之间关系的一条曲线,向右上方倾斜。供给定理在其他条件不变的情况下,商品的供给量与价格呈同方向变动,即供给量随着商品本身价格的上升而增加,随商品本身价格的下降而减少。供给定理指的是一般商品的规律,但是这一定理也有例外情况。比较典型的例外是劳动力的供给。工资是劳动力的价格,当工资增加时,一开始劳动力的供给会随着工资的增加而增加,但当增加到一定程度时,如果继续增加,劳动力的供给量不但不会增加,反而会减少。

均衡价格是指消费者为购买一定商品量所愿意并能够支付的需求价格,是与生产者为提供一定商品量所愿意接受的供给价格相一致时的价格。供求定理描述的是:需求的变动引起的均衡价格与均衡产量同方向的变动,供给的变动引起均衡价格反方向变动,均衡产量同方向变动。均衡价格理论的应用主要有支持价格和限制价格。

需求价格弹性、需求收入弹性、需求交叉弹性分别测算在其他因素不变的情况下,需求量对商品自身价格、消费者收入、相关商品价格的变动做出反应的程度。需求富有弹性的商品,价格与总收益呈反方向变动,需求缺乏弹性的商品,价格与总收益呈同方向变动。

思考与练习

一、单项选择题

1. 若某商品价格上升5%,其需求量下降20%,则该商品的需求价格弹性是(　　)。
A. 缺乏弹性　　　　B. 富有弹性　　　C. 单位弹性　　　　D. 完全富有弹性

2. "谷贱伤农"是粮食价格(　　)的表现。
A. 缺乏弹性　　　　B. 富有弹性　　　C. 单位弹性　　　　D. 完全富有弹性

3. 一般来说,某种商品的需求价格弹性与购买该种商品的支出占全部收入的比例关系是(　　)。
A. 购买该种商品的支出占全部收入的比例越大,其需求价格弹性就越大
B. 购买该种商品的支出占全部收入的比例越大,其需求价格弹性就越小
C. 购买该种商品的支出占全部收入的比例越小,其需求价格弹性就越大
D. 购买该种商品的支出占全部收入的比例与价格弹性没有关系

4. 以下关于需求价格弹性大小与总收益的论述中,正确的是(　　)。
A. 需求弹性越小,总收益越高
B. 如果商品富有弹性,则降价可以扩大销售收入
C. 需求弹性越大,总收益越低
D. 如果商品缺乏弹性,则降价可以扩大销售收入

5. 下列哪一项会导致粮食制品的均衡价格下降(　　)。
A. 鸡蛋价格上升　　　　　　　B. 良好的天气情况
C. 牛奶价格上升　　　　　　　D. 收入上升

6. 下列因素中哪一项以外都会使需求曲线移动(　　)。
A. 购买者(消费者收入变化)　　B. 消费者偏好变化
C. 其他有关商品价格发生变化　　D. 商品价格发生变化

7. 当其他条件不变时,汽车价格上升将导致(　　)。
A. 汽车需求量增加　　　　　　B. 汽车供给量增加
C. 汽车需求增加　　　　　　　D. 汽车供给增加

8. 在需求和供给同时减少的情况下(　　)。
A. 均衡价格和均衡交易量都下降　　B. 均衡价格下降,均衡交易量无法确定
C. 均衡价格无法确定,均衡交易量下降　D. 均衡价格将上升,均衡交易量将下降

9.粮食市场需求是缺乏弹性的,当粮食产量因灾害减少时(　　)。

A.粮食生产者的收入减少,因粮食产量下降

B.粮食生产者的收入增加,因粮食的价格会大幅度上升

C.粮食生产者的收入减少,因粮食需求量会大幅度减少

D.粮食生产者的收入不变,因粮食价格上升与需求量的减少比率相同

10.政府把价格限制在均衡水平下,可能导致(　　)。

A.买者按低价买到了希望买到的商品　　B.大量积压

C.黑市交易　　　　　　　　　　　　D.A 和 C

二、多项选择题

1.满足需求的条件包括(　　)。

A.收入高　　　　　B.愿意购买　　　C.收入中等　　　D.有能力购买

2.影响供给量的因素有(　　)。

A.商品的价格　　　B.成本　　　　　C.生产者预期　　D.技术状况

3.政府对商品的调节通过价格进行,其对价格实施(　　)。

A.均衡价格　　　　B.支持价格　　　C.不均衡价格　　D.限制价格

4.影响需求价格弹性的因素有(　　)。

A.购买欲望　　　　　　　　　　B.商品的可替代程度

C.商品本身用途的广泛性　　　　D.商品对消费者的生活重要程度

5.影响需求价格弹性的因素有(　　)。

A.生产成本的变化　　　　　　　B.时期的长短

C.生产的难易程度　　　　　　　D.生产要素的供给情况

三、判断题

1.需求就是消费者在一定时期内,在每一价格水平时愿意购买的商品量。　　(　　)

2.生产技术提高所引起的某种商品产量的增加称为供给的增加。　　　　　　(　　)

3.两种互补品之间,其中某一种商品价格的上升,会使另一种商品需求量增加。(　　)

4.支持价格是政府规定的某种产品的最高价格。　　　　　　　　　　　　　(　　)

5.限制价格应高于市场价格,支持价格应低于市场价格。　　　　　　　　　(　　)

四、案例分析

"旧貌换新帽一律八折"

对市场上各商家之间"挥泪大甩卖""赔本跳楼价"的价格大战从未仔细考虑过究竟是为什么,只是觉得很开心,因为可以节省大量金钱。前几天路过一家安全帽专卖店,看到它打出这样的广告——"旧貌换新帽一律八折"。店家的意思是如果你买安全帽时交一项旧安全帽的话,当场退两成的价款,如果直接买新帽,对不起,只能按原定价格买。这种促销方式让人觉得好奇,是不是店家加入了什么基金会或是店家和供帽厂家有什么协定,回收旧安全帽可以让店家回收一些成本,因此拿旧安全帽才有两折优惠呢? 如果大家都这么想,那可就猜错了。但凡这种以旧换新的促销活动,主要是针对不同的消费者的需求弹性而采取的区别定价方法,即给定一定的价格变动比例。

分析:围绕需求谈谈自己对"旧貌换新帽一律八折"的看法?

第三章　消费者行为理论

◗ **学习目标**

1. 理解欲望及效用的关系
2. 理解效用、总效用与边际效用的关系
3. 理解边际效用递减规律
4. 掌握边际分析法、无差异曲线分析法
5. 了解消费者均衡

◗ **开篇案例**

你会为都教授埋单吗？——名人代言效应

金秀贤是谁？其实很多网友都不知道，但只要稍微一提《来自星星的你》的男主角都教授，你就会说：哦，原来是他。一部韩剧《来自星星的你》成功将金秀贤推上人生事业的巅峰，轻松成为广告界的大赢家。粗略估计，当时可是没有一位广告代言人比得上"来自星星"的都教授了。接广告接到手软的他，一阵风似地包揽了当时众多大大小小的广告，包括餐饮业、电器业、互联网、服饰等，几乎每到一处都有他的存在。

分析：

企业请名人代言的目的何在呢？

第一节　选择与效用理论

消费任一种商品或商品组合所得到的满足感，最终取决于消费者的偏好，"萝卜青菜，各有所爱"，正是说明了这一点。需求产生消费，消费是为了得到物质和精神上的满足。经济学家把这种满足称之为效用。效用理论说明了消费者在收入与价格既定的情况下，如何实现最大效用，使之得到最大的幸福。

一、欲望与效用

（一）欲望

欲望（需要）是指想要得到而又没有得到某种东西的一种心理状态，是不足之感与求足之愿的统一。"生死根本，欲为第一"。欲望是人性的组成部分，是人类与生俱来的。它是本能的一种释放形式，构成了人类行为最内在与最基本的根据与必要条件。在欲望的推动下，人不断占有客观的对象,从而同自然环境和社会形成了一定的关系。从某种意义上来说,欲望是无限的,当一种欲望满足之后,总会有新的欲望产生出来。

(二)效用

消费者消费的目的是为了获得幸福。对于什么是幸福,美国的经济学家萨缪尔森(P. A. Samuelson)用"幸福方程式"来概括,这个"幸福方程式"就是:幸福＝效用/欲望。那么什么是效用呢?

效用是消费者从消费某种物品中所得到的欲望满足程度。效用是一种主观的心理感受。消费者在消费活动中获得的满足程度高,就是效用大;反之,就是效用小。如果在消费活动中感受到痛苦,则是负效用。效用的特点如下:

1. 效用的主观性

效用是对欲望的满足,因而它和欲望一样,是一种主观心理感觉。例如:辣椒具有刺激胃口的客观效用,对爱吃辣椒的人来说,不怕辣甚至怕不辣,具有很高的主观效用;但对怕吃辣椒的人来说,主观效用却是负数,越辣越难受。一个面包对于饥饿者来说有很大的效用,而对于饭饱者来说毫无效用,甚至可能是负效用。

▶【案例 3-1】

世界上什么东西最好吃

有这样一个故事:兔子和猫争论,世界上什么东西最好吃。兔子说:"世界上萝卜最好吃,因为萝卜又甜又脆又解渴,我一想起萝卜就要流口水。"猫不同意,说:"世界上最好吃的东西是老鼠。老鼠的肉非常嫩,嚼起来又酥又松,味道美极了!"兔子和猫争论不休,僵持不下,便跑去找猴子评理。猴子听了,不由得大笑起来:"瞧你们这两个傻瓜蛋,连这点儿常识都不懂! 世界上最好吃的东西是什么? 是桃子! 桃子不但美味可口,而且长得漂亮。我每天做梦都梦见吃桃子。"兔子和猫听了,全都直摇头。那么世界上到底什么东西最好吃?

分析:效用完全是个人的心理感觉,不同的偏好决定了对同一种商品效用大小的不同评价。

2. 相对性

效用不是绝对的,同一物品的效用会因人、因时、因地而有所不同。例如:同一件棉衣,在冬天或寒冷地区给人带来的效用很大,但在夏天或热带地区只能带来负效用。

▶【案例 3-2】

"金子"与"红薯"

从前,有一个长工在地主家打工。地主非常苛刻,经常拖欠工资,每个月到发工资的时候就给长工几个红薯作为抵押品。某日该地闹起了洪灾,洪水吞没了土地和房屋。人们纷纷爬上了山顶和大树,想要逃脱这场灾难。在一棵大树上,地主和长工聚集到一起。地主紧紧地抱住一盒金子,警惕地注视着长工的一举一动,害怕长工会把金子抢走,长工则提着一篮子红薯,呆呆地看着滔滔大水。除了这一篮红薯,长工已经一无所有。几天过去了四处仍是白茫茫的一片。长工饿了就吃几口红薯,地主饿了却只有看着金子发呆。地主舍不得用金子换红薯,长工也不愿意把红薯白白送给地主。又几天过去了,大水终于退了。长工高兴地爬到树下,地主却静静地躺着,永远留在大树上了。

分析:这个故事告诉我们,虽然在一般情况下,金子的效用大于红薯,但即便是同样的物品,在发生特殊情况下(如洪灾),其效用会发生逆转。红薯在洪灾断粮期间,其效用远远大于金子。

3.效用不能用伦理学进行判断

只要能满足人们某种欲望的物品就有效用,而这种欲望本身是否符合社会道德规范则不在效用评价范围之内。例如,众所周知,毒品从伦理道德的角度是不具有效用的,甚至是危害社会的,但是对于"瘾君子"来说,毒品的效用却很大。

4.效用计量可大、可小,可正、可负

通常,在给定两个商品 X 和 Y 的时候,我们经常可以比较哪个对我们的满足程度更大,这就说明效用是有大小之分的。另外,人们的消费活动若使人们获得了欲望满足,则获得了正效用;若感受到痛苦或不适,则是负效用。

二、对于效用的研究

消费者行为理论要研究效用最大化的实现,首先遇到的就是对效用大小的比较和评价问题。一些经济学家认为效用大小可以用具体的数字进行计量;而另外一些经济学家则认为效用大小不能准确量化,而只能以顺序来进行比较。这就是在效用评价理论发展过程中先后出现的基数效用论和序数效用论。

(一)基数效用论

基数效用论假定随着消费者消费商品或劳务数量的增加,消费者每增加一单位的商品或劳务所获得的满足程度逐步下降(边际效用递减),消费者消费商品的目标是要达到总效用最大。基数效用论采用边际效用分析法分析消费者均衡问题。

(二)序数效用论

序数效用论者认为:效用是一种感受,一个有点类似于香、臭、美、丑那样的概念,效用的大小是无法具体衡量的,更不能加总求和,只能表示出满足程度的高低与顺序,效用只能用序数(第一,第二,第三……)来表示。序数效用论采用无差异曲线的分析方法分析消费者均衡问题。

第二节　基数效用论与消费者均衡

基数效用论认为效用的大小是可以测度的,因此在分析消费者均衡之前,我们先引入几个概念。

一、总效用与边际效用

(一)总效用与边际效用的含义

1.总效用

总效用(total utility,简称 TU)是指消费者消费一定量某种商品所得到的总满足程度。在效用分析中,商品消费量(Q)是自变量,欲望满足程度即效用是因变量。因而,总效用是商品消费量的函数,总效用函数为:

$$TU=f(Q) \tag{3-1}$$

2.边际效用

边际效用是消费者每增加一单位商品的消费所增加的满足程度,是商品消费量(自变量)的增加所引起的总效用(因变量)的增量。若用 MU 表示边际效用,ΔTU 表示总效用的增加量,ΔQ 表示商品的增加量,则边际效用函数为:

$$MU=\Delta TU/\Delta Q \tag{3-2}$$

(二)总效用与边际效用的关系

可以用表格来说明总效用与边际效用的关系。例如,一个消费者在不断吃面包的过程中获得了一系列的总效用和边际效用,如表 3-1 所示。

表 3-1　效用表

面包消费量/个	总效用 TU	边际效用 MU
0	0	/
1	10	10
2	18	8
3	24	6
4	28	4
5	30	2
6	30	0
7	28	−2

由表 3-1 可知,当消费者非常饿时,吃第 1 个面包的感觉非常美好,给他带来的效用最大,有 10 个效用单位,边际效用也是 10 个单位;第 2 个面包的效用也不小,有 8 个效用单位,使总效用增加到 18 个效用单位,边际效用减少为 8(即 18−10)个单位;随着面包消费量上升到第 5 个时,已经不再饿了,效用仅为 2 个单位,同时总效用达到最大值 30;面包消费量为 6 个小时,消费量增加,总效用不再增加,边际效用为 0;消费者在吃第 7 个面包时就感到非常难受了,产生了负效用。

用横轴代表面包的消费量,纵轴代表总效用或边际效用,则根据表 3-1 可以绘制成图 3-1。

从图 3-1 可以看出,总效用与边际效用之间具有如下关系:

①当边际效用为正值时,总效用增加;

②当边际效用为零时,总效用达到最大;

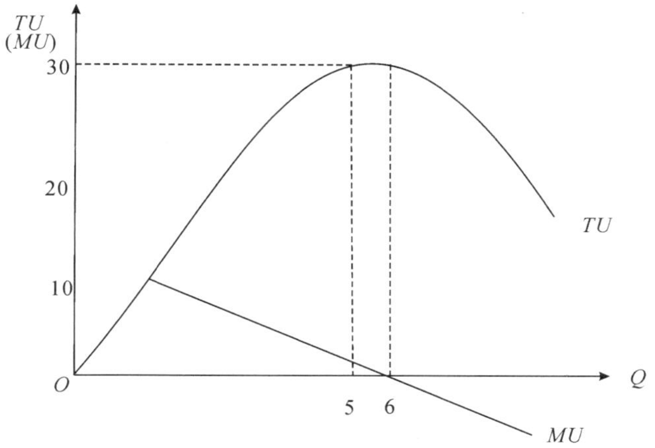

图 3-1　总效用与边际效用的关系

③当边际效用为负值时,总效用减少。

二、边际效用递减规律

(一)边际效用递减规律的内容与原因

从表 3-1 和图 3-1 可以看出:随着一个人所消费的某种物品数量的增加,其总效用虽然相应在增加,但物品的边际效用则随着所消费的某种物品数量的增加而有递减的趋势。当边际效用等于零以至于变为负数时,总效用就不再增加以至于减少。这种现象被称为边际效用递减规律,它的内容可以表述为:在一定时间内,在其他商品的消费数量保持不变的条件下,随着消费者对某种商品消费量的增加,消费者从该商品连续增加的每一消费单位中所得到的效用增量即边际效用是递减的。

为什么边际效用会递减呢?西方经济学中,对边际效用递减规律的解释有两个理由。

(1)生理或心理的原因。人们的消费行为是对人的生理和心理的刺激过程,随着相同消费品的连续增加,心理上对重复刺激的反应会逐渐递减,相应的满足程度越来越低,到最后甚至会出现痛苦和反感。例如:连续吃同一种食物的感觉。

(2)物品本身用途的多样性。由于每种物品有多种用途,消费者会根据其重要程度不同进行排序,当他只有一个单位的物品时,作为理性的人一定会将该物品用于满足最重要的需要,而不会用于次要用途上。当他可以支配使用的物品共有两个单位时,其中之一会用在次要用途上。即在一种商品具有几种用途时,消费者总是将第一单位的消费品用在最重要的用途上,因而其边际最大;第二单位的消费品用在次重要的用途上,其边际效用就会递减;以此类推,由于用途越来越不重要,边际效用就越来越小。例如,你只有一杯水,那肯定要用来喝,再给你一桶水,你可以考虑用于洗脸、刷牙,如果你就在河边,那你还可以用来洗澡、洗衣服,甚至洗车,其边际效用明显是递减的。

(二)边际效用递减规律给经营者的启示

消费者购买物品要达到效用最大化,而且物品的效用越大,消费者愿意支付的价格越高,根据效用理论,企业在生产什么时,首先要考虑商品能给消费者带来多大效用。

企业要使自己生产的产品能卖出去,而且能卖高价,就要分析消费者的心理,能满足消费者的偏好。一个企业要成功,不仅要了解当前的消费时尚,还要善于发现未来的消费时尚,这样才能从消费时尚中了解到消费者的偏好及变动,并及时开发出能满足这种偏好的产品。同时,消费时尚也受广告的影响,一种成功的广告会引导着一种新的消费时尚,左右消费者时尚的偏好,所以说,企业行业为从广告开始。

消费者连续消费一种产品,其边际效用是递减的。如果企业只连续生产一种产品,它带给消费者的边际效用就在递减,消费者愿意支付的价格就越低。因此,企业要不断创造出多样化的产品,只要有差别,就不会引起边际效用递减。例如,同类服装做成不同样式,就成为不同产品,就不会引起边际效用递减。如果是完全相同,则会引起边际效用递减,消费者不会多购买。

边际效用递减规律告诉我们,企业要进行创新,要生产不同的产品满足消费者需求,减少和阻碍边际效用递减。

▷【案例 3-3】

宝石与水的矛盾

在经济学中有一个关于宝石和水的矛盾。水要比宝石有用得多,但也便宜得多,如何解释这一矛盾呢? 水对人来说,其总效用要比宝石大得多。人没有水不能生存,没有宝石可以生存,但是水的边际价值却比宝石小得多。这是因为人们能够以很少的代价得到水。因此,把水用到别处并不会使人渴死,如可以多用一些水去浇花。由于宝石的稀缺,只有在极少数最有价值的场合中才使用它,其价值等于边际价值。因此,为得到宝石就要花费比水更多的钱。

分析:某些东西虽然实用价值大,但是却廉价;而另一些物品虽然实用价值不大,但却很昂贵,其实就可以用我们的边际效用来解释。

三、基数效用论对于消费者均衡的分析

消费者均衡是指在既定收入和价格的约束下,通过消费者选择实现效用最大化的状态。基数效用论下其实现条件是购买各种商品的最后一元钱所获得的边际效用相等,这可以帮助我们确定自己的消费结构,也是超市打折促销的依据。

根据消费者均衡的描述,假定消费者用一定的收入 I 购买 XY 两种物品,两种物品的价格分别为 P_x 和 P_y,购买数量分别是 Q_x 和 Q_y。两种物品所带来的边际效用分别为 MU_x 和 MU_y,每一单位货币的边际效用为 MU_I。那么消费者效用最大化的均衡条件可以表示为:

$$P_x \times Q_x + P_y \times Q_y = \alpha \tag{3-3}$$
$$MU_x / P_x = MU_y / P_y = \beta \tag{3-4}$$

式 3-3 表示消费者预算限制的条件。如果消费者支出超过收入,消费者购买是不现实的,如果支出小于收入,就无法实现在既定收入条件下的效用最大化。

式 3-4 表示消费者均衡的实现条件。每单位货币无论是购买 X 物品还是 Y 物品,所得的边际效用都相等。

为什么要两个式子同时满足时才能实现消费者均衡呢?

当 $MU_x / P_x > MU_y / P_y$ 时,表明同样的一单位货币购买商品 X 所得到的边际效用大于用于购买 Y 商品的边际效用。这样,理性的消费者就会增加商品 X 的消费而减少商品 Y 的

消费。结果在调整的过程中,消费者会增加一单位 X 商品的消费而减少一单位 Y 商品的消费。由此带来增加的商品 X 的边际效用大于减少的 Y 商品的边际效用,消费者的总效用是增加的。在边际效用递减规律的作用下,商品 X 的边际效用会随着其消费数量的增加而减少,商品 Y 的边际效用会随着其消费数量的减少而增加。当消费者花费一单位货币所带来的 X 商品与 Y 商品的边际效用都相等,即 $MU_x/P_x=MU_y/P_y$ 时,消费者就得到了由于调整组合消费而获得的全部效用,即实现了当前水平上的最大效用。

反之,如果 $MU_x/P_x<MU_y/P_y$,那么上述的过程就会调转过来,即消费者会增加 Y 商品的消费而减少 X 商品的消费,直至 $MU_x/P_x=MU_y/P_y$。

由此可知,式 3-4 是消费者实现均衡的条件。消费者实现均衡之后,两种商品的购买数量随之确定,不再加以调整。

第三节　序数效用论与消费者均衡

与基数效用论不同,20 世纪的大多数经济学家认为效用只能用序数度量,即用第一、第二、第三来表示商品的效用谁大谁小,而不能确切地说出各种商品的效用到底是多少。在价格相同的情况下,消费者认为哪一种商品效用最大,是通过他在购买时选择的顺序表现出来的,这就是序数效用论。

一个人的消费行为在很大程度上受消费偏好的影响。有人喜欢传统的,有人喜欢现代的;有人喜欢体育,有人喜欢文艺;有人喜欢吃好,有人喜欢穿好。常言道,"萝卜青菜各有所爱"。消费者的偏好除了产生于内心的本能外,还受生活方式、广告宣传、消费风气等因素的影响。

一、无差异曲线

(一)无差异曲线的定义

为了简化分析,我们假定只销售两种物品,这样我们就可以用一个两维的平面图形来表示无差异曲线的含义。

无差异曲线又称效用等高线、等效用线,是用来表示两种商品不同数量组合给消费者带来的效用完全相同的一条曲线。

假定现在有苹果和梨两种物品,它们有 a、b、c、d、e、f 六种组合方式,并且这六种组合方式能给消费者带来相同的效用。这样我们可做出表 3-2。

表 3-2　苹果和梨子的无差异组合

组合方式	苹果	梨
a	2	16
b	4	11
c	6	7
d	8	4
e	10	2
f	12	1

根据表 3-2 画出图形 3-2。

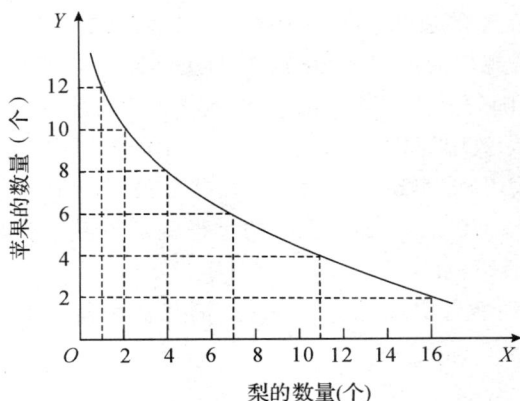

图 3-2　苹果和梨的无差异曲线

在图 3-2 中,纵轴代表苹果的数量,横轴代表梨的数量,a、b、c、d、e、f 六种组合方式分别用六个点来表示,把这六个点连接起来的平滑曲线就是无差异曲线。线上任一点上苹果与梨不同数量的组合给消费者所带来的效用都是相同的。

(二)无差异曲线的特征

无差异曲线具有四个重要特征。

(1)无差异曲线是一条向右下方倾斜的曲线,其斜率为负值。这就表明,在收入和价格既定的条件下,消费者要得到同样的满足程度,在增加一种商品的消费时,必须减少另一种商品的消费,两种商品不能同时增加或减少。

(2)同一个平面图上可以有无数条无差异曲线。同一条无差异曲线代表相同的效用,不同的无差异曲线代表不同的效用。离原点越远的无差异曲线,所代表的效用越大;离原点越近的无差异曲线,所代表的效用越小。

(3)在同一平面上,任意两条无差异曲线不能相交。在消费者偏好既定的条件下,同一种消费组合只能给消费者带来同一种效用水平。如果两条无差异曲线有交点,则说明在交点上两条无差异曲线具有了相同的效用。这显然与无差异曲线的第二个特征相矛盾。

(4)无差异曲线是一条凸向原点的曲线。这说明无差异曲线的斜率是递减的,这是由商品的边际替代率递减决定的。

二、边际替代率

(一)边际替代率的概念

我们设想,当一个消费者沿着一条既定的无差异曲线上下滑动的时候,两种物品的数量组合会不断发生变化,而效用水平却保持不变。这就说明,在维持效用水平不变的前提条件下,消费者在增加一种商品的消费数量的同时,必然会放弃一部分另一种物品的消费数量。即两种物品的消费数量之间存在着替代关系。由此,经济学家们提出了物品的边际替代率。

消费者在保持相同满足程度的前提下,增加一种商品的消费量与必须放弃的另一种商品的消费量之比,称为两种商品的边际替代率。

如果以 ΔX 与 ΔY 分别表示商品 X 与 Y 的变化量,MRS_{XY} 表示商品 X 对商品 Y 的边际

替代率,则

$$MRS_{XY} = \frac{Y\ 的减少量}{X\ 的增加量} = -\frac{\Delta Y}{\Delta X} \tag{3-5}$$

由于 ΔX 与 ΔY 的变化方向是相反的,所以 MRS_{XY} 必定是负数,为了方便比较,在计算公式中加了个负号使边际替代率成为正值。

（二）边际替代率递减规律

1.边际替代率递减规律的内容

边际替代率递减规律可以表述为:在维持效用水平不变或满足程度不变的前提下,随着一种商品消费数量的连续增加,消费者为得到每一单位的这种商品所需要放弃的另一种商品的消费数量是递减的。

2.边际替代率递减规律的原因

边际替代率递减的原因是:随着一种物品的消费数量的逐步增加,它的边际效用在递减。因而消费者想要获得更多的这种物品的愿望就会递减,从而,他为多获得一单位的某种物品而愿意放弃的另一种物品的数量就会越来越少。或者换句话说,若第一种物品以同样的数量增加,它所能替代的另一种物品越来越少,也就是说,$MRS_{XY} = \Delta Y/\Delta X$ 这个公式里,当分母 ΔX 保持不变时,分子 ΔY 在不断地减少,从而分数的值就在不断减少。从以上分析中可知,商品的边际替代率递减规律实际上就是用无差异曲线的形式来表述的边际效用递减规律。

（三）边际替代率和边际效用的关系

序数效用论者用边际替代率这一概念来取代基数效用论者的边际效用概念。根据边际替代率和边际效用的定义,两种商品的边际替代率之比等于它们的边际效用之比。其推导过程如下:

$$MRS_{XY} = -\frac{\Delta Y}{\Delta X} = -\frac{\dfrac{\Delta TU}{MU_Y}}{\dfrac{\Delta TU}{MU_X}} = -\frac{MU_X}{MU_Y}$$

所以

$$MRS_{XY} = -\frac{MU_X}{MU_Y} = -\frac{\Delta Y}{\Delta X} \tag{3-6}$$

三、消费者预算线

消费者进行选择时考虑的一个重要因素是收入。在不考虑借贷的条件下,消费者不能无限制地选择他喜爱的商品。反映消费者收入约束的概念就是预算约束。

（一）消费者预算线的含义

消费者预算线又称消费可能线或等支出线,它是一条表明在消费者收入与商品价格既定的条件下,消费者用全部收入所能购买到的两种商品不同数量最大组合的线。

（二）预算线的数学表达式

消费者预算线表明了对消费者消费行为的限制条件。这种限制就是购买物品所花的钱不能大于收入,也不能小于收入。大于收入是在收入既定的条件下无法实现的,小于收入则无法实现效用最大化。这也是消费者实现均衡的前提条件。这种限制条件可以表示为：

$$P_x \times Q_x + P_y \times Q_y = a \tag{3-7}$$

根据上述函数，假定收入 $A=100$，$P_x=5$，$P_y=10$，则 $Q_x=0$ 时，$Q_y=10$；$Q_y=0$ 时，$Q_x=20$。据此可以绘制出消费预算线的图形，见图 3-3。

在图 3-3 中，连接 A、B 两点的直线就是消费者预算线，在消费者预算线上的任何一点都是在收入与价格既定的条件下，能购买到的 X 商品和 Y 商品的最大数量组合。消费者预算线之外的消费组合超出了消费者的消费能力，是不可能实现的；而消费者预算线之内的消费组合没有超出消费者的消费能力，但无法实现效用最大化。

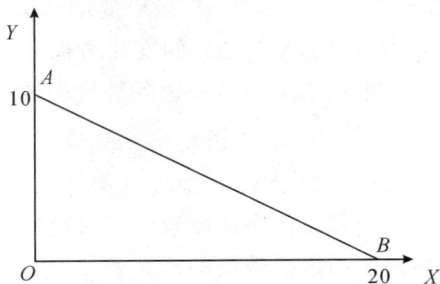

图 3-3 消费预算线

（三）预算线的变动

预算线的变动大致可以归纳为以下三种基本情况。

（1）两种商品价格不变，消费者收入变化，预算线平行移动。收入增加，预算线平行向右上方移动。

（2）消费者收入不变，两种商品价格同比例、同方向变动，预算线平行移动。若两种商品价格同比例下降，则预算线向右上方平行移动，其原因和价格不变而消费者收入提高是一样的；反之，若两种商品价格同比例提高，则预算线向左下方平行移动。

（3）当消费者收入不变，一种商品的价格不变，而另一种商品价格发生变化，则预算线的斜率和在横轴或纵轴上的截距发生变化，此时，预算线会发生旋转。

四、消费者均衡

要实现消费者均衡需要解决两个问题：一是商品的数量怎样组合能够让消费者的总效用最大；二是确定当前的收入能够负担最大效用的商品组合。而之前介绍的无差异曲线代表了效用水平，消费者预算线代表了收入水平，二者结合恰好能解释上述问题。

如图 3-4 中，a、b、c 分别为同一平面内无限条无差异曲线中的三条，并且它们的效用排序为 $a<b<c$。消费者可以达到的最高无差异曲线是与预算约束线相切的无差异曲线 b，它与预算约束线的切点 E 点就是消费者实现效用最大化的最优点。这是为什么呢？消费者可能更偏爱 C 点，因为 C 点在线 c 上，而 c 所代表的效用水平大于 b，但 c 与消费者的预算约束线 AB 既不相交也不相切，这说明达到 c 上任何一点（例如 C 点）的 X 商品与 Y 商品的数量组合在消费者收入与商品价格既定的条件下是无法实现的；与 c 上任意一点相比，消费者可负担得起 H 点，因为 H 点在预算约束线之内，但是 H 点是在较低的无差异曲线 a 上，因此它给消费者所带来的满足程度较低，线 a 与预算约束线相交于 F、G 两点，消费者在 F 点和 G 点上所购买的 X 商品与 Y 商品的数量也是收入与商品价格既定条件

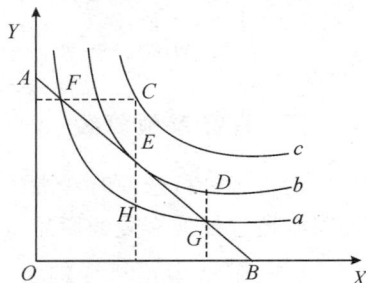

图 3-4 消费者均衡

下的最大组合,但是由于 $a<b$,因此 F 点与 G 点所对应的 X 商品与 Y 商品的数量组合仍不能达到消费考的最大效用;线 b 上除 E 点之外的任意一点(例如 D 点)均在消费者预算约束线之外,即所代表的 X 商品与 Y 商品的数量组合也是消费者收入与商品价格既定条件下所无法实现的;由以上的分析可见,只有 E 点,消费者才能得到 X 商品与 Y 商品的最优数量组合,所达到的效用才是最大的。因此,我们可以说 E 点是消费者在收入和商品价格既定条件下的最大效用,也是消费者在效用既定(在线 b 上任意一点之中)条件下的最小花费。

需要注意的是,消费者均衡实现的前提是消费者收入和商品价格既定。如果上述条件发生了变化,就会引起消费者均衡点的位置的改变。

第四节　效用理论的应用

一、边际效用递减与消费者需求曲线

商品的需求价格是指消费者在一定时期内对一定数量商品愿意支付的价格,商品的需求价格取决于商品的边际效用。也就是说,如果商品给消费者带来的边际效用越大,那么消费者愿意支付的价格就越高;反之,如果商品给消费者带来的边际效用越小,那么消费者愿意支付的价格就越低。

由于边际效用递减规律的作用,随着消费者对一种商品消费量的不断增加,消费者获得的效用就越小,他所愿意支付的价格,即需求价格也就越低。

另一方面,由消费者均衡可知,若消费者只消费一种商品,消费者对这种商品的最佳购买量应该使每一单位货币带来的边际收益都相等,即 MU/P 为常数。而随着商品消费数量的增加,MU 是递减的,故消费者愿意支付的价格 P 也是递减的。因此随着消费者消费商品数量的增加,他愿意支付的价格是逐步减少的,消费者的需求曲线一定是向右下方倾斜的一条曲线。

二、消费者剩余

消费者剩余是消费者愿意对某种商品支付的价格(即需求价格)与他实际所支付的价格的差额,即

消费者剩余＝需求价格－实际价格　　　　　　　　　(3-8)

对消费者来说,需求价格取决于他对该单位商品的效用评价,该单位商品给消费者带来的边际效用越大,消费者为获得该单位商品所愿意支付的价格即需求价格越高;反之,需求价格越低。由于边际效用是递减的,因而需求价格会不断降低,而实际价格不变,因而消费者所获得的消费者剩余在减少。

在理解和运用消费者剩余概念时要注意:

(1)消费者获得消费者剩余并不意味着实际收入的增加,而只是一种心理感觉。

(2)生活必需品的消费者剩余一般较大。因为消费者对这类物品,例如水、食盐、农产品等的效用评价高,愿付出的价格也高,但这类商品的市场价格一般并不高,因而其消费者剩余较大。

（3）这一概念是分析某些问题时的一种重要工具，如对道路、水坝、生态林投资的成本—收益分析。由于公共物品由政府投资，消费者无偿使用，因而它不能带来实际收入，政府对其收益的计量应根据消费者剩余来估算。若消费者剩余大于成本，即有收益，则该项投资就是合理的。另外，消费者剩余还可以用来分析垄断存在所产生的社会福利损失。

▶ **【案例 3-4】**

买的东西值不值

拍卖会上，对一张崭新的猫王专辑进行拍卖，你和三个猫王迷（张三、李四、王五）出现在拍卖会上。你们每一个人都想拥有这张专辑，但每个人为此付出的价格都有限。你愿意用1000元，张三愿意用750元，李四愿意用700元，王五愿意用500元。

为了卖出这张专辑，卖者从100元开始叫价。由于你们四个买者愿意支付的价格要比100元多得多，所以价格很快上升。要注意的是，这张专辑将归对该专辑出价最高的买者。当卖者报出800元时，你得到了这张专辑。你用800元买到这张专辑，得到什么收益呢？

分析：你本来愿意为这张专辑出1000元，但实际只付出800元。你得到了200元的消费者剩余。而其余的三个人在拍卖中没有得到消费者剩余，因为他们没有得到专辑，也没有花一分钱。消费者剩余是消费者购买商品时，愿意支付价格和实际支付价格之差。即消费者剩余＝消费者愿意付出的价格－消费者实际付出的价格。

还比如你在商场里看中了一件100元的上衣，你在购买时肯定要向买衣服的人砍价，问80元卖不卖。卖衣服的理解消费者这种心理，往往会同意让利，促使消费者赶紧决断，否则消费者就会产生到其他柜台看看的念头。讨价还价可能在90元成交。在这个过程中消费者追求的是效用最大化吗？显然不是。90元实际是消费者对这件衣服的主观评价而已，就是愿意为所购买的物品支付的最高价格。如果市场价格高于你愿意支付的价格，你就会放弃购买，觉得不值。这时你的消费者剩余是负数。相反，如果市场价格低于你愿意支付的价格，你就会购买，觉得很值。这时就有了消费者剩余。消费者剩余是主观的，并不是消费者实际和货币的增加，仅仅是一种心理上满足的感觉。消费者剩余为负也不是金钱的实际损失，无非就是心理上挨宰的感觉而已。这就是我们对所购买的东西说值不值的含义。

然而，在现实生活中消费者并不总是能够得到消费者剩余，在竞争不充分的情形下，厂商可以对某些消费者提价，使这种利益归厂商所有，甚至有些商家所卖商品并不明码标价，消费者购买时就漫天要价，然后再与消费者讨价还价。消费者要想在讨价还价中获得消费者剩余，在平时就必须注意观察各种商品的价格和供求情况，在购买时至少要货比三家并与其卖主讨价还价，最终恰到好处地拍板成交，获得消费者剩余。

三、替代效应和收入效应

商品价格的变动会对消费者产生两方面的影响：一是使商品的相对价格发生变动；二是使消费者的收入相对于以前发生变动。这两种变化都会导致商品的需求量改变。

在生活中大多数人都习惯于以大米、面食作为主食。假如大米的价格上升了，那么人们会如何决策自己的购买呢？有的人为了保证自己能够吃得饱会增加购买面粉而减少大米的购买,相当于用面粉"替代"大米。这种由于商品价格变化而引起商品的相对价格发生了变化,从而导致商品需求量的改变,称为价格变动的替代效应。

然而有的人偏爱大米,那么这部分人可能固执地不去购买面粉,反而继续购买大米。但是他们会发现一个令人沮丧的事实:他们现在能够买到的大米远不如过去多了。换言之,对于大米他们的购买能力下降了。这种由于一种商品价格变动而引起消费者实际收入水平发生变动,从而导致消费者对商品需求量的改变,称为价格变动的收入效应。

总之,大米的价格变动形成了替代效应和收入效应,归根结底,其影响是指两者的叠加即总效应。总效应表示一种商品价格变化所引起需求量的总变化。总效应＝替代效应＋收入效应。

本章小结

本章通过对消费者消费商品的动机分析,引出了效用是消费者从消费某种物品中所得到的欲望满足程度。基数效用论是关于效用可以用基数表示绝对大小的假设,认为效用是一种主观的心理感受。消费者在消费活动中获得的满足程度高,就是效用大;反之,就是效用小。如果在消费活动中感受到痛苦,则是负效用。边际效用是消费者每增加一单位商品的消费所增加的满足程度,是商品消费量(自变量)的增加所引起的总效用(因变量)的增量。边际效用递减规律,它的内容可以表述为:在一定时间内,在其他商品的消费数量保持不变的条件下,随着消费者对某种商品消费量的增加,消费者从该商品连续增加的每一消费单位中所得到的效用增量即边际效用是递减的。消费者均衡是指在既定收入和价格的约束下,通过消费者选择实现效用最大化的状态。基数效用论下其实现条件是购买各种商品的最后一元钱所获得的边际效用相等,这可帮助我们确定自己的消费结构,也是超市打折促销的依据。

序数效用论是关于效用只能用序数表示绝对大小的假设,无差异曲线又称效用等高线、等效用线,是用来表示两种商品不同数量组合给消费者带来的效用完全相同的一条曲线。消费者在保持相同满足程度的前提下,增加一种商品的消费量与必须放弃的另一种商品的消费量之比,称为两种商品的边际替代率。消费者预算线又称消费可能线或等支出线,它是一条表明在消费者收入与商品价格既定的条件下,消费者用全部收入所能购买到的两种商品不同数量最大组合的曲线。序数效用论下消费者效用最大化的实现在无差异曲线和预算线的切点。

思考与练习

一、单项选择题

1.某低档商品的价格下降,在其他情况不变时,(　　　)。

A.替代效应和收入效应相互加强导致该商品需求量增加

B.替代效应和收入效应相互加强导致该商品需求量减少

C.替代效应倾向于增加该商品的需求量,而收入效应倾向于减少其需求量

D.替代效应倾向于减少该商品的需求量,而收入效应倾向于增加其需求量

2.无差异曲线的形状取决于(   )。

A.消费者偏好   B.消费者收入

C.所购商品的价格   D.商品效用水平的大小

3.如果对于消费者甲来说,以商品 X 替代商品 Y 的边际替代率等于3;对于消费者乙来说,以商品 X 替代商品 Y 的边际替代率等于2,那么有可能发生下述哪种情况(   )。

A.乙用 X 向甲交换 Y B.乙用 Y 向甲交换 X

C.甲和乙不会交换商品   D.以上均不正确

4.总效用曲线达到顶点时,(   )。

A.边际效用曲线达到最大点   B.边际效用为零

C.边际效用为正   D.边际效用为负

5.消费者剩余是消费者的(   )。

A.实际所得   B.主观感受

C.没有购买的部分   D.消费剩余部分

6.同一条无差异曲线上的不同点表示(   )。

A.效用水平不同,但所消费的两种商品组合比例相同

B.效用水平相同,但所消费的两种商品组合比例不同

C.效用水平不同,两种商品组合比例也不相同

D.效用水平相同,两种商品组合比例也相同

7.消费者逐渐消费某种商品的过程中(   )。

A.总效用在增加,边际效用在减少   B.总效用和边际效用都在增加

C.总效用和边际效用都在减少   D.总效用减少,边际效用增加

8.随着收入和价格的变化,消费者的均衡也发生变化。如果在新的均衡条件下,各种商品的均衡效应均低于原均衡状态的边际效用,这意味着(   )。

A.消费者生活状况没有变化   B.消费者生活状况恶化了

C.消费者生活状况得到改善   D.无法确定

9.如果预算线平行移动,可能的原因是(   )。

A.消费者购买的其中一种商品价格发生变化

B.消费者购买的两种商品价格发生不同比例的变化

C.消费者购买的两种商品价格发生同比例的变化且发生同方向变化

D.消费者购买的两种商品价格发生同比例的变化且发生不同方向变化

10.如果一个小包子的边际效用为5,一个苹果的边际效用为10,当二者的价格分别为0.5元和1.2元时,消费者的消费行为应该是(   )。

A.增加小包子或减少苹果的消费   B.增加苹果或减少小包子的消费

C.同时增加或减少二者的消费   D.对二者的消费量不变

二、多项选择题

1.在分析消费者行为时,无差异曲线的特征有(   )。

A.任意两条无差异曲线都不能相交   B.是一条向右下方倾斜的曲线

C.同一个平面上可以有无数条   D.是一条凸向原点的曲线

2.关于边际效用理论的说法中,正确的有(　　)。

A.边际递增

B.边际递减

C.总效用达到最大时,边际效用为0

D.一般来说,总效用取决于消费数量的多少

3.由于人们对效用的认识不同,就形成了两种效用理论,即(　　)。

A.总效用论　　　　B.基数效用论　　　C.序数效用论　　　D.边际效用论

4.关于消费者剩余,下列说法不准确的有(　　)。

A.是实际所得　　　　　　　　　　B.是主观感受

C.是没有购买的部分　　　　　　　D.是需求价格扣除实际价格的剩余

5.关于边际替代率的说法中,正确的有(　　)。

A.消费者在保持相同满足程度的前提下,增加一种商品的消费量与必须放弃的另一种商品的消费量之比,称为两种商品的边际替代率得

B.边际替代率递减

C.边际替代率递增

D.两种商品的边际替代率之比等于它们的边际效用之比

三、判断题

1.对于同一个消费者来说,同样数量的商品总是提供同样的效用。　　　　　　(　　)

2.序数效用论认为商品效用的大小取决于商品的价格。　　　　　　　　　　(　　)

3.无差异曲线是一条凹向原点的曲线。　　　　　　　　　　　　　　　　　(　　)

4.消费者均衡就是消费者获得了最大的边际效用。　　　　　　　　　　　　(　　)

5.只要总效用是正数,边际效用就不可能是负数。　　　　　　　　　　　　(　　)

四、案例分析题

老王买鸡

星期天老王到农贸市场去买活鸡。临出门时老伴一再嘱咐:"不要买太贵的,超过15元就不要买了。"老王很快到了农贸市场,直奔卖鸡的摊位。老王随机问了几家,都在15元以上。老王想,这比老伴出的价钱贵多了,于是遍地找卖15元一只的活鸡。转遍了大半个市场,终于找到一个小贩卖15元一只。老王很高兴,正准备掏钱买下,突然听到不远处在吆喝:"活鸡便宜卖了,12元一只。"老王走过去,将鸡掂了掂,和刚才的差不多重,只要12元,赶紧掏钱将这只鸡买下,心里想:占了3元便宜,今天真是不虚此行啊!于是,老王高高兴兴地回家了。

分析:试从消费者行为的角度分析老王的行为。

第四章　生产者行为理论

▶ 学习目标

1. 掌握生产函数、边际产量递减规律、等成本线等基本概念
2. 了解总产量、平均产量、边际产量及其关系
3. 理解生产要素最佳组合的条件和规模经济的内涵
4. 掌握关于成本和收益的基本概念
5. 掌握短期成本和长期成本的相关概念以及各个成本相应的函数形式和曲线形式
6. 掌握边际成本曲线和平均成本曲线之间的关系
7. 掌握企业利润最大化原则

▶ 开篇案例

一位经济学博士的婚姻

一位经济学博士过了多年的单身生活,感到厌倦,于是要结婚。但又怕婚姻不如想象中的好,于是,按照经济学关于成本与收益的原则,他列了份清单。

收益:第一,两个人贷款供房;第二,两个人赚钱养家;第三,遇事有人商量;第四,下班回家有人做晚餐;第五,下雨有人给自己送伞;第六,病了有人陪着去医院;第七,出差外地,有人在家照看猫咪……

成本:第一,不能再交其他女朋友;第二,不能送朋友贵重礼物;第三,不能自己做决定;第四,下班后不能太晚或不回家;第五,家里至少要准备两把雨伞和其他日常用品;第六,如果她病了你也要陪她去医院;第七,出差在外,回家前千万不能忘了买礼物……

结果发现,收益和成本相等。每一条收益都需要等量的成本。博士有些不知所措。他又想了想,决定遵照风险定律,在收益成本相等的情况下,选择另一种未体验过的。

不久博士结婚了。没想到结婚第三天,他就后悔了。那天,他们为了一件小事吵了起来。他一生气推了她一下,她扑过来双手对准他的胸,打了无数下,又哭又闹。博士费尽九牛二虎之力,好不容易哄好。虽然战争只用了一天,但接下来的一个星期,他都无法集中精力读书著文。这时候,他才发现自己错了。他在计算成本和收益的时候,没有把情感计算进去,因为感情是无法量化的。怎么办?离婚?天哪!博士吓了一跳,这样一来自己所付出的一切就都成了沉没成本,那简直是要他的命。不行,至少应该在沉没之前,先平衡一下收益。

现在,十年过去了,博士已成了两个孩子的父亲,事业上硕果累累,成为业内知名人士,人们把他叫作经济学家。有记者采访他,问他成功的经验。他耸耸肩,笑笑说:"没什么,只不过是为了平衡收益。"

分析：

博士婚姻中的成本是什么？收益是什么？

你认为博士对婚姻成本和收益的总结全面吗？你认为婚姻的成本、收益都有哪些？

第一节　生产理论

一、生产及生产函数概述

(一)生产与生产要素

1. 生产与生产者

从经济学的角度看，生产是指把各种经济资源(即生产要素)结合起来，使其转化成为社会所需的产品和劳务的过程。也就是我们常说的把投入转化为产出的过程。它包括两个方面的投入产出内容，一方面是实物形态的投入产出，即生产要素的投入和相应的产品、产量的产出；另一方面是价值形态的投入产出，即成本的投入和收益的产出。

生产者也称为厂商或企业，它指能够做出统一生产决策的单个经济单位。通常来讲，企业的基本类型有三种。一是个人业主制企业，即个人出资兴办、完全归个人所有和个人控制的企业。这种企业在法律上称为自然人企业，是最早产生的也是最简单的企业形态。二是合伙制企业，指由两个以上的业主共同出资，利润共享，风险共担的企业。合伙人出资可以是资金、实物或是知识产权。三是公司制企业，它是由多人出资创办并且组成一个法人的企业。公司是法人，在法律上具有独立的人格，是能够独立承担民事责任、具有民事行为能力的经济组织。

2. 生产要素

生产要素(经济资源)是指生产过程中所使用的各种资源。生产要素具体划分为四类：劳动、土地、资本和企业家才能。

劳动是劳动者所提供的服务，它包括体力劳动和脑力劳动，体力劳动是简单劳动，而脑力劳动是复杂劳动。

土地是指生产中所使用的，在自然界中存在的各种自然资源，如土地、水、自然状态的矿藏、森林等。

资本是指生产中所使用的资金，它有无形的人力资本和有形的物质资本两种形式。前者指劳动者的身体、文化、技术状态，后者指生产过程中使用的各种生产设备，如机器、厂房、工具、原料等资本品。在生产理论中，资本指的是物质资本。资本的货币形态也通常称为货币资本。

企业家才能是指企业家组建、经营管理企业的能力，创新的能力和承担风险的能力。

在四种要素中，企业家才能特别重要。正是企业家才能的作用，劳动、土地和资本要素才能得以有效的配置，并最终生产出各种各样的产品和劳务。

(二)生产函数

在生产过程中，人们发现不同的生产要素数量组合与其所能产生出来的产量之间存在着一定的依存关系,这种依存关系就表示为生产函数。生产函数是指在一定时期内,在技术水平不变的情况下,厂商生产过程中所使用的各种要素的投入量与所能生产出来的最大产量之间的这种依存关系。在这里要注意:第一,生产函数是在给定知识和技术条件下成立的,因而,生产函数可以更为准确地理解为"在一定技术水平条件下特定的投入品组合有效使用带来的最大可能性产出"。第二,随着知识技术不断进步,生产函数会发生变化。

1. 生产函数公式

生产函数的一般方程式为:

$$Q = f(X, Y, Z \cdots) \tag{4-1}$$

式中,X、Y、Z 等为自变量,分别代表各种可供投入的生产要素。Q 为因变量,代表在一定的技术条件下任何一组既定数量的生产要素组合所能生产产品的最大产量。

任何生产函数都是以一定时期的生产技术水平作为前提的,一旦技术水平发生变化,那么生产函数也跟着发生变化,但是生产函数本身并不涉及价格或成本问题。

假定投入劳动(L)、资本(K)、土地(N)和企业家才能(E)四种生产要素生产一种产品,则生产函数可表示为:

$$Q = f(L, K, N, E) \tag{4-2}$$

式中,产量 Q 是投入一定要素的组合所能生产出来的最大产量,它表示了投入要素的使用是有效率的。由于土地是固定不变的,企业家才能是难以估量的,因此为了便于分析,我们通常假定在生产中只有劳动和资本这两种投入来生产一种产品。那么,生产函数便简化为:

$$Q = f(L, K) \tag{4-3}$$

这一函数表明,在一定技术水平条件下,生产 Q 的产量,需要一定数量的劳动 L 与资本 K 的组合。同样,生产函数表明,在劳动与资本的数量组合为已知时,也就可以推断出最大的产量。

2. 生产函数的分类

按照不同的标准,生产函数可以划分为不同的种类。

(1)按照可变生产要素数目的多少分类。

按照可变生产要素数目的多少,可将生产函数划分为一种可变要素的生产函数、两种可变要素的生产函数和多种可变要素的生产函数。

生产函数反映的是各种生产要素的数量组合与其生产出的最大产量之间的关系。如果在各种生产要素组合中,只有一种要素的数量是可变的,其他生产要素的数量保持不变,那么这种生产函数就被称为一种可变要素的生产函数。假定在劳动和资本两种要素中,只有劳动(L)这种要素的数量是可变的,资本(K)始终保持不变,那么其生产函数可以表示为:

$$Q = f(L, K) = f(L) \tag{4-4}$$

式 4-4 反映了在技术水平不变,资本数量不变的条件下,不同劳动数量与最大产出之间的关系。

如果在各种生产要素组合里,有两种要素的数量是可变的,而其他生产要素的数量不变,那么这种生产函数被称为两种可变要素的生产函数。假定生产者在生产中只使用劳动与资本两种要素,且这两种要素的数量都是可变的,那么两种可变要素的生产函数为:

$$Q = f(L, K) \tag{4-5}$$

式 4-5 反映了在生产技术水平不变条件下,劳动和资本这两种要素的不同数量组合与最大产量之间的关系。

（2）按照技术系数的可变性分类。

按照技术系数的可变性，将生产函数划分为可变技术系数的生产函数和固定技术系数的生产函数。

生产函数是在一定的技术水平下的生产函数，如果技术条件发生变化，生产函数也将发生变化。因此，一定的生产函数总是和一定的技术条件相适应。

技术系数是指为生产某一单位产品所需要的各种生产要素之间的组合比例。不同产品生产的技术系数是不同的。如果生产某种产品所要求的各种投入的配合比例是可以改变的，如生产一种产品既可以少用劳动多用资本也可以多用劳动少用资本，那么这种生产函数就是可变技术系数的生产函数。

如果生产某种产品所要求的各种投入的配合比例是固定不变的，即每生产一单位某种产品必须按一个固定比例投入劳动和资本，那么这种生产函数就是固定技术系数的生产函数。假定生产过程中只使用劳动和资本两种要素，则固定技术系数的生产函数的一般形式为：

$$Q = \min\left(\frac{L}{a}, \frac{K}{b}\right) \tag{4-6}$$

式 4-6 中，Q 为产量，L 和 K 分别为劳动和资本投入量，a 和 b 为常数，分别表示生产一单位产品所需要固定的劳动投入量和资本投入量。$Q = \min(L/a, K/b)$ 表示产量，Q 取决于 L/a 和 K/b 这两个值中比较小的那一个。如劳动与资本的投入比为 $1:2$，即 1 个单位的劳动与 2 个单位的资本要素组合。假设在这种组合下，一天可以生产 100 单位的产品，现在要使产量增加到 200 单位一天，则必须投入 2 个单位的劳动和 4 个单位的资本，即劳动与资本的投入比为 $2:4$。如果提高资本投入至 8 个单位，劳动投入不变仍为 2 个单位，则产出取决于投入的劳动仍将为 200 单位。

（3）按照时期的长短分类。

按照时期的长短，将生产函数分为短期生产函数和长期生产函数。

在某一时期内，如果至少有一种生产要素投入不能随产量变化而变化，那么这一时期称为短期，相应的生产函数为短期生产函数。

在某一时期内，如果所有生产要素投入都是可以变化的，那么这一时期称为长期，相应的生产函数为长期生产函数。根据上述标准可分别得出短期生产函数和长期生产函数的一般表达式。

短期生产函数公式为：

$$Q = f(L, \overline{K}) = f(L) \tag{4-7}$$

此时产量 Q 或只视为 L 的函数。

长期生产函数公式为：

$$Q = f(L, K) \tag{4-8}$$

二、短期生产函数

前面提过，短期是指时间很短以至于生产者来不及调整全部生产要素的数量，至少有一种生产要素的数量是固定不变的时期。长期是指时间很长，生产者可以根据自己的需要调整全部生产要素的数量,即所有投入的生产要素都是可以变动的时期。

这里的"短期""长期",不是指一个具体的时间跨度,而是指能否使厂商来得及调整其全部生产要素所需要的时间长度。不同行业中的短期与长期也不同,这取决于投入品变动所需要的时间。如一个大型的钢铁厂改变生产规模可能需要 1 年时间,而一个理发店的生产规模改变可能仅需要 1 个月左右的时间。

微观经济学中常以一种可变生产要素的生产函数考察短期生产理论,以两种可变生产要素的生产函数考察长期理论。

在分析生产要素和产量之间的关系时,首先从最简单的一种生产要素的投入开始,即分析其他要素不变的情况下一种生产要素的增加对产量的影响。例如,假定劳动和资本这两种生产要素中资本量不变,来研究劳动量的增加对产量的影响以及劳动量投入多少最合理。这种在一定时期不能改变所有的生产要素,只能改变部分要素的分析就是短期分析。短期中,主要研究的是某种变动投入要素的收益率。短期生产函数就是在短期内所反映的投入产出关系。表示为:

$$Q = f(L)$$

(一)总产量、平均产量和边际产量

在短期内,假定厂房、设备、土地等生产要素的投入量是固定不变的,而劳动(L)的投入量是可以改变的。那么,各种产量将随着劳动量的变化而变化,因此产量是关于劳动的函数。

总产量是指一定数量的生产要素(如劳动)可以生产出来的全部产量,或指在资本不变的条件下,一定的劳动投入量可以生产出来的全部产量,用 TP_L 表示。短期总产量的函数为:

$$TP_L = f(L)$$ (4-9)

平均产量是指平均每单位某种生产要素所生产出来的产量,用 AP_L 表示。短期平均产量函数为:

$$AP_L = \frac{TP_L}{L}$$ (4-10)

边际产量是指某种生产要素增加或减少一单位所引起的总产量的增加或减少量,用 MP_L 表示。设劳动增量为 ΔL,由此增加的总产量为 ΔTP_L,则每增加一个单位劳动,总产量的增加量即劳动的边际产量用公式表示为:

$$MP_L = \frac{\Delta TP_L}{L}$$ (4-11)

其中劳动的边际产量又称为劳动的边际生产力。

(二)总产量、平均产量和边际产量间的关系

无论总产量、平均产量还是边际产量都是可变生产要素投入变化的函数。可变生产要素投入的变化会引起总产量、平均产量和边际产量发生相应的变化。短期内,劳动与劳动增量、总产量、平均产量、边际产量之间的关系如表 4-1 所示。

表 4-1 总产量、平均产量和边际产量之间的关系

资本(K)	劳动(L)	劳动增量（ΔL）	总产量（TP_L）	总产量增量（ΔTP_L）	平均产量（AP_L）	边际产量（MP_L）
15	0	0	0	0		
15	1	1	5.0	5.0	5.0	5.0
15	2	1	13.0	8.0	6.5	8.0
15	3	1	22.5	9.5	7.5	9.5
15	4	1	30.5	8.0	7.6	8.0
15	5	1	38.5	7.5	7.6	7.5
15	6	1	45.5	7.0	7.5	7.0
15	7	1	45.5	0	6.4	0
15	8	1	42.0	−3.0	5.3	−3.0

【案例 4-1】

假定某印刷车间，拥有 4 台印刷机。如果该车间只有 1 名工人，这名工人的产量一定有限，因为他不能利用他的全部时间来操作印刷机，他还必须亲自做许多辅助工作，如取原料、搬运，等等。现假定这时他的日产量为 13 单位。如果车间增加到 2 名工人，尽管第 2 名工人的才干与第 1 名工人相同，但增加这名工人所增加的产量一定会超过第 1 名工人原来的产量。这是因为有了两个人就可以进行协作，协作可以产生新的生产力。现假定增加第 2 名工人所增加的日产量为 17 单位。此时总产量从每天 13 单位提高到 30 单位。同理，假定增加到 3 名工人时，总产量达到每天 60 单位。增加到 4 名工人时，即每人操作 1 台印刷机时，总产量上升到每天 104 单位。如果车间工人数增加到 5 名，总产量将继续上升，因为新增的第 5 名工人可以专做搬运等辅助工作，但第 5 名工人增加的产量会少于第 4 名工人增加的产量。现假定第 5 名工人使日产量增加 30 单位，使总产量达到 134 单位。如果工作人数增加到 6 名，第 6 名工人可能是个替换工，即当其他工人需要休息或有病时由他来替代，这样，也能增加产量，但增加的量更少了。如果工人继续增加下去，可以设想一定会达到这样的阶段，即增加工人不仅不会增加产量，而且还会使产量减少。例如，当工人太多，许多工人无活可干、到处闲逛，以致影响生产正常进行时，就会产生这种情况。

（三）一种可变生产要素的合理投入

假设在生产一种产品所使用的各种生产要素中，除一种生产要素外，其余要素固定不变。根据总产量、平均产量和边际产量曲线的关系，可以把可变要素的投入量划分为三个区间，如图 4-1 所示。在图 4-1 中，横轴表示劳动量，纵轴表示产量，曲线 TP_L 表示总产量曲线，AP_L 表示平均产量曲线，MP_L 表示边际产量曲线。

第Ⅰ阶段是投入劳动 L 从零增加到 L_3 点。其特点是：①TP_L 保持递增趋势；②AP_L 由零递增至最高点；③$MP_L>0$，并且 $MP_L>AP_L$，当 MP_L 达到最大值后，呈递减趋势；④当 $MP_L=AP_L$ 的最高点时，第Ⅰ阶段结束。

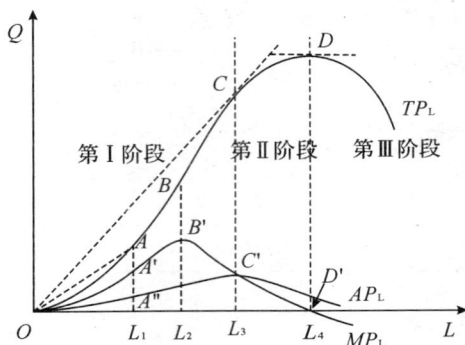

图 4-1 总产量、平均产量和边际产量曲线

第Ⅱ阶段是投入劳动 L 从 L_3 点增加到 L_4 点。其特点是：TP_L 保持递增趋势；②AP_L 下降；③$AP_L > MP_L$；④当 $MP_L = 0$ 时，TP_L 达到最大值，第Ⅱ阶段结束。

第Ⅲ阶段是投入劳动 L 从 L_4 点增加到无限大界定的区间。其特点是①TP_L 由最高点逐渐递减；AP_L 一直保持持续递减趋势；③$MP_L < 0$，第Ⅲ阶段结束。

显然，Ⅰ阶段和Ⅲ阶段都不是一种生产要素的合理投入范围，因为在Ⅰ阶段边际产量大于平均产量，增加劳动，不仅可以增加总产量，还可以提高平均产量。而在Ⅲ阶段，边际产量小于零，增加劳动，会使总产量绝对减少。

原因分析如下：

第Ⅰ阶段表现为：平均产量一直在增加，边际产量大于平均产量。在这一阶段，相对于投入不变的资本来说，劳动量缺乏。所以，劳动量的增加可以使资本的作用得到充分发挥，从而使产量增加。即每增加一单位劳动投入量所增加的产量，大于在现阶段总产量下的平均劳动产量。

第Ⅱ阶段表现为：平均产量开始下降，总产量在增加，尽管边际产量仍然大于零，但表现为递减趋势。即每增加一单位劳动投入量所增加的产量小于在现阶段总产量下的平均劳动产量。这表明随劳动投入量的不断增加，相对不变资本要素的作用已得到充分发挥。

第Ⅲ阶段表现为：当劳动量增加到这一阶段后，边际产量为负数，总产量开始绝对减少，此时劳动投入已经过多。

一般而言，第Ⅱ阶段为生产要素的合理投入区，也就是厂商选择最优投入量的区间。但劳动量的投入究竟在这一区间的哪一点上，要视厂商的目标而定。如果厂商的目标是使平均产量达到最大，那么，劳动量增加到 L_4 点即可。如果厂商是以利润最大化为目标，必须结合成本、产品价格等因素来进行分析。因为平均产量为最大时，并不一定利润最大；总产量为最大时，利润也不一定最大。

(四)边际收益递减规律

边际收益递减规律又称为边际产量递减规律或边际报酬递减规律，是指在技术不变的条件下，若其他生产要素固定不变，只连续投入一种可变生产要素，随着这种可变生产要素投入量的增加，最初每增加一单位该要素所带来的产量增量是递增的，但在达到一定限度之后，增加一单位要素投入所带来的产量增量就开始递减，最终使产量绝对减少，直至降为零甚至为负值。

理解边际收益递减规律时需要注意以下几点。

（1）边际收益递减规律发生的前提条件是技术不变。若技术水平发生变化，这个规律就不存在。无论在农业还是工业中，一种技术水平一旦形成总有一个相对稳定的时期，即使在科学技术飞速发展的当代，也并不是每时每刻都有重大的技术突破，这一时期就称为技术水平不变。所以在一定时期内技术水平不变这一前提是存在的，离开了这一条件，此规律不能成立。

（2）边际收益递减规律假定至少有一种要素的数量是保持不变的，它不适用于所有要素的数量都等比例增加的情况。

（3）在其他生产要素不变的情况下，一种可变生产要素增加所引起的产量或收益的变动经历三个阶段：第一，产量递增阶段——这种可变生产要素的增加使产量或收益增加。因为在开始阶段不变生产要素没有得到充分利用，从而使产量递增。第二，边际产量递减阶段——这种生产要素的增加仍可使总产量增加，但增加的幅度，即增加的每一单位生产要素的边际产量是递减的。因为在这一阶段，不变生产要素已接近充分利用，可变生产要素的增加已不可能如第一阶段那样会使产量迅速增加。第三，产量绝对减少阶段——这种生产要素的增加使总产量迅速减少。因为不变生产要素已经充分利用，再增加可变生产要素只会使生产效率降低，使总产量减少。

（4）边际收益递减规律如边际效用递减规律一样无须提出理论证明。它是从生产实践中得出的基本生产规律，边际产量是可以计量的。而边际效用递减规律是从消费者心理感受中得出来的，边际效用是不可计量的。

（5）边际收益递减规律只存在于技术系数可变的生产函数中。对于技术系数固定的生产函数，由于各种生产要素不可相互替代，其组合的比例是不可改变的，所以，当改变其中一种生产要素的投入量时，边际产量突变为零，不存在依次递减的趋势。

边际收益递减规律是我们研究一种生产要素合理投入的出发点。在技术不变的情况下，边际收益递减规律所反映的这种现象，在生产实践、社会活动和科学实验过程中是十分明显的。

三、长期生产函数

微观经济学认为，如果生产要素的投入从一种增加到两种或两种以上，生产要素投入量与产量之间的关系就会变得更为复杂些。如果两种或两种以上的生产要素按原有的技术系数增加投入，就会使原有的生产规模扩大。研究两种或两种以上生产要素的合理投入，就是要确定最适宜的生产规模问题，这涉及生产理论的规模经济问题。为了研究方便，通常均以两种生产要素资本和劳动的连续投入来说明，而不考虑两种以上的生产要素投入情况。与短期生产函数相对应，长期生产函数是考察厂商可以调整其所有生产要素投入的情况下，它的要素投入和产出之间的关系。

长期是指厂商可以根据他所要达到的产量来调整其全部生产要素的时期。在长期，主要研究的是厂商生产规模的收益率。在长期中，厂商的生产要素不再划分为不变投入和可变投入，而是所有的要素投入都可以改变。

长期生产函数是指在长期内所反映的投入产出关系。通常表示为：

$$Q = f(L, K)$$

（4-8）

式 4-8 中，L 为可变要素劳动的投入量，K 为可变要素资本的投入量，Q 为产量。该函数表明产量与资本、劳动投入量之间的关系。

(一)规模经济

规模经济分析的是企业的生产规模变化与所引起的产量变化之间的关系。企业只有在长期内才可能变动全部生产要素，进而变动生产规模，因此，企业的规模经济分析属于长期生产理论讨论的问题。

在生产理论中，规模经济就是指在技术水平不变的条件下，企业生产规模的变动(各种生产要素按同样的比例变动)引起生产单位产量或收益变动的情况，也就是厂商采用一定的生产规模所能获得的经济利益。

理解这一概念时要注意以下三点：

第一，规模经济发生作用的条件是以技术不变为前提的，即不改变原有的技术系数，在生产中所使用的资本和劳动两种生产要素在量上同比例地增加。例如，农业中土地数量和劳动量的同时增加，或若干小农单位并为大农场；工业中机器设备、厂房和劳动力的同时增加，或若干个小厂合并为大厂，均属于这种情况。

第二，规模经济规律与边际收益递减规律是有区别的。这种区别在于，边际收益递减规律考察的是在一定的生产要素组合条件下，其他生产要素的投入不变而某一种生产要素连续增加投入时收益的变动情况；而规模经济规律考察的是在所有生产要素连续同时增加或减少其投入量时，收益的变动情况。

第三，两种生产要素同比例连续增加所引起的产量或收益的变动情况分为三个阶段，第一阶段为规模收益递增，即产量增加的幅度大于生产规模扩大的幅度；第二阶段为规模收益不不变，即产量增加的幅度等于生产规模扩大的幅度；第三阶段为规模收益递减，即产量增加的幅度小于生产规模扩大的幅度，甚至产量绝对减少。三个阶段如图 4-2 所示。

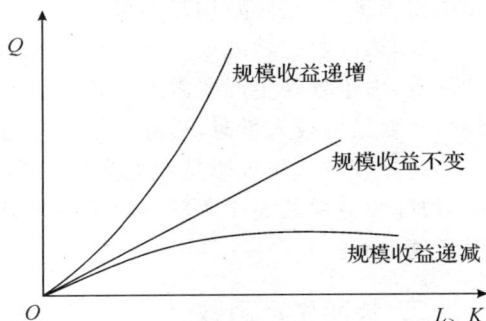

图 4-2　规模收益变动

(二)影响规模经济变动的因素

规模收益变化的不同情况要由内在经济和外在经济来解释。

1. 内在经济与内在不经济

(1)内在经济。内在经济是指一个厂商在生产规模扩大时由自身内部因素所引起的收益或产量增加。引起内在经济的主要因素有：第一，生产规模扩大，可以购置和使用更加先进的机器设备；可以提高专业化程度，提高生产效率；还有利于实行资源的综合开发和利用，使生产要素效率得到充分发挥。第二，巨大的工厂规模能使厂商内部管理系统高度专门化，使各个部门管理者容易成为某一发面的专家，从而提高管理水平和工作效率。第三，在大规模生产中，可以对副产品进行综合利用，可以更加快速地开发生产出许多相关产品，实行多元化生产。第四，在大规模生产中，可以对生产要素进行综合、大批量采购，对产品进行大批量运输，从而降低购销成本。同时由于大规模生产相对容易形成生产经营上的垄断，从而有利于获取生产经营上的优势,获得递增的规模收益。

(2)内在不经济。内在不经济是指厂商由于本身生产规模过大而引起产量或收益的减少。引起内在不经济的原因主要有:第一,由于厂商规模过大,管理层次复杂,管理幅度过大,管理机构庞大,可能会降低管理效率。第二,由于生产经营规模庞大,产品多样化,可能会引起销售费用增加等。第三,由于生产规模大,产品多样化,可能会使生产要素、制成品和在制品积压,导致生产成本增加等。

2.外在经济与外在不经济

(1)外在经济。外在经济是指由于整个行业生产规模扩大,给个别厂商带来产量与收益的增加。引起外在经济的主要原因有:第一,个别厂商可以从整个行业的扩大中得到更便利的交通辅助设施并获取各种市场信息。第二,能够在行业内部实行更好的专业化协作,提高各个厂商的生产效率。第三,可以得到更多的人才和熟练技术工人。第四,可以更加方便地实现企业间的规模连锁经营和扩张经营。

(2)外在不经济。外在不经济是指由于整个行业生产规模扩大,给个别厂商带来产量与收益的下降。引起外在不经济的原因主要有:第一,由于规模过大,可能会加剧企业之间的竞争,从而降低收益。第二,行业规模过大,厂商之间互相争购原料和劳动力,从而导致要素价格上升,成本增加。第三,由于行业规模过大,会加重环境污染、交通拥挤等。

(三)适度规模

适度规模是指两种生产要素的增加使规模扩大的同时,使产量或收益递增达到最大。当收益递增达到最大时就不再增加生产要素,并使这一生产规模维持下去。

对于不同行业的厂商来说,适度规模的大小是不同的,并没有一个统一的标准。在确定适度规模时应该考虑的因素主要有:第一,厂商的技术特点和生产要素的密集程度。一般来说,像钢铁、汽车、造船、重化工之类资本密集型企业,投资规模大,技术复杂,所以就适宜采用大规模生产。第二,市场需求的影响。一般来说,生产市场需求量大,而且标准化程度高的产品的厂商,适度规模就应该大。相反,生产市场需求小,而且标准化程度低的产品的厂商,适度规模也应该小。第三,自然资源状况。比如矿山储藏量的大小、水力发电站的水资源的丰裕程度等。

各国、各地由于经济发展水平、资源、市场等条件的差异,即使同一行业,规模经济的大小也不完全相同。但对一些重要行业,国际有通行的规模经济标准。我国大多企业都没有达到规模经济要求。而随着技术进步,许多行业规模经济的生产规模尚有扩大趋势。因此,对我国来说,适当扩大企业规模是我国许多企业提高规模经济效益的客观需要。

四、生产要素的最优组合

在长期生产中,所有生产要素的投入数量都是可以改变的。任何一个理性的生产者都会选择一个最优的生产要素组合以实现利润最大化目标。要解决这个问题,必须将等产量线和等成本线结合起来。

(一)等产量线

等产量线是指在一定技术条件下,生产等量产品的两种投入要素各种可能组合的轨迹,把这些组合连接起来形成的曲线就是等产量线。等产量线类似于消费者行为理论中的无差异曲线。但两者有区别：等产量线表示产量，无差异曲线表示效用，等产量线是客观的，无差异曲线是主观的；等产量线投入要素 L 和 K，无差异曲线投入物品 X 和 Y。

假定某厂商用资本和劳动两种要素生产某种产品，两种要素分别有 A、B、C、D 四中组合方式，且每种方式都可以生产出相同的产量，如表 4-2 所示。据此做出的等产量线如图 4-3所示。

表 4-2　同一产量下不同要素的组合

组合方式	劳动（L）	资本（K）
A	1	4
B	2	3
C	3	2
D	4	1

在图 4-3 中，横轴和纵轴分别表示劳动和资本的投入量，Q 曲线为等产量线。等产量线上任何一点所表示的是资本和劳动的不同数量组合，且这些组合都能生产出相等的产量。

等产量线具有以下特征：

（1）等产量线是一条向右下方倾斜并凸向原点的曲线，其斜率为负值。这表明，在生产者的资源与生产要素价格既定的条件下，为了达到相同的产量，在增加一种生产要素时，就必须减少另一种生产要素。如从 A 点到 B 点，产量不变，这就是说增加一种生产要素（劳动）所增加的产量恰恰弥补了因另一种生产要素（资本）投入的减少而损失的产量。

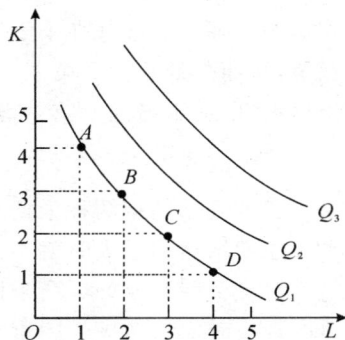

图 4-3　等产量线

（2）在同一平面图上有无数条等产量线，且每一条等产量线上的产量相等。每一条等产量线代表不同的产量水平，离原点越远的等产量线所代表的产量水平越高；离原点越近的等产量线所代表的产量水平越低。

（3）在同一平面图上，任意两条等产量线不能相交。因为两条等产量线的交点代表了量相同的产量水平。如果有两条等产量线相交于某一点，那么在这一点上就有相等的产量，显然这与不同等产量线代表不同产出水平相悖。

（二）边际技术替代率

1. 边际技术替代率

边际技术替代率（MRTS）是指一种生产要素可以由另一种生产要素所代替而保持产量不变。假设以 ΔL 代表劳动的增加量，ΔK 代表资本的减少量，MP_L 代表劳动的边际产量，MP_K 代表资本的边际产量，$MRTS_{LK}$ 代表劳动对资本的边际技术替代率，则有：

$$MRTS_{LK} = -\frac{\Delta K}{\Delta L} = \frac{MP_L}{MP_K} \tag{4-12}$$

由于边际技术替代率递减，等产量线是一条向右下方倾斜并凸向原点的曲线。等产量线上任何一点的边际技术替代率，从几何学意义上看，是过该点求等产量曲线的斜率，因为一种投入量增大，另一种减少，因此是负值。

【例】 如果每小时劳动投入的边际产量是 10 个单位,而劳动对资本的边际技术替代率是 5。问资本的边际产量是多少?

根据公式：$MRTS_{LK} = -\dfrac{\Delta K}{\Delta L} = \dfrac{MP_L}{MP_K}$

可得,$MP_K = MP_L / MRTS_{LK} = 10/5 = 2$,即资本的边际产量为 2 个单位。

2. 边际技术替代率递减规律

在两种生产要素相互替代的过程中普遍存在一种现象:在维持产量不变的前提下,当一种生产要素的投入量不断增多时,每一单位的这种生产要素所能替代的另一种生产要素的数量是递减的。从图 4-3 中可以看到,在维持产量水平 Q_1 不变的情况下,要素配合点从 A 点移动到 B 点,再进一步移动到 C 点,最初增加一个单位的劳动,可以替代两个单位的资本,但继续增加劳动的投入来替代资本,其替代资本的数量则下降为 1,表明生产要素的边际技术替代率是递减的,其实质则是边际生产力递减规律的作用。

(三)等成本线

在生产要素市场上,厂商对生产要素的支付购买,构成了厂商的生产成本。成本问题是追求利润最大化的厂商必须考虑的一个经济问题。

等成本线是要素价格既定时,等量的成本所购得的两种生产要素的各种不同数量组合的轨迹。

生产函数的经济区域说明,生产者不能随心所欲地选择生产要素的投入组合,必须要考虑技术上的合理性、经济性,防止技术上的无效率或低效率。除此之外,生产者还面临着经济上的约束,要考虑预算约束,不能随意选择位置高的等产量线。

由于要素的价格各不相同,同等的成本支出可以形成不同比例的生产要素组合。因此,生产者所承受的成本水平就是要素的价格和要素投入量的乘积之和。假定只有资本和劳动两种生产要素,则生产者的成本约束可表示为:

$$C = \omega L + \gamma K \qquad (4\text{-}13)$$

式 4-13 中：C 为货币成本,w 为劳动力价格,L 为劳动力的购买量,r 为资本的价格,K 为资本的购买量。如果成本的要素价格水平既定,则所投入的生产要素资本和劳动之间具有替代关系,且这种替代关系必须保持在同等的成本水平限制之内,即要符合生产者的预算约束。等成本线就是来描述这种关系的。

由成本方程可得:

$$K = -\frac{w}{r}L + \frac{C}{r} \qquad (4\text{-}14)$$

则等成本线如图 4-4 所示。

图 4-4 等成本线

在图 4-4 中,等成本线以内区域中的任何一点,如 B 点,表示既定的全部成本都用来购买该点的劳动和资本的组合以后还有剩余。等成本线以外的任何一点,如 P 点表示用既定的全部成本购买该点的劳动和资本的组合是不够的。只有等成本线上的任何一点才表示用既定的全部成本能刚好购买到的劳动和资本的组合。

在成本固定和要素价格已知的条件下,连接资本和劳动两种要素组合在横轴和纵轴的

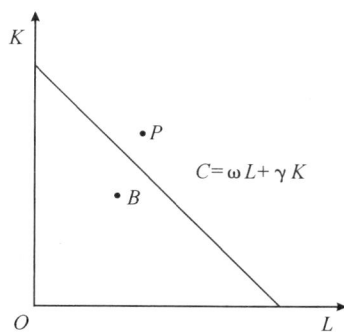

对应点就可得到一条成本线。当成本和要素价格发生变动时,会使等成本线发生变化。如图 4-5 所示,当要素价格增加时,等成本线 AB 向下平移到 A_1B_1;当成本增加时,等成本线 AB 向上平移到 A_2B_2。

(四)生产要素的最优组合

厂商为了实现既定成本下的产量最大化,就应该选择最佳的要素投入量,考虑使用各种生产要素所能获得的边际产量与所付出的价格这两个因素。生产要素最优组合的原则是:在成本与生产要素价格既定的条件下,厂商应该选择最佳的要素投入量使所使用的各种生产要素的边际产量与要素价格的比例相等,也

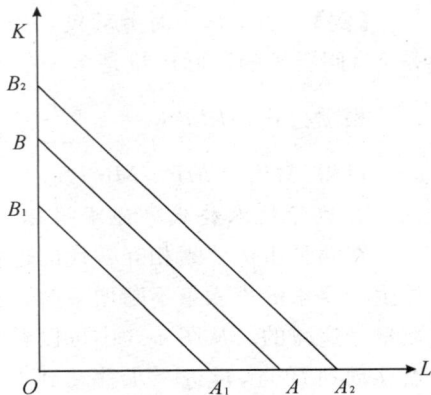

图 4-5 等成本线的移动

就是使每一单位货币成本所带来的生产要素的边际产量相等时实现既定成本下的产量最大化。

1. 既定产量下的成本最小化

生产者在既定的产量条件下会力求实现最小的成本。把厂商的等成本线和等产量线花在同一个平面坐标系中就可以确定厂商在既定产量下实现最小成本的最优要素组合点,即生产的均衡点。

如图 4-6 所示,C_1、C_2、C_3 代表三条不同的等成本线,由于产量既定,所以只有一条等产量线。在一定产量约束下的等产量曲线可以和许多等成本线相交,但只能和一条等成本线相切。图中等产量线和等成本线 C_2 相切于 E 点。显然,E 点即为产量约束条件下的生产者均衡点。

这是因为,等成本线 C_1 虽然代表的成本较低,但它与既定的等产量线既无交点又无切点,它无法实现等产量线所代表的产量。等成本线 C_3 虽然与既定的等产量线相交于 A、B 两点,但它代表的成本过高,通过沿着等产量线由 A 点向 E 点或者 B 点向 E 点移动,都可以获得相同的产量而使成本下降。所以,只有在切点 E 才是在既定产量下实现最小成本的要素组合。

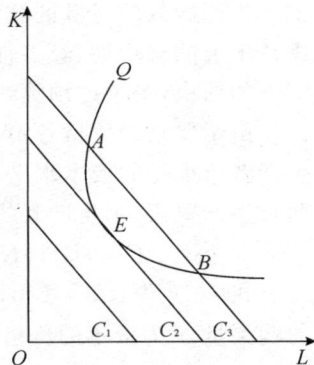

图 4-6 既定产量下的成本最小

2. 既定成本条件下产量最大化

如果企业要以既定的成本获得最大的产量,那么应该如何选择最优的劳动投入量和资本投入量的组合呢?同样,把厂商的等产量曲线和相应的等成本线画在同一个平面坐标系中,就可以确定厂商在既定成本下实现最大产量的最优要素组合点,即生产的均衡点。

在图 4-7 中,给出了代表三种不同产量水平的等产量曲线 Q_1、Q_2、Q_3,等成本线和 Q_2 相切于 E 点,和 Q_1 相交于 A、B 点,和 Q_3 既不相交也不相切,E 点表示生产者实现了生产者均衡,即要素投入分别是 L_E 和 K_E,产出量为 Q_2。其原因同产量约束条件下生产者均衡一样,只有选择 E 点进行生产,生产者才可能实现既定成本水平下的最大产量。其他的任何选择,不是降低了产量(如图 4-7 中的 A、B 两点),就是无法生产出所要求的产品产量(如图 4-7 中 Q_3 所表示的产量水平)。

根据上述分析,两种情况在图形表示上都是等成本线与等产量线相切的切点,此时的要素组合即为最优组合,表明生产者按此要素组合进行生产,实现了成本既定时的产量最大,或产量既定时的最小成本,即实现了生产的最大利润,达到了生产要素的最优组合。

由于要素投入的最优组合在图形上表现为等产量线与等成本线的切点,这就要求等产量线的切线的斜率等于等成本线的斜率。等产量线的斜率是两种生产要素的边际技术替代率,而等成本线的斜率是两种生产要素的价格之比的负数值,因此,生产者均衡的条件用公式表示为:

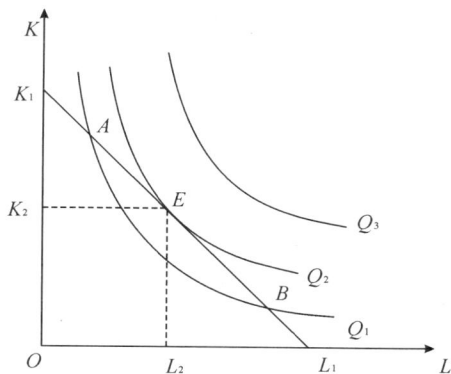

图 4-7　既定成本下的产量最大

$$MRTS_{LK} = -\frac{MP_L}{MP_K} = -\frac{P_L}{P_K} \tag{4-15}$$

或者

$$\frac{MP_L}{P_L} = \frac{MP_K}{P_K} \tag{4-16}$$

第一个公式表明生产者无论用单位生产成本购买哪一种生产要素,所获得的边际产量都相等。按照生产者均衡条件,在实际生产活动中,如果每增加 1 单位货币的劳动投入所增加的产量要大于每增加 1 单位货币的资本投入所增加的产量,生产者就会趋向于更多的劳动来代替资本,直至两者所提供的边际产量相等,反之亦然。

3.脊线和扩展线

(1)脊线。虽然等产量线上所有投入组合都可以生产出相同的产量,但生产者不会任意选择等产量线上的某一组合来进行生产。一般来说,追求利润最大化的生产者不会在等产量曲线的斜率为正的线段上选择投入组合,因为斜率为正意味着为了保持相同的产量,生产者必须同时增加两种生产要素。

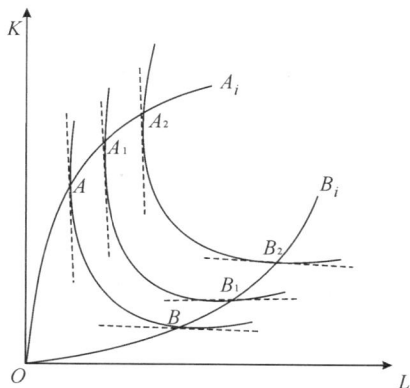

图 4-8　等产量脊线

根据等产量线的特点,在一个等产量曲线图坐标上可以有无数条等产量线。如图 4-8 所示,如果将等产量线上所有切线斜率为无穷大的点(如 A_1、A_2、A_3)和切线斜率为零的点(如 B_1、B_2、B_3)与原点连接起来所形成的两条等斜线称为脊线。脊线以内,等产量线的斜率为负值,表明生产者可以在产量不变的情况下,通过增加一种生产要素而减少另一种生产要素实现对要素配合数量的调整。在脊线外侧,等产量线的斜率为正值,其原因是相对于另一种要素而言,这种要素的投入数量过多,以至于进入图 4-1 所示的生产的第Ⅲ阶段,边际产量表现为负值,为保持产量水平不变,就必须增加另一种要素的投入;反过来,由于一种要素的投入处于图 4-1 所示的生产的第Ⅲ阶段时,这时减少对这种要素的投入可以增加产量,因此,在保证产量不变的前提下,另一种要素的投入数量也必须减少,直到其运动到 A_i 点或 B_i 点。在

这里 A_i、B_i 两点分别代表了资本、劳动这两种要素位于图 4-1 所示的生产第 Ⅱ 阶段和第 Ⅲ 阶段的分界点。可见,一个理性的生产者选择要素投入的合理范围必定在 A_i、B_i 两条脊线的内侧。

（2）扩展线。在生产要素价格、生产技术水平和其他条件保持不变的条件下,如果企业改变成本,等成本线就会发生平移;如果企业改变产量,等产量线也会发生平移。这些不同的等产量线将与不同的等成本线相切,形成一系列不同的生产均衡点,这些生产均衡点的轨迹就是扩展线。如图 4-9 所示,等产量线 Q_1、Q_2、Q_3 与等成本线 C_1、C_2、C_3 相切于 A_1、A_2、A_3,将 A_1、A_2、A_3 与原点连接起来的凹线即为扩展线。扩展线表示当生产要素的价格保持不变时,对应于每个可能的产出量的最优投入组合的轨迹。

扩展线表示:在生产要素价格、生产技术和其他条件不变的情况下,当生产的成本或产量发生变化时,厂商必然会沿着扩展线来选择最优的生产要素组合,从而实现既定产量下的成本最小或既定成本下的产量最大。扩展线是厂商在长期的扩张或收缩生产时所必须遵循的路线。

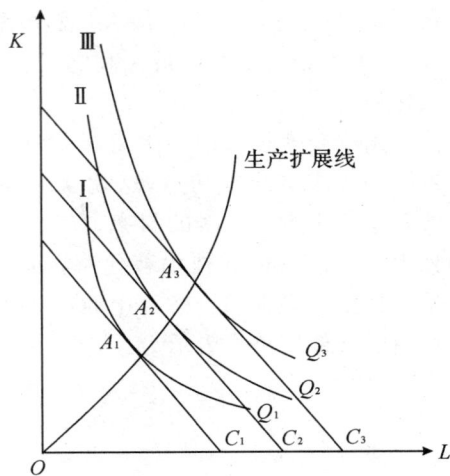

图 4-9　扩展线

第二节　成本理论

生产理论分析了生产要素投入量与产量之间的关系。但是,生产者为了实现利润最大化,不仅要考虑这种要素生产关系,还要考虑成本与收益之间的经济关系。成本也称为生产费用,是生产中使用的各种生产要素的支出。在分析成本时,实际上是分析生产要素的货币形态。这样就使成本分析与生产要素分析既有联系又有区别。

企业的生产成本通常被看成是企业对所购买的生产要素的货币支出。然而,西方经济学家指出,在经济学的分析中,仅从这样的角度来理解成本的概念是不够的。为此,他们提出了机会成本的概念以及显成本和隐成本的概念。

一、成本的概念

成本是经济学中最重要的基本概念。成本（cost）是厂商为生产一定数量的某种产品所发生的各种支出,是投入生产要素所必须支付的代价。在要素市场价格不变的条件下,成本的大小取决于所用生产要素的数量。

（一）会计成本与机会成本

1.会计成本

企业生产与经营中的各种支出称为会计成本。会计成本作为成本项目计入会计账目的费用,它通常是会计师根据各种生产要素的市场价格和生产经营中所支付的费用,连同厂房设备的折旧费等一起系统记录在账面上。它包括支付劳动力的工资和奖金、购买原材料和半成品的价值、租用厂房的租金、支付资本的利息等等。

从会计成本的角度来讲，凡是在当期就产生收入的支出，认为是已消耗的支出，叫作费用；而凡是在当期尚未产生收入，而以后会产生收入的支出，认为是未消耗的支出，叫作资产；而有些消耗了的支出（如废品）并不能产生收入，这就被看作损失。

会计成本往往只能说明过去，不能说明将来，而且往往不能完全反应经营中的实际代价，还要进一步考虑机会成本。

2. 机会成本

机会成本是指生产者利用一定资源获得某种收入时所放弃的该资源在其他用途上所能获得的最大收入。

经济学研究产生的一个重要原因就是资源的稀缺性。正是由于资源具有稀缺性，才使得优化资源配置成为经济学研究的核心问题。这意味着我们在使用一种资源用于某种用途时，就放弃了该资源用于其他用途的机会，也就失去了用于其他用途获益的机会。这种失去的选择，我们称之为机会成本。例如，如果我们高考过后选择继续上大学，就放弃了工作的机会；如果我们有1万元的资金，选择购买电脑等设备，就放弃了投资的机会。实际上，我们决定做某些事情就是放弃做其他事情的机会。

经济分析的目的在于考察资源的最优配置，采用机会成本能够促使各种要素用于最优的途径。需要注意的是机会成本并不是企业实际支付的成本，而是人们在决策中必须考虑到的一个重要概念，因而可以将这一概念推广到任何有关人类行为的决策过程中去。

在理解机会成本时应注意以下四个问题：

（1）机会成本不是做出某项选择时实际支付的费用或损失，而是一种观念上的成本或损失。

（2）机会成本是做出一种选择时所放弃的其他若干种可能的选择中最好的一种，而不是其他。

（3）机会成本并不全是由个人选择所引起的，其他人的选择会给你带来机会成本，你的选择也会给他人带来机会成本。

（4）运用机会成本这一概念时，要考虑三个前提条件。第一，资源具有多种用途；第二，资源能够充分利用；第三，资源可以自由流动且不受限制。

机会成本与会计成本的区别在于：一是机会成本不是企业的实际支出，会计成本是企业的实际支出。二是机会成本在会计账目上反映不出来。

【案例 4-2】

上大学值吗

现在在居民的收入中教育支出占的比例是越来越多。计算一个大学生上大学四年的会计成本是上大学的学费、书费和生活费，按照现行价格标准，一个普通家庭培养一个大学生的这三项费用之和是4万元。大学生如果不上学，会找份工作，按照现行劳动力价格标准假如也是4万元，也就是说一个大学生上大学四年的机会成本也是4万元。大学生上大学经济学概念的成本是8万元。这还没算上在未进大学校门前，家长为了让孩子接受最好的教育从小学到中学的择校费用。

上大学成本如此之高，为什么家长还选择让孩子上大学，因为这种选择符合经济学理论，收益的最大化原则。我们计算一下上大学与不上大学一生的成本与收益。不上大学 18 岁工作，工作到 60 岁，共 42 年，平均每年收入是 1 万元，共 42 万元。上大学 22 岁工作，工作到 60 岁，共 38 年，平均收入是 2 万元，共 76 万元，减去上大学的经济学成本 8 万元，剩下 68 万元。与不上大学收入比较，上大学多得到的收入是 26 万元。这还没考虑学历高所带来的名誉、地位等其他效应。为什么家长舍得在子女教育上投入，就在情理之中了。这里说的"选择"是有两种机会，你能考上大学的情况下。另外我们说的只是一般情况。但对一些特殊的人，情况就不是这样了。比如，一个有足球天才的青年，如果在高中毕业后去踢足球，每年可收入 200 万人民币。这样，他上大学的机会成本就是 800 万元。这远远高于一个大学生一生的收入。因此，有这种天才的青年，即使学校提供全额奖学金也不去上大学。这就是把机会成本作为上大学的代价。不上大学的决策就是正确的。同样，有些具备当模特气质与条件的姑娘，放弃上大学也是因为当模特时收入高，上大学机会成本太大。当你了解机会成本后就知道为什么有些年轻人不上大学的原因了。可见机会成本这个概念在我们日常生活的决策中是十分重要的。

经济学所说的成本有两种，一是实际发生的成本，即会计成本；另一个是机会成本。会计成本是厂商在生产过程中按市场价格直接支付的一切费用，这些费用一般均可以通过会计账目反映出来。机会成本是经济学的十大原理之一，机会成本是某种东西的成本，是为了得到它而放弃的东西。这是一个非常有用的概念，它有助于我们在几种选择中做出理性的决策。从这个意义上讲会计学是算账的学问，而经济学是决策的学问。

在这里顺便纠正一个错误的说法，有人说教育是消费行为，其实教育不是消费而是投资。消费与投资的区别是消费不会给你增值一分钱，比如你今年买一台电视，明年再卖，会大大地贬值而不会增值；投资是有可能增值，一个大学生尽管投资 8 万元，但与不投资的相比，多得的收益是 26 万元。但投资是有风险的，如果一个家长不考虑孩子的实际情况，从小学到中学在教育上的高投入，如果考不上大学或考上大学毕不了业。其投入与产出之比是可想而知的。

讨论题：用学过的理论分析你自己上大学的成本。

（二）显性成本与隐性成本

厂商的生产成本可以分为显性成本和隐性成本两个部分。

显性成本是指厂商在生产要素市场上购买或租用所需要的生产要素的实际支出，这些支出是在会计账目上作为成本项目记入账上的各项费用支出。它包括厂商支付所雇佣的管理人员和工人的工资，所借贷资金的利息，租借土地、厂房的租金以及用于购买原材料或机器设备、工具和支付交通能源费用等支出的总额，即厂商对投入要素的全部货币支付。从机会成本角度讲，这笔支出的总价格必须等于相同的生产要素用做其他用途时所能得到的最大收入，否则企业就不能购买或租用这些生产要素并保持对它们的使用权。会计成本就是显性成本。

隐性成本是指生产者自有的资金、土地、厂房、人力等生产要素被用于该企业生产过程而支付的总价格，是那些不是现时期现金实际流出量的成本。它包括生产者所拥有和所使用的资源的成本。例如，企业自有资金的利息、自有土地的地租、自有厂房和设备等固定资产的折旧费、企业所有者自己所提供的劳务报酬等。需要指出的是，隐性成本的支付，应当以自有厂房、自有资金和自己企业家管理才能等自有生产要素用于其他用途时的最高收入，即机会成本为标准。因为如果这些自有生产要素用于其他用途时能够给厂商带来更大收入，厂商会将这些生产要素转移出本企业，以获得更高的报酬。

【案例 4-3】

假如你们家有一个门面房，你用它开了一家杂货店。一年下来，你算账的结果是挣了 5 万元人民币，你很高兴。可用经济成本分析后，你恐怕就高兴不起来了。因为，你没有把隐性成本算进去。假定门脸房出租，按市场价一年是 2 万元。假定你原来有工作，年收入也是 2 万元。那么，这 4 万元就是你自己经营的隐性成本。从经济学分析来看，这应该是成本，是你提供了自有生产要素房子和劳务所理应得到的正常报酬。而在会计账目上没有作为成本项目计入。这样算的结果是你一年没有挣 5 万元，只有 1 万元。如果再加上自己经营需要 1 万元的资金进货，这 1 万元的银行存款利息也是隐性成本。这样一算，你自己经营就非常不合适了，应该出租。但是如果你下岗了，也找不到年收入高于 3 万元的工作，还是自己经营为上策。

显性成本和隐性成本之间的区别说明了经济学与会计师分析经营活动的不同。经济学家关心和研究企业如何做出生产和定价决策，因此当他们衡量成本时就包括了隐性成本。而会计师的工作是记录流入和流出企业的货币，因此他们只衡量显性成本，忽略了隐性成本。

（资料来源：张淑云，徐毅.经济学——从理论到实践［M］.北京：化学工业出版社，2004.）

（三）经济成本

经济成本是经济分析所用的成本，也叫应有成本。在财务分析里面所用的成本是会计成本。

经济成本主要用于企业经营决策，会计成本主要用于考核企业经营业绩，两者有重大差别。经济成本不仅仅包括了显性成本，它还包括了隐性成本。

经济学上成本概念与会计学上成本概念之间的关系，可以用下列公式来表示：

$$会计成本＝显性成本 \qquad (4-17)$$
$$生产成本＝机会成本 \qquad (4-18)$$
$$经济成本＝显性成本＋隐性成本＝会计成本＋隐性成本 \qquad (4-19)$$

（四）边际成本

边际成本是成本概念中最重要的概念，可用 MC 表示。边际成本是指生产增加一单位产出所增加的成本。例如一个电脑厂家生产 100 台电脑的总成本是 300000 元，生产 101 台电脑的总成本是 302000 元，那么生产第 101 台电脑的边际成本为 2000 元。

【案例 4-4】

大商场平时为什么不延长营业时间

节假日期间许多大型商场都延长营业时间，为什么平时不延长？现在我们用这一章学习到的边际分析理论来解释这个问题。从理论上说延长时间 1 小时，就要支付 1 小时所耗费的成本,这种成本既包括直接的物耗,如水、电等,也包括由于延时而需要的售货员的加班费,这种增加的成本就是我们所学习的边际成本。假如延长 1 小时增加的成本是 1 万元(注意这里讲的成本是西方成本概念,包括成本和正常利润),那么在延时的 1 小时里他们由于卖出商品而增加收益大于 1 万元,作为一个精明的企业家他还应该将营业时间在此基础上再延长,这是因为他还有一部分该赚的钱没赚到手。相反如果他在延长 1 小时里增加的成本是 1 万元,增加的收益不足 1 万元,他在不考虑其他因素的情况下就应该取消延时的经营决定,因为他延长 1 小时成本大于收益。

边际成本是指增加一单位产品所增加的成本。边际收益是指增加一单位产品的销售所增加的收益。无论是边际收益大于边际成本还是小于边际成本,厂商都要进行营业时间调整,说明这两种情况下都没有实现利润的最大化。只有在边际收益等于边际成本时($MR = MC$),厂商才不调整营业时间,这表明已把该赚的利润都赚到了,即实现了利润的最大化。节假日期间,人们有更多的时间去旅游购物,使商场的收益增加,而平时工作繁忙的人们没有更多时间和精力去购物,就是延时服务也不会有更多的人光顾,增加的销售额不足以抵偿延时所增加的成本。这就能够解释在节假日期间延长营业时间,而在平时不延长营业时间的经济学的道理。

(五)增量成本与沉没成本

增量是指随企业生产变动而变动的成本。例如,生产变动前的成本为 C_1,生产变动后的成本为 C_2,那么增量成本就等于 $C_1 - C_2$。增量成本强调的是企业因生产变动而引起的成本变化。它主要是企业某种生产变动而增加的直接材料、直接人工和制造费用,即变动成本。

把增量成本理解为随决策而变动的成本,这很像边际成本。但是,这两者虽有关联,却显然不同,主要区别在于边际成本是随产量变动而变动的成本,而增量成本概念要广泛得多,它不仅包括边际成本,而且包括了产量变动的任何方面引起的成本变化。例如,当企业引进一条新的生产线,或者开展一项新的广告宣传活动等引起的总成本变动都属于增量成本。运用增量成本进行生产决策,就是把增量成本与增量收入相比较,如果增量收入大于增量成本,说明这一决策会导致总利润的增加,因而决策是可行的;否则,就是不可行的。

沉没成本是已经发生而且无法收回,或不因生产决策有所变动的成本。它主要是与产量决策无关的厂房、设备等无法转让的固定成本。过去购进的闲置设备,要根据其使用机会计算沉没成本。如果是别无他用的专用设备,或者是经济寿命终结的过时设备,购置成本就是沉没成本。如果这些设备还能半价转让出去,沉没成本仅是购置成本的一半。因此,沉没成本代表的是过去的支出,这种支出再多也不应惋惜,只有当将来的收益大于将来的成本时,这种项目才有投资的价值。

(六)私人成本与社会成本

私人成本是指单个厂商为某种生产经营活动支付的一切费用,相当于企业会计成本。但是,在企业生产过程中也会产生一些本应由企业支付,企业却没有支付的成本。例如,化工厂在生产过程中排出废气,增加了社会治理污染的费用。这些费用本应由企业支付,企业却没有支付,因此,被称为外部成本。私人成本与外部成本相加,我们称之为社会成本。

社会成本是指整个社会为某种生产经营活动所支付的一切费用,包括私人成本和外部成本。私人的经济活动有时会导致社会成本的增加。例如,上面所说化工厂在生产工厂中排出废气,会造成社会环境的污染,社会必须支付费用以治理污染;另一方面私人的生产活动有时又给社会带来利益,导致社会成本的降低。例如,养蜂人的蜜蜂采蜜,有利于花粉的传播,从而使邻近果园的水果产量增加,而果农的果树开花,又能为蜜蜂提供充足的花粉使得蜂蜜产量提高。

因此,当私人的经济活动导致社会成本增加时,社会成本大于私人成本;当私人的经济活动给社会带来利益时,社会成本小于私人成本。

(七)短期成本和长期成本

在生产理论中,按照全部生产要素投入数量是否可以调整,把生产过程分为短期生产和长期生产,由此产生了短期成本和长期成本。

在短期内,厂商不能调整全部生产要素的投入量,因此短期成本划分为固定成本和可变成本;在长期内,厂商可以调整全部生产要素的投入量,一切成本都是可变的,不存在固定成本。

二、短期成本函数

短期成本函数研究短期生产过程中产品成本与产量之间的依存关系,揭示短期成本的变动规律,是厂商经营决策的重要依据。

(一)短期成本的分类

短期成本分为短期总成本、短期平均成本和短期边际成本。

1. 短期总成本

短期总成本(short-run total cost,STC)是指厂商在短期内生产一定量产品所付出的成本总额。由于短期中存在固定成本和可变成本,因此短期总成本(STC)等于固定成本(FC)与可变成本(VC)的总和,表示为:

$$短期总成本(STC) = 固定成本(FC) + 可变成本(VC) \tag{4-20}$$

固定成本(fixed cost,FC)是指不随产量而变动的成本,如厂房和设备的折旧、管理人员的工资、契约性的租金、贷款利息、财产税等。固定成本对应于不变生产要素的费用,与产量大小无关,是一个常数。

可变成本(variable cost,VC)是指随产量而变动的成本,如原料、燃料的支出和工人工资等。可变成本对应于可变生产要素的费用,与产量同方向变化。

2. 短期平均成本

短期平均成本(short-run average cost,SAC)是指短期内平均每一单位产品所消耗的成本。短期平均成本函数为:

$$短期平均成本(SAC) = \frac{短期总成本(STC)}{产量(Q)} \tag{4-21}$$

由于短期中存在固定成本和可变成本,因此短期平均成本等于平均固定成本和平均可变成本的总和。

平均固定成本(average fixed cost,AFC)是平均每单位产品所消耗的固定成本,平均可变成本(average variable cost,AVC)是平均每单位产品所消耗的可变成本。因此短期成本函数也可以表达为:

$$SAC=\frac{STC}{Q}=\frac{FC}{Q}=\frac{VC}{Q}=AFC+AVC \tag{4-22}$$

3.短期边际成本

短期边际成本(short-run marginal cost,SMC)是指短期内每增加一单位产品所引起的总成本的增量。短期边际成本函数为:

$$SMC=\frac{\Delta STC}{\Delta Q}=\frac{\Delta VC}{\Delta Q} \tag{4-23}$$

或

$$SMC=\frac{\mathrm{d}STC}{\mathrm{d}Q}=\frac{\mathrm{d}VC}{\mathrm{d}Q}=STC'=VC' \tag{4-24}$$

(二)各类短期成本的变动规律及其关系

各类短期成本随产量增加而变动的规律及其关系可以通过表4-3所示。

表 4-3　短期成本变动情况表

产量（Q）	短期固定成本（STFC）	短期可变成本（STVC）	短期总成本（STC）	短期平均固定成本（SAFC）	短期平均可变成本（SAVC）	短期平均成本（SAC）	短期边际成本（SMC）
0	120	0	120	—	—	—	—
1	120	60	180	120	60	180	60
2	120	80	200	60	40	100	20
3	120	90	210	40	30	70	10
4	120	105	225	30	26.25	56.25	15
5	120	140	260	24	28	52	35
6	120	210	330	20	35	55	70

各种短期成本的变动规律及各种短期成本曲线之间的关系如图 4-10 和图 4-11 所示,其中横轴表示产量,纵轴表示成本。

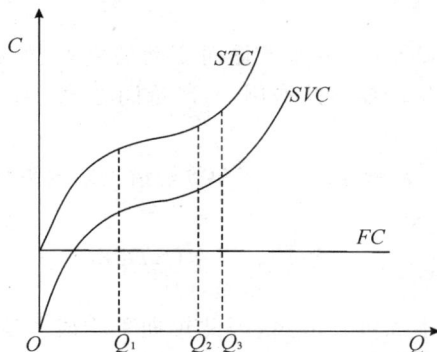

图 4-10　短期总成本曲线、固定成本曲线、可变成本曲线

在图 4-10 中,STC 为总成本曲线。它是一条从固定成本出发的曲线,前段向下弯,后段向上弯,两段之间有一个拐点即图中虚线通过的点 Q_2。拐点以前边际成本递减,即随着产

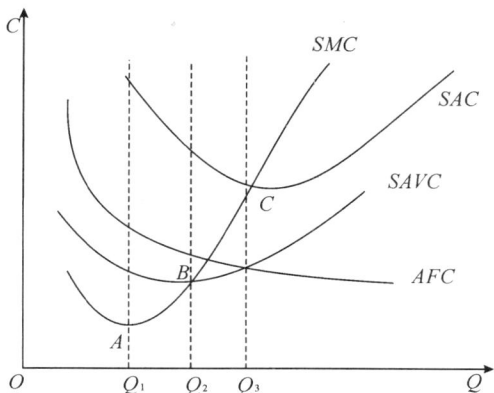

图 4-11　短期平均成本、平均固定成本、平均可变成本、边际成本曲线

量的增加每单位产量带来总成本的增加幅度是递减的;拐点以后边际成本递增,即随着产量的继续增加每单位带来的总成本的增加幅度是递增的。

FC 是固定成本曲线,是一条由原点出发的水平线,它表示在一定产量范围内 FC 是固定不变的。

SVC 为可变成本曲线,其形状与 STC 曲线基本相似,只是其纵坐标与 STC 相差一个常数且该常数为 FC。

在图 4-11 中,SAC 为平均成本曲线,它与平均可变成本曲线类似。当 $SMC<SAC$ 时,SAC 曲线不断下降;当 $SMC>SAC$ 时,SAC 曲线不断上升,因此 SAC 曲线也是先降后升,且 SMC 曲线通过 SAC 曲线的最低点 C 点。

因 FC 固定不变而产量是不断增加的,所以 AFC 曲线随产量 Q 的增加不断下降。

$SAVC$ 为平均可变成本曲线。当 $SMC<SAVC$ 时,$SAVC$ 曲线不断下降,即最初随着产量的不断增加平均可变成本是不断下降的;当 $SMC>SAVC$ 时,$SAVC$ 曲线不断上升,即随着产量的继续增加,平均可变成本开始不断上升。因此 $SAVC$ 曲线先降后升呈"U"形,且和 SMC 曲线相交于自身的最低点 B 点。

图 4-11 中的 C 点称为收支相抵点,这时的价格为平均成本,一旦平均成本等于边际成本,生产者的成本与收益相等,即 $P=SMC=SAC$。B 点称为停止营业点,即在这一点上价格只能弥补平均变动成本,这时所损失的是不生产也要支付的平均固定成本。如果低于这一点,不能弥补变动成本,则生产者就应停止生产。

【案例 4-5】

旅行社在旅游淡季如何经营

某旅行社在旅游淡季打出从天津到北京世界公园 1 日游 38 元(包括汽车和门票)的价格,我的一位朋友说不信,认为是旅行社的促销手段。一日他跟我提起这事,问我真的会这么便宜吗? 38 元连世界公园的门票都不够。我给他分析,这是真的,因为旅行社在淡季游客不足,而旅行社的大客车、旅行社的工作人员这些生产要素是不变的,一个游客都没有,汽车的折旧费、工作人员的工资等固定费用也要支出。任何一个企业的生产经营都有长期与短期之分,从长期看如果收益大于成本就可以生产。更何况就是38元,旅行社也还是有钱赚的,我们给他算一笔账一个旅行社的大客车载客50人,共收入1900元,高速公路费和汽油费假定是500元,门票价格10元共500元,旅行社净赚900元。在短期不经营也要损失固定成本的支出,因此只要收益弥补可变成本,就可以维持下去,换个说法,每位乘客支付费用等于平均可变成本,就可以经营。另外公园在淡季门票也打折,团体票也会打折也是这个道理。

短期成本是指厂商在短期内进行生产经营的开支。分为短期固定成本和可变成本。短期内使用的固定的生产要素(厂房、设备等)不能调整;短期内能够调整是可变的生产要素(工资、原材料等)。旅行社在短期不经营也要损失固定成本的支出,因此只要收益弥补可变成本,就可以维持下去。

三、长期成本函数

由于在长期中,厂商能根据所要达到的产量水平来调整全部生产要素投入,因此,在长期中就没有固定成本和可变成本之分,一切生产要素都是可以调整的,一切成本都是可变的。我们主要讨论长期总成本、长期平均成本与长期边际成本。

1. 长期总成本

长期总成本(LTC)是指厂商在长期中生产某一数量的产品所要投入的全部成本。长期总成本是产量的函数,随产量的增加而增加,其函数形式可以表示为:

$$LTC = LTC(Q) \qquad (4\text{-}25)$$

长期总成本函数在坐标图中表现出来就是长期总成本曲线,如图4-12所示。长期总成本曲线上的每一点都代表企业在长期生产中,每一产量下的最低成本,或每一成本下的最高产量。在图中,长期成本曲线从

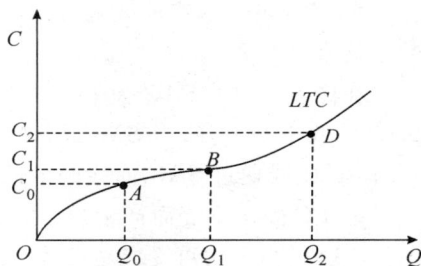

图 4-12　长期总成本曲线

原点出发,随着产量的增加而增加,当企业长期产量为 Q_0、Q_1、Q_2 时,最低成本分别为 C_0、C_1、C_2。

2. 长期平均成本

长期平均成本(LAC)是指厂商在长期生产中每一单位的产量所分摊的成本。其函数形式可以表示为:

$$LAC(Q) = \frac{LTC(Q)}{Q} \qquad (4\text{-}26)$$

长期平均成本是通过长期总成本得到的,反映了每一产量水平上的平均成本情况,同样地,长期平均成本曲线也可以通过长期总成本曲线得到。表现在图形中,每一产量下的长期平均成本为长期总成本曲线上每一点与坐标原点连线的斜率。把产量与每一产量下长期总成本曲线的每一点与坐标原点连线的斜率值描绘在坐标图中,就可以得到长期平均成本曲线,如图4-13所示。长期平均成本曲线的每一点都代表企业在长期生产中每一产量下的最低平均成本。

3. 长期边际成本

长期边际成本(LMC)是指厂商在长期生产过程中每增加一单位的产量所引起的总成本

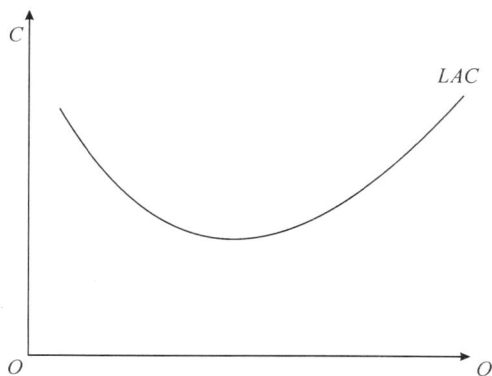

图 4-13　长期平均成本曲线

的增加量。其函数形式可以表示为：

$$LMC(Q) = \frac{\Delta LTC(Q)}{\Delta Q} \qquad\qquad (4\text{-}27)$$

当 Q 的变动量趋于零时，

$$LMC(Q) = \lim_{\Delta Q \to 0} \frac{\Delta LTC(Q)}{\Delta Q} = \frac{\mathrm{d}LTC(Q)}{\mathrm{d}Q}$$

长期边际成本是通过长期总成本得到的，反映了每一产量水平上总成本的变动率，长期边际成本曲线也可以通过长期总成本曲线得到。表现在图形中，每一产量下的长期边际成本为长期总成本曲线上每一点切线的斜率。把产量与每一产量下长期总成本曲线上每一点的斜率值描绘在坐标图中，就可以得到长期边际成本曲线，如图 4-14 所示。

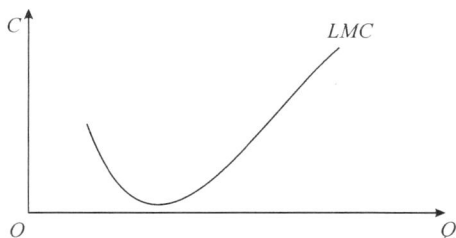

图 4-14　长期边际成本曲线

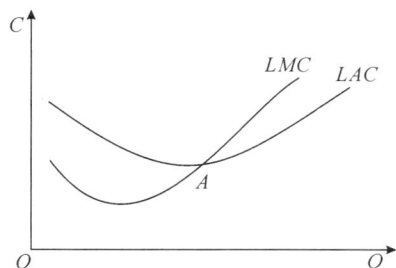

图 4-15　长期边际成本曲线和长期平均成本曲线

4. 长期平均成本曲线和长期边际成本曲线的关系

将长期边际成本曲线与长期平均成本曲线表现在一个坐标图中，如图 4-15 所示。通过观察发现，首先，LAC 曲线以及 LMC 曲线都是呈 U 形；其次，LMC 曲线与 LAC 曲线相交于 LAC 曲线的最低点 A。

LAC 曲线呈先下降后上升的 U 形特征的原因在于规模经济和规模不经济。在企业生产扩张的开始阶段，厂商扩大规模会使经济效益得以提高，叫作规模经济。当生产扩张到一定规模以后，厂商继续扩大生产规模会使经济效益下降，叫作规模不经济。一般来说，企业在生产规模从小到大的扩张过程中，会先后经历规模经济阶段和规模不经济阶段。当企业处于规模经济阶段时，长期平均成本曲线呈下降趋势，当企业处于规模不经济阶段时，长期平均成本曲线呈上升趋势。正是由于规模经济和规模不经济的作用，决定了长期平均成本曲线呈现出 U 形特征。

是什么原因使得 LMC 曲线呈 U 形特征,并且与 LAC 曲线相交于 LAC 曲线的最低点呢? 原因在于,根据平均量与边际量之间的关系,只有 LMC 小于 LAC,LAC 才会下降,也就是说,当 LAC 曲线处于下降阶段时,LMC 曲线一定位于 LAC 曲线的下方;相反,只有 LMC 大于 LAC,LAC 才会上升,就是当 LAC 曲线处于上升阶段时,LMC 曲线一定位于 LAC 曲线的上方;当 LMC 等于 LAC 时,LMC 曲线与 LAC 曲线相交。由于 LAC 曲线在规模经济和规模不经济的作用下呈先降后升的 U 形,这就使得 LMC 曲线也必然呈 U 形,同时与 LAC 曲线相交于 LAC 曲线的最低点。

第三节　收益理论

厂商生产的目的是追求利润最大化,收益与利润是衡量厂商经营成果的主要指标。

一、收益

厂商收益是指厂商出卖产品得到的全部货币收入,即价格与销售量的乘积。收益分为总收益、平均收益和边际收益。

总收益(total revenue,TR)是厂商销售一定量产品所得到的全部收入。以 P 表示价格,Q 表示销售量,其函数表达式为:

$$TR = P \times Q \tag{4-28}$$

平均收益(average revenue,AR)是厂商销售每一单位产品平均所得到的收入。其函数表达式为:

$$AR = \frac{TR}{Q} \tag{4-29}$$

边际收益(marginal revenue,MR)是厂商每增加销售一单位产品所获得的总收益的增加。以 ΔQ 为销售量增量,ΔTR 为总收益增量,其函数表达式为:

$$MR = \frac{\Delta TR}{\Delta Q} \tag{4-30}$$

或

$$MR = \frac{\mathrm{d}TR}{\mathrm{d}Q} = TR' \tag{4-31}$$

当价格为既定时,边际收益(MR)等于既定价格(P),即 $MR = P$。

收益是产量与价格的乘积。所以,如果不考虑价格的因素,收益就是产量。以 P 代表价格,则总收益(TR)与总产量(TP)、平均收益(AR)与平均产量(AP)、边际收益(MR)与边际产量(MP)之间的关系应该是:

$$TP \times P = TR \tag{4-32}$$

$$AP \times P = AR \tag{4-33}$$

$$MP \times P = MR \tag{4-34}$$

如果假设不考虑价格因素,则有:

$$TP = TR \tag{4-35}$$

$$AP = AR \tag{4-36}$$
$$MP = MR \tag{4-37}$$

由此可以得出,总收益、平均收益和边际收益的变动规律与曲线形状和总产量、平均产量和边际产量的变动规律与曲线是相同的。

二、利润

经济学中的利润一般指经济利润,也称超额利润。

（一）经济利润、会计利润和正常利润

经济利润是总收益与总成本之间的差额。其函数表达式为:

$$\pi(Q) = TR(Q) - TC(Q) \tag{4-38}$$

式中,π 为利润,TR 为总收益,TC 为总成本,三者都是产量（或销售量）Q 的函数。

由于经济成本由显性成本和隐性成本构成,其中显性成本又称会计成本,由此形成经济利润、会计利润与正常利润的区分。会计利润是总收益与会计成本之间的差额,正常利润则属于隐性成本,是厂商投入自有生产要素应得的报酬,是一个厂商继续留在原行业从事生产经营的最低报酬,厂商如果得不到正常利润,将退出原行业。

由此可见,经济利润和会计利润的关系如下:

$$正常利润 = 隐性成本 \tag{4-39}$$
$$经济利润 = 总收益 - 显性成本 - 隐性成本 \tag{4-40}$$
$$会计利润 = 总收益 - 显性成本 \tag{4-41}$$
$$经济利润 \leqslant 会计利润 \tag{4-42}$$

▶【案例 4-6】

利润在经济学家与会计师眼中是不同的

为了说明这个问题我们假设一例。假设王先生用自己的银行存款 30 万元收购了一个小企业,王先生的会计师计算收购企业后一年的利润是 3 万元。我们用经济学的理论分析王先生的成本和利润。

王先生如果不支取这 30 万元用来收购企业,而是把钱存在银行里,在市场利息 5% 的情况下他每年可以赚到 1.5 万元的银行存款利息。王先生为了拥有自己的工厂,每年放弃了1.5 万元的利息收入。这 1.5 万元就是王先生开办企业的机会成本之一。经济学家和会计师以不同的方法来看待成本。经济学家把王先生放弃的 1.5 万元也作为他企业的成本,尽管这是一种隐性成本,因此一年的利润是 1.5 万元。但是会计师并不把这 1.5 万元作为成本表示,因为在会计的账面上并没有货币流出企业去进行支付,一年的利润是 3 万元。因此利润在经济学家与会计师眼中是不同的。那么在此案例中王先生的会计成本、机会成本、总成本是多少? 王先生的会计利润和经济利润是多少?

利润一般是指经济利润,也称超额利润,是指厂商总收益和总成本的差额。由于经济学家和会计师用不同方法衡量企业的成本,他们也会用不同的方法衡量利润。经济学家衡量企业的经济利润,即企业总收益减生产所销售物品与劳务的所有机会成本。会计师衡量企业的会计利润,即企业的总收益只减企业的显性成本。此案中王先生用自己的储蓄开办工厂的机会成本是 1.5 万元,会计成本是 30 万元,从经济学的角度讲,总成本是 31.5 万元(会计成本与机会成本之和。会计利润是 3 万元;经济利润是 1.5 万元。

（二）利润最大化

经济利润是总收益与总成本之间的差额。根据 $\pi(Q) = TR(Q) - TC(Q)$,利润最大化的条件是 $\pi'(Q) = TR'(Q) - TC'(Q) = 0$,由于 $TR'(Q) = MR$,$TC'(Q) = MC$,因此,利润最大化的条件为:

$$MR = MC \tag{4-43}$$

所以,厂商从事经济活动利润最大化的原则是边际收益等于边际成本,即 $MR = MC$。

为什么在边际收益等于边际成本时能实现利润最大化呢？

（1）如果边际收益大于边际成本,即 $MR > MC$,表明厂商每多生产一单位产品所增加的收益小于生产这一单位产品所增加成本。这时,对该厂商来说,还有潜在的利润没有得到,厂商会扩大产量,也可能有新厂商进入市场,就是说此时还没有达到利润最大化。

（2）如果边际收益小于边际成本,即 $MR < MC$,表明该厂商每多生产一单位产品所增加的收益小于生产这一单位产品所增加的成本。这时,对该厂商来说就会造成亏损,更谈不上利润最大化了,因此厂商必然要减少产量或退出市场。

（3）无论边际收益大于还是小于边际成本,厂商都要调整其产量,说明没有实现利润最大化。只有边际收益等于边际成本时,厂商才不会调整产量,因为此时已经实现了利润最大化。

本章小结

生产函数是指在一定时期内,在技术水平不变的条件下,生产中所使用的各种生产要素与所能生产的最大产量之间的关系。边际产量递减规律是指在其他条件不变时,连续将某一生产要素的投入量增加到一定数量之后,总产量的增量即边际产量将会出现递减现象。在这个变化过程中,总产量、平均产量和边际产量之间会形成密切相互关联和影响。总产量、平均产量和边际产量的运动规律及其相互关系对生产者的要素投入决策极其重要。

当企业规模扩大时,其规模效益有三种情况:规模收益递增,所有投入要素增加的倍数小于产出增加的倍数;规模收益递减,所有投入要素增加的倍数大于产出增加的倍数;规模收益不变,所有投入要素增加的倍数等于产出增加的倍数。这对于企业如何选择适度规模有重要意义。

成本是企业进行经营决策需要考虑的重要因素。会计师的方法与经济学家对成本核算的方法不相同。机会成本解决的是把一定资源用于生产某种经济物品时所放弃的其他用途所能产生的最大收益问题,它并不是实际的货币支出,而是一种观念上的成本。用机会成本的计算方法可以更好地利用资源。

成本函数反映了企业的成本与其所生产的产品产量之间的相互关系。厂商的成本函数分为短期成本函数和长期成本函数。短期成本包括短期总成本、短期平均成本、短期边际成本、平均固定成本和平均可变成本。长期成本包括长期总成本、长期平均成本和长期边际成本。

收益是厂商出卖产品得到的全部货币收入,即价格与销售量的乘积。收益中既包括了成本,又包括了利润。收益函数反映了各种价格条件下企业的收益与其所生产的产品产量之间的关系。收益分为总收益、平均收益和边际收益。实现利润最大化的原则是边际收益等于边际成本,即 $MR=MC$。

思考与练习

一、单项选择题

1. 生产函数表示(　　)。

A. 一定数量的投入,至少能生产多少产品

B. 投入与产出的关系

C. 生产一定数量的产品,最多要投入多少要素

D. 以上都对

2. 在总产量、平均产量和边际产量的变化过程中,下列(　　)首先发生。

A. 边际产量下降　　　　　　　　　　B. 平均产量下降

C. 总产量下降　　　　　　　　　　　D. 平均产量和总产量首先下降

3. 如果等成本线在坐标平面上与等产量线相交,那么要生产等产量线表示的产量水平(　　)。

A. 应增加成本支出　　　　　　　　　B. 应减少成本支出

C. 不能减少成本支出　　　　　　　　D. 不能增加成本支出

4. 总产量最大,边际产量(　　)。

A. 最大　　　　　　B. 最小　　　　　　C. 为零　　　　　　D. 无法确定

5. 随着产量的增加,固定成本(　　)。

A. 不变　　　　　　B. 增加　　　　　　C. 减少　　　　　　D. 先增后减

6. 已知等成本线与等产量线既不相交也不相切,此时,要达到等产量线所表示的产出水平,应该(　　)。

A. 增加投入　　　　B. 保持原投入不变　　C. 减少投入　　　　D. 先增后减

7. 下列因素中,(　　)是可变成本。

A. 机器折旧　　　　　　　　　　　　B. 生产工人的工资

C. 厂房租金　　　　　　　　　　　　D. 管理人员的工资

8. 已知产量为 9 单位时,总成本为 95 元,产量增加到 10 单位时,平均成本为 10 元,由此可知边际成本为(　　)。

A. 5　　　　　　　　B. 10　　　　　　　C. 15　　　　　　　D. 20

9. 短期边际成本曲线 SMC 与短期平均成本曲线 SAC 的交点称为(　　)。

A. 收支相抵点　　　　　　　　　　　B. 停止营业点

C. 利润最大点　　　　　　　　　　　D. 以上答案都不对

10. 利润最大化原则是(　　)。

A. $MC=AC$　　　　B. $MR=MC$　　　　C. $AR=MR$　　　　D. $MR=AC$

二、多项选择题

1. 边际收益递减规律成立的条件是(　　)。

A. 生产技术水平保持不变

B. 保持其他生产要素投入数量的不变,只改变一种生产要素的投入量

C. 边际产量递减发生在可变投入增加到一定程度之后

D. 扩大固定资本的存量

2. 某厂商在短期内保持资本(K)的投入量不变而改变劳动(L)的要素投入量,则其生产的第二阶段应该是( )。

A. 边际产量曲线高于平均产量曲线

B. 总产量曲线处于递增速率上升阶段

C. 总产量曲线处于递减速率上升阶段

D. 开始于平均产量曲线的最高点,终止于边际产量曲线与横轴的交点

3. 属于等产量曲线特征的有( )。

A. 等产量曲线凹向原点

B. 等产量曲线向右下方倾斜

C. 等产量曲线有无数多条,其中每一条代表一个产值,并且离原点越远代表产量越大

D. 等产量曲线互不相交

4. 厂商在市场上购买或租用生产要素的实际支出称为( )。

A. 沉没成本   B. 显性成本   C. 隐性成本   D. 会计成本

5. 在厂商盈亏平衡点上,存在( )。

A. $TR=TC$ B. $AR=SAC$ C. $P=AR$ D. $MR=MC$

三、判断题

1. 个体户也是厂商。   ( )

2. 在一条等成本线的各点上,两种生产要素的数量组合不同,总成本不同。   ( )

3. 生产函数表明成本与产量之间的依存关系。   ( )

4. 在等产量曲线的各点上,边际技术替代率等于两种要素的边际产量之比。   ( )

5. 边际产量递减规律表明生产中不变要素与可变要素之间存在着最优配比。   ( )

6. 劳动与资本之间相互替代是有限度的。   ( )

7. 厂商增加一单位产量时所增加的总成本是平均成本。   ( )

8. 长期总成本是厂商在每一产量水平上选择最优生产规模所能达到的最低总成本。

     ( )

9. 在长期中只有可变成本,没有固定成本。   ( )

10. 经济利润等于会计利润减去隐性成本。   ( )

四、计算题

1. 已知某厂商生产函数 $Q=\dfrac{1}{2}L^+K^+$,L 的价格 $\omega=50$,K 的价格 $\gamma=25$,求当 $C=8000$ 时,该厂商生产最大产量的 L 和 K 的最佳购买量是多少?

2. 已知某厂商生产函数 $Q=\dfrac{1}{2}L^+K^+$,L 的价格 $\omega=2$,K 的价格 $\gamma=2$,求当 $C=8000$,产量为 100 个单位时,K、L 最优组合的量应为多少?

3.补充填完某厂商的短期成本表。

Q	TC	TVC	AVC	MC
0	50			
1	70			
2	85			
3	95			
4	100			
5	110			
6	125			
7	145			

4.假定某厂商的短期成本函数为 $TC(Q)=Q^3-10Q^2+12Q+12$。

(1)该厂商的固定成本和可变成本分别是什么?

(2)写出相应的函数:$TVC(Q)$、$AC(Q)$、$AVC(Q)$、$AFC(Q)$、$MC(Q)$。

5.已知某厂商的短期成本函数为 $TC(Q)=5Q^2+2Q+25$,需求函数为 $P=15-5Q$。
计算:

(1)该厂商的边际成本和边际收益。

(2)该厂商实现利润最大化时,均衡产量和均衡价格分别为多少?

第五章　市场理论

⊃学习目标

1. 掌握四种市场结构的基本特征
2. 能分析不同决定价格和产量,并能对各种市场做出正确合理的评价

⊃开篇案例

著名的日本三洋电器公司初创时是一家生产自行车用电灯的小厂。当时是1947年,日本制造自行车用电灯的企业共有16家,年总产量只有10万只。产品小、批量小、利润小,许多企业无法维持生计,打算另谋出路,但智雄井植有他的眼光,他看到了新的领域——生产自行车上的电灯。果然,当产品投放市场时,奇迹发生了:一向被人视为难销的自行车用电灯,竟惊人地畅销。井植的自行车用电灯第一年卖掉50万只,4年后实现了200万只的年销量目标;第五年一年卖了300万只,此时,三洋公司已经从小企业跻身日本大中型企业之林了。

请思考:

什么是市场? 行业的发展与市场有什么关系?

第一节　市场结构概述

⊃【案例 5-1】

市场经济与竞争

烹制后的沙丁鱼是欧洲人非常喜欢的一道美食。但是长期以来,由于沙丁鱼在运输中经常因环境恶劣而死去,很多贩运沙丁鱼的商人蒙受了巨大的损失。也使人们的餐桌上很难见到新鲜的沙丁鱼。

一次,一位渔商意外发现了一个绝妙的解决方法。在运输过程中,由于商人准备的鱼槽不足,商人只好将鲶鱼和沙丁鱼混装在一个鱼槽中。结果,到达目的地的时候,商人意外地发现,沙丁鱼竟然一条也没有死。

原来,这都是鲶鱼的功劳。由于鲶鱼是一种好动的鱼类,在水中总是不停地东游西窜,使水槽不再是一潭死水。沙丁鱼本来是一种非常懒惰的鱼,很少游动。但是鲶鱼的到来使它们非常恐惧,使它们改变了好静不好动的习性,也跟着鲶鱼快速地游动起来,一舱的水被

鲶鱼搞活了。船到岸边的时候,这些沙丁鱼由于活力大增,一个个活蹦乱跳的。人们称这种现象为"鲶鱼效应"。

竞争的作用就是这么奇妙,竞争的市场有无数的买者和无数的卖者,而各个卖者提供的物品大体是相同的;由于市场是开放的,任何企业随时都可以自由地进出市场。这些条件的存在,使市场上任何一个买者或卖者的行动对市场价格的影响都是微乎其微的,每一个买者和卖者都不可能左右市场,而只能是市场价格的接受者。

要想获得更高的利润,最好的办法是实行差别竞争,也就是提高商品的科技含量、提高产品质量、改进服务手段、增加或者改进商品的性能等。这些手段从满足不同消费者的偏好入手,满足消费者的更高需求,使市场变得异常丰富。这样,竞争不仅不会引起价格的降低,而且由于商品的不同,还可以提高商品的价格。

一、划分市场结构的标准

厂商的决策过程包括三个方面:价格选择、产量选择和规模选择。经济学的研究表明,这些决策的过程和结果都与市场的组织形式有关。市场是指交易的组织形式或制度安排。市场不仅仅是指交易的场所,它还包括组织这些交易的方式和制度安排。如果我们把可交易的物品分为产品和生产要素两大类,相应的交易就分别在产品市场和生产要素市场进行。产品又可分为有形产品(物质产品)和无形产品(非物质产品),因此产品市场又可分为有形产品市场和无形产品市场。微观经济学研究划分更细致的市场,如小麦市场、土地市场、苹果市场等。一个具体产品市场中的全体厂商被称为一个行业。

微观经济学通常用市场竞争强度来划分市场结构。影响市场竞争强度的因素主要有以下几点:

(1)厂商数目。厂商的数目越多,也就意味着他们的销售和购买量占的市场份额越小,自己的买卖行为对市场价格的影响就越小,市场的竞争程度越强。

(2)产品差异度。产品差异度指同一行业中厂商生产的产品之间的差别程度。商品间的比较不仅指商品的质量,还包括销售条件、商标和包装等。通常,产品差异程度越大,越容易形成垄断,竞争程度越弱。

(3)进入壁垒。进入壁垒指厂商进入或退出该市场的难易程度。进入的壁垒越高,市场上现有厂商的数目就越少,会使得厂商在决定进入时更加谨慎,垄断程度就越强。

(4)单个厂商对价格的控制程度。这是衡量厂商的市场垄断力的最全面和最权威的指标。厂商的定价能力越强,市场的竞争程度便越弱。

二、市场结构类型

市场可以按不同的方法进行分类,西方经济学通常依照这四个标准,将市场划分为四个类型:完全竞争市场、垄断竞争市场、寡头市场和完全垄断市场。关于这四个市场的特点可以用表5-1来说明。

表 5-1　四个市场类型的特点

市场类型	厂商数目	产品差别	对价格的控制	进出一个行业的难易程度	接近那种商品市场
完全竞争	很多	完全无差别	没有	很容易	一些农产品,如玉米、小麦
垄断竞争	很多	有差别	有一些	比较容易	一些轻工业品服装、食品
寡头市场	几个	有差别或无差别	相当程度	比较困难	汽车、石油
完全垄断市场	唯一	唯一的产品,且无相近的替代品	很大程度,但常受管制	很困难,几乎不可能	公用事业,如,水、电

从表 5-1 中可以看出,完全竞争市场的竞争最为充分,垄断竞争与寡头竞争市场既有垄断又有竞争,而完全垄断市场则完全没有竞争。市场竞争是大多数经济学家认为市场经济制度之所以"好"的原因所在。市场竞争使得厂商在追逐自身利润最大化的同时也促进了社会资源的最优配置,实现消费者的最大福利。市场竞争程度越弱的行业,生产者地位越强,厂商也能更好地实现利润最大化目标,但是消费者的地位相对越弱。

第二节　完全竞争市场

完全竞争是古典经济学的一个重要假设。不完全竞争的理论直到 20 世纪 30 年代,才由哈佛大学的张伯伦和剑桥大学的罗宾逊提出。我们先试想一下,为什么集市上的菜贩无力改变价格呢?

一、完全竞争市场

完全竞争市场就是指不包含任何垄断因素的市场,经济学家对它有以下四个假设。

(一)市场上有无数多的买者和卖者

买者、卖者充分多是完全竞争的最为重要的条件。这里特别强调卖者充分多,每一个厂商都是市场这个汪洋大海中的"沧海一粟",它无论怎样调整产量都不能影响产品的市场价格。它们都只能被动地接受由市场决定的价格,因而完全竞争厂商被称为"价格的接受者"。

(二)产品同质

同质产品要求产品的功能、质量、规格、包装、商标、购物环境和售后服务等完全相同,消费者无法区分产品是由哪一家厂商生产的。这样一来,消费者就不会关心产品的生产厂商,购买任何一家厂商生产的产品都是一样的。于是,任何一家厂商提高自己产品的价格都会导致其产品无人问津。这个条件从另一个角度保证了完全竞争厂商只能是市场价格的接受者。

(三)厂商进入或退出市场是完全自由的

正是由于这个假设,一旦某个厂商短期内获得超额利润,长期中市场就将吸引新厂商加入这一行业来争夺所存在的超额利润。争夺的最终结果是超额利润被消灭。相反,厂商的亏损也会被退出行业的行为所消除。

(四)市场信息是完全透明的

信息完全是指市场是完全透明的,不存在买者或卖者所不了解的信息。每一个消费者和厂商都可根据完全的信息做出对自己最有利的经济抉择。消费者根据完全的信息准确地确定使自己获得最大效用的购买数量,厂商则根据完全信息准确地决定能获得最大利润的工厂规模和产量。

显然,在现实的经济环境中完全符合以上假设条件的市场是根本不存在的。人们将一些竞争异常激烈的行业,比如小麦市场、大米市场等看作是近似于完全竞争市场。没有一个小麦买者可以影响市场价格,因为相对于整个市场来说,单个消费者购买的量很少。同理每个麦农对价格的控制能力也是有限的,因为其他麦农也提供基本相同的小麦,如果他收取较高价格,买者就会转到其他地方买;而因为每个麦农都可以按照现行市场价格卖出他想卖的量,所以也没有理由降价。如果任何一个人都可以决定开一个农场,而任何一个农场主也都可以决定离开这个行业,那么小麦市场就基本满足完全竞争市场的假设条件了。

既然经济学家对完全竞争市场的假设与现实相距甚远,为什么还要进行研究呢?从下文中可以看到,完全竞争市场能够有效地预测厂商的行为,所得到的厂商行为的知识对我们分析不完全竞争市场很有帮助。

二、完全竞争市场上的价格、需求曲线、平均收益与边际收益

(一)价格、需求曲线

在完全竞争市场,由于产品是同质的,每一个厂商都是均衡价格的接受者,而均衡价格是由整个行业的供给和需求所决定的。所以当行业均衡价格确定之后,对单个厂商来说这个价格就是既定的。这意味着:一方面,在给定价格下厂商可以销售无穷多数量的商品,但只有提价就不会有人购买。因为所有厂商都销售同样的产品,而消费者也知道在哪里能买到更便宜的产品。另一方面,如果厂商是理性经营,就不会降价。因为它能够在既定价格下销售他所有想卖的产品,降价只会使利润受损。

那么如何确定均衡价格?行业的需求曲线是描述消费者对整个行业所生产的商品的需求状况的曲线,一般情况下,需求曲线 D 是一条向右下方倾斜的曲线,而供给曲线 S 是一条向右上方倾斜的曲线,如图 5-1(a),整个行业的产品均衡价格就是 P^*。图 5-1(b)中厂商面临的需求曲线 dd 是相对于市场供求曲线所决定的均衡价格 P^* 而言的。如果市场供求曲线发生变动,就会形成新的均衡价格,那么厂商就面临一条从新的均衡价格水平出发的水平需求曲线。

(二)平均收益与边际收益

假设市场上青菜 1 元每千克,菜农的收益如表 5-2。

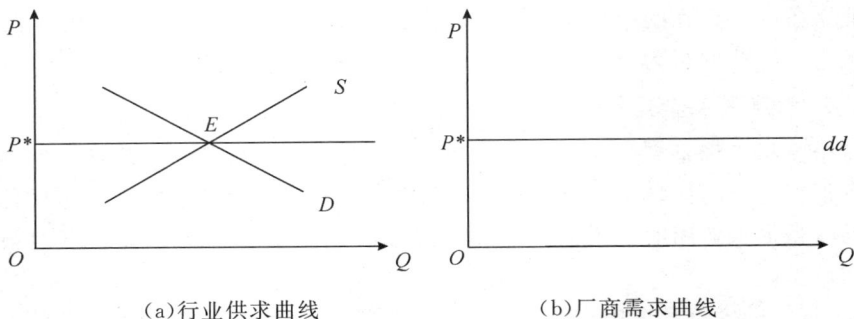

(a)行业供求曲线　　　　　　　　　（b)厂商需求曲线

图 5-1　行业供求曲线与厂商需求曲线

表 5-2　菜农收益表

价格(元/千克)	销售量(千克)	总收益(元)	平均收益(元)	边际收益(元)
1	100	100	1	
1	200	200	1	1
1	300	300	1	1
1	400	400	1	1

从表 5-2 中可以很清楚地看出,菜农对每单位商品都是按均衡价格 1 元出售,菜农总收益随销售量的增加而增加,但是由于商品的单位价格不变,不仅使得平均收益保持不变,而且边际收益也保持不变,等于商品的单位售价 1 元。

在完全竞争市场中,个别厂商销售量的变动对市场价格没有任何影响,即厂商只能按均衡价格 P^* 来出售商品,所以每增加销售一单位产品所增加的收益仍然是 P^*,也就是说厂商的平均收益曲线、边际收益曲线和个别厂商的需求曲线是完全重合的水平线。即 $AR = MR = P$。

三、完全竞争市场上的短期均衡

在完全竞争市场,由于厂商是价格的接受者,所以不需要做价格决策,但必须做出生产决策,即生产和出售产品的生产数量。

在短期内,厂商来不及调整生产规模,只能通过产品数量的调整来实现最大利润。完全竞争市场短期均衡的原则是:在其他条件不变的前提下,完全竞争厂商所选择的最优产量,应该是最后一单位产品所带来的边际收益等于所付出的边际成本的数量,即 $MR = MC$。这样在既定价格下,完全竞争厂商的短期均衡可能出现以下几种情况。

(一)获超额利润的情形

在图 5-2(a)中,市场价格大于厂商平均成本,即 $P > SAC$。在这种情况下,厂商处于获利状态,为使利润最大化,厂商必须使生产数量满足 $MR = MC$。根据这一原则,MR 与 MC 的交点 E 点就决定了厂商的均衡产量为 OQ^*。此时平均成本为 Q^*D,总成本等于均衡产量乘以平均成本($TC = OQ^* \times Q^*D$),即图中长方形 OQ^*DC 的面积;平均收益为 Q^*E,总收益等于平均收益乘以均衡产量($TR = Q^*E \times AE$),即总收益大小相当于图中长方形 OQ^*AE 的面积。总收益大于总成本,存在超额利润,超额利润就等于总收益减去总成本($\pi = TR - TC$),即超额利润的大小相当于图中长方形 $ACDE$ 的面积。

（二）获正常利润的情形

这种情况下，市场价格等于平均成本，即 $P=SAC$。如图 5-2(b)所示，厂商的需求曲线相切于平均成本曲线的最低点，且边际成本曲线也经过该点。

为使利润最大化，厂商必须使生产数量满足 $MR=MC$。从图 5-2(b)中可以看出，MR 与 MC 的交点 E 点就决定了厂商的均衡产量为 OQ^*，此时平均成本等于平均收益为 Q^*E，总成本与总收益大小相等，相当于图中长方形 AOQ^*E 的面积，意味着厂商既没有超额利润又没有亏损，只有正常利润，这一点又称为盈亏平衡点。

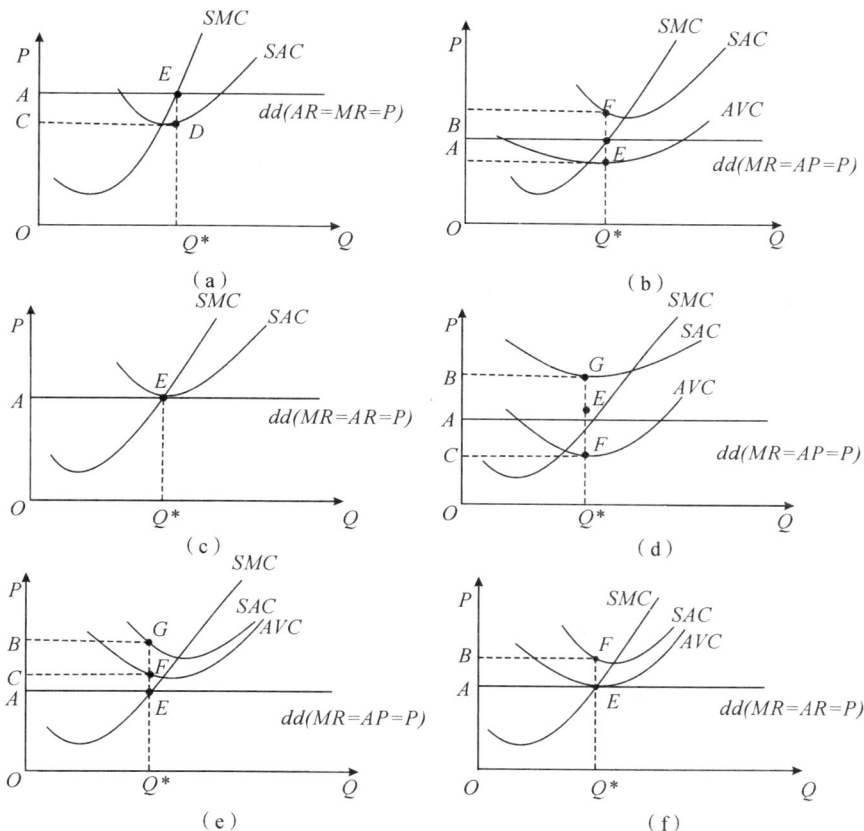

图 5-2　完全竞争厂商的短期均衡

（三）亏损的情形

在这种情况中，市场价格小于平均成本，即 $P<SAC$，如图 5-2(c)所示，为使利润最大化，厂商必须使生产数量满足 $MR=MC$。图中 MR 与 MC 的交点 E 点就决定了厂商的均衡产量为 OQ^*。此时平均成本为 Q^*F，总成本等于均衡产量乘以平均成本（$TC=OQ^*\times Q^*F$），即图中长方形 OQ^*FB 的面积；平均收益为 Q^*E，总收益等于平均收益乘以均衡产量（$TR=OQ^*\times Q^*F$），即总收益大小相当于图中长方形 OQ^*EA 的面积。从图中可以看出，总收益小于总成本，也就是说厂商出现亏损，亏损额相当于长方形 $AEFB$ 的面积。

既然厂商选择任何产量都要蒙受亏损，那么它是否要停止营业呢？此时需要取决于市场价格和平均变动成本的关系。

1. 亏损但仍须继续营业的情形

如果市场价格小于平均成本但是大于平均变动成本，如图 5-2(d)所示，即 $AVC < P < SAC$。为使利润最大化，厂商必须使生产数量满足 $MR = MC$。如果厂商按均衡产量 OQ^* 进行生产，则总成本为长方形 OQ^*GB 的面积，总收益大小相当于图中长方形 OQ^*EA 的面积。此时总变动成本等于均衡产量 OQ^* 乘以平均变动成本 Q^*F（$TVC = OQ^* \times Q^*F$），即相当于图中长方形 COQ^*F 的面积，则可以计算出固定成本等于 OQ^*GB 的面积减去 COQ^*F 的面积，也就是 $BCFG$ 的面积。在这种情况下，如果厂商选择停产，亏损额为 $BCFG$ 的面积，如果继续生产，亏损额为 $BAEG$ 的面积。从图中可见，$BCFG$ 的面积大于 $BAEG$ 的面积。

这是因为继续生产所获得的收益不仅可以补偿因为生产而发生的全部变动成本，剩余部分还可以补偿部分固定成本。所以当市场价格小于平均成本但是大于平均变动成本时，应该继续生产。

2. 亏损且须停止营业的情形

如果市场价格不仅小于平均成本，而且小于平均变动成本，如图 5-2(e)所示，即 $P < AVC$。为使利润最大化，厂商必须使生产数量满足 $MR = MC$。如果厂商按均衡产量 OQ^* 进行生产，则总成本为长方形 OQ^*GB 的面积，总收益大小相当于图中长方形 OQ^*EA 的面积。此时总变动成本等于均衡产量 OQ^* 乘以平均变动成本 Q^*F（$TVC = OQ^* \times Q^*F$），即相当于图中长方形 COQ^*F 的面积，则可以计算出固定成本等于 OQ^*GB 的面积减去 COQ^*F 的面积，也就是 $BCFG$ 的面积。在这种情况下，如果厂商选择停产，亏损额为 $BCFG$ 的面积；如果继续生产，亏损额为 $BAEG$ 的面积。从图中可见，$BAEG$ 的面积大于 $BCFG$ 的面积，即继续生产的亏损额大于停产的损失。这是因为继续生产所获得的收益连因为生产而发生的变动成本都无法补偿。所以当市场价格不仅小于平均成本，而且小于平均变动成本时，应该停止生产。

3. 亏损且继续营业、停止营业均可的情形

如果市场价格小于平均成本且等于平均变动成本，如图 5-2(f)所示，即 $P = AVC$。为使利润最大化，厂商使生产数量满足 $MR = MC$，即按均衡产量 OQ^* 进行生产，则总成本为长方形 BOQ^*F 的面积，总收益大小相当于图中长方形 OQ^*EA 的面积。此时总变动成本等于均衡产量 OQ^* 乘以平均变动成本 Q^*E（$TVC = OQ^* \times Q^*E$），即相当于图中长方形 OQ^*EA 的面积，则可以计算出固定成本等于 BOQ^*F 的面积减去 OQ^*EA 的面积，也就是 $BAEF$ 的面积。在这种情况下，如果厂商选择停产，亏损额为 $BAEF$ 的面积；如果继续生产，亏损额也为 $BAEF$ 的面积。这是因为继续生产所获得的收益正好补偿因为生产而发生的变动成本。所以当市场价格小于平均成本且等于平均变动成本时，厂商选择停产和继续生产均可。在实际运营中，厂商一般会选择继续生产。

四、完全竞争市场上的长期均衡

在长期生产中，厂商投入的所有要素的数量都是可以改变的。正如我们前面讲过的，在完全竞争市场中厂商对生产要素的调整主要表现为两个方面：一方面表现为厂商进入或退出某行业，另一方面表现为厂商对生产规模的调整。利润是厂商进入或退出某个行业的原因。

当短期内出现亏损,长期内厂商就会考虑退出行业或缩小生产规模,引起整个行业的生产和供给减少,从而导致均衡价格上升,厂商需求曲线上移,亏损消失。如果短期内有超额利润,长期内就吸引新厂商进入该行业,或原有厂商扩大生产规模,引起整个行业的生产和供给增加,从而导致均衡价格下降,厂商需求曲线下移,最终超额利润消失。这样不断调整的结果,就是只有当所有厂商获得正常利润,超额利润和亏损消失,才能实现长期均衡。上述这个过程,我们利用图 5-3 来说明。

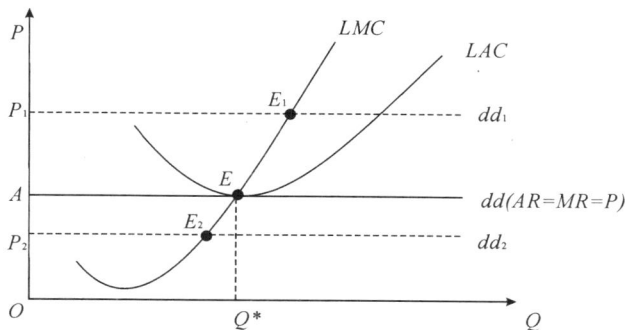

图 5-3　完全竞争厂商的长期均衡

图 5-3 中 LMC 和 LAC 分别为厂商的长期边际成本曲线和长期平均成本曲线,dd_1、dd($AR=MR=P$)和 dd_2 分别代表厂商的需求曲线。

长期内,当行业供给小于需求,市场价格为 P_1 时,根据均衡条件 $MR=LMC$,厂商在 E_1 点实现均衡,并获得超额利润。新厂商受到利润吸引进入该行业,原有厂商也会扩大生产规模,增加行业供给,引起价格下降,厂商需求曲线向下平移。

长期内,当行业供给大于需求,市场价格为 P_2 时,根据均衡条件 $MR=LMC$,厂商在 E_2 点实现均衡,厂商处于亏损状态。原有的部分厂商就会退出该行业,减少行业供给,引起价格上升,相应地厂商需求曲线也向上平移。

无论行业供给大于还是小于需求,调整到最后,厂商需求曲线都会平移到与长期平均成本相切,市场价格调整到 A 的位置,此处既无超额利润,也无亏损,只能实现正常利润,厂商数目不再发生变化,整个行业处于长期均衡状态,单个厂商实现长期均衡。

综上所述,dd 曲线相切于 LAC 曲线的最低点 E,LMC 曲线经过该点,就是 $MR=LMC$ 的长期均衡点。即完全竞争市场中厂商的长期均衡条件是:

$$AR=MR=LMC=LAC=P \tag{5-1}$$

五、对完全竞争市场的评价

在完全竞争条件下,价格可以充分发挥其"看不见的手"的作用,调节整个经济的运行,使整个经济资源流向能够更好发挥资源效用的行业,在整个社会资源稀缺的前提下达到资源的有效流动。同时完全竞争市场上的供给与需求相等,避免了资源的浪费;并且使厂商在长期均衡时所达到的平均成本处于最低点,平均成本最低决定了产品的价格也是最低的,这对消费者是有利的。

完全竞争市场也有其缺点:第一,产品无差别,消费者的多种需求无法得到满足。第二,完全竞争市场上生产者的规模都很小,他们没有能力去实现重大的科学技术突破,从而不利于技术发展。第三,在实际中完全竞争的情况是很少的,而且,一般来说,竞争最终也必然引起垄断。

尽管完全竞争市场在现实经济生活中几乎是不存在的,但是,研究完全竞争市场类型仍有其积极的意义。分析研究完全竞争市场,有利于建立完全竞争市场类型的一般理论,当人们熟悉掌握了完全竞争市场类型的理论及其特征以后,就可以用其指导自己的市场决策。

第三节　完全垄断市场

▶【案例 5-2】

他们的薪资为什么这么高呢?

近来,行业收入差距,特别是某些垄断行业收入偏高的现象引起不少人关注。

国家有关部门的统计显示,目前我国行业间收入差距较大,特别是某些垄断行业员工工资过高、增长过快的问题比较突出。其中电力、电信、金融、保险、水电气供应、烟草等行业职工的平均工资是其他行业职工平均工资的 2—3 倍,如果再加上工资外收入和职工福利待遇上的差异,差距更大。他们的薪资为什么这么高呢?

一、完全垄断市场

完全垄断又称独占、卖方垄断或纯粹垄断,与完全竞争市场结构相反,完全垄断市场是指一家厂商控制了某种产品全部供给的市场结构。在完全垄断市场上,具有以下特征:

(1)厂商数目唯一,一家厂商控制了某种产品的全部供给。完全垄断市场上垄断企业排斥其他竞争对手,独自控制了一个行业的供给。由于整个行业仅存在唯一的供给者,企业就是行业。

(2)完全垄断企业是市场价格的制定者。由于垄断企业控制了整个行业的供给,也就控制了整个行业的价格,成为价格制定者。完全垄断企业可以有两种经营决策:以较高价格出售较少产量,或以较低价格出售较多产量。

(3)完全垄断企业的产品不存在任何相近的替代品。否则,其他企业可以生产替代品来代替垄断企业的产品,完全垄断企业就不可能成为市场上唯一的供给者。因此消费者无其他选择。

(4)其他任何厂商进入该行业都极为困难或不可能。完全垄断市场上存在进入障碍.其他厂商难以参与生产。垄断厂商之所以能够成为某种产品的唯一供给者,是由于该厂商控制了这种产品的供给,使其他厂商不能进入该市场并生产同种产品。导致垄断的原因一般来自于原料资源的独家控制、政府特许权、规模经济的要求等几方面原因。

这样的市场在现实生活中非常少见,在我国邮政、铁路、电力等行业都属于完全垄断行业。

二、垄断市场的需求曲线、平均收益与边际收益

在完全垄断市场,整个行业只有垄断者这一个卖者,厂商需求曲线就是行业需求曲线。

但完全垄断厂商不同于完全竞争厂商的重要区别是完全垄断厂商能影响其产品价格,如果垄断者降低价格,需求量就会增加,也可以通过减少供给量来提高价格。如图 5-4 所示,完全垄断厂商的需求曲线是向右下方倾斜的。平均收益就是总收益除以销售量的商,也就是价格。在任何市场类型中,平均收益一定等于价格。在完全垄断市场,平均收益曲线和需求曲线是完全重合的。

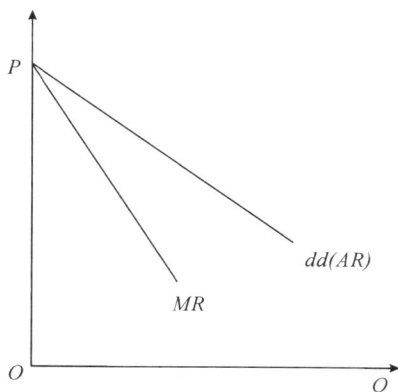

图 5-4　完全垄断厂商的需求曲线、平均收益曲线与边际收益曲线

完全垄断市场中,由于厂商的需求曲线向右下方倾斜,厂商要多销售一单位产品,就必须降低价格。每多销售一单位产品所带来的总收益的增加量总是小于产品单价,即边际收益小于平均收益。因此完全垄断市场中边际收益曲线也向右下方倾斜位于平均收益曲线的下方。

三、垄断市场上的短期均衡

在短期内,厂商的各种固定生产要素无法调整,只能通过供给量和价格的调整来实现利润最大或亏损最小。在完全垄断市场中,垄断厂商同样遵循利润最大化原则 $MR=MC$ 来决定产品价格或供给量。

(一)获超额利润的情形

在图 5-5(a)中,短期均衡点为 E,均衡产量为 OM,均衡价格为 OB,平均成本为 OA,总收益等于均衡产量乘以价格($TC=OM \times OB$),即相当于图中长方形 $BOMG$ 的面积;总成本等于均衡产量乘以平均成本($TR=OM \times OA$),即相当于图中长方形 $AOMF$ 的面积。总收益大于总成本,厂商可获得超额利润,超额利润的大小即为图中长方形 $BAFG$ 的面积。

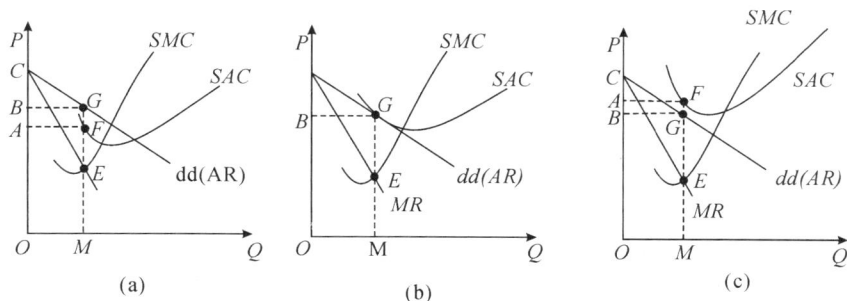

图 5-5　完全垄断厂商的短期均衡

（二）获正常利润的情形

在图 5-5（b）中，短期均衡点为 E，均衡产量为 OM，在该产量上，平均成本曲线相切于需求曲线，此时的平均成本与价格恰好相等，总收益与总成本大小相当，都相当于图中长方形 $BOMG$ 的面积，厂商在此点处于盈亏平衡状态，既不亏损也没有超额利润。

（三）亏损的情形

在短期内垄断厂商也有可能会亏损，在图 5-5（c）中，根据利润最大化原则确定的均衡点为 E 点，均衡产量为 OM，平均成本为 OA，总收益等于均衡产量乘以价格（$TC=OM×OB$），即相当于图中长方形 $BOMG$ 的面积；总成本等于均衡产量乘以平均成本（$TR=OM×OA$），即相当于图中长方形 $AOMF$ 的面积。总收益小于总成本，厂商处于亏损状态，亏损额的大小为图中长方形 $ABGF$ 的面积。

综上所述，完全垄断厂商的短期均衡条件是：

$$MR=SMC \tag{5-2}$$

在完全垄断市场，虽然只有一个厂商，但也可能面临生产成本过高和市场需求过小的问题。因此垄断厂商在短期内并不能保证获得超额利润，也有可能处于盈亏平衡的状态或亏损状态。当厂商处于亏损状态时，是选择停产还是继续营业，取决于价格与平均可变成本的关系。当 $AVC<P<SAC$ 时，意味着继续生产所获得的收益不仅可以补偿因为生产而发生的全部变动成本，剩余部分还可以补偿部分固定成本。所以当市场价格小于平均成本但是大于平均变动成本时，应该继续生产。当 $P<AVC$ 时，继续生产所获得的收益连因为生产而发生的变动成本都无法补偿。所以当市场价格不仅小于平均成本，而且小于平均变动成本时，应该停止生产。

四、垄断市场上的长期均衡

长期中，厂商为实现利润最大化，可以调整所有生产要素的投入。如果厂商在短期内是亏损的，在长期中，厂商可以通过调整生产规模来争取利润，如果在长期中也不存在一个使他盈利的生产规模，则该厂商会退出该行业；但如果长期中存在一个这样的生产规模，垄断厂商可以获得利润，那么无论短期中是盈利还是亏损，厂商都会留在这个行业，通过生产规模的调整，获得比短期更大的利润。

完全竞争市场中，厂商无法长期获得超额利润，原因是在超额利润的吸引下会不断地有其他厂商进入市场，增加市场供给，引起价格下降. 最终超额利润消失。但完全垄断市场不同，市场上只有一个厂商，短期内获得的利润长期内仍然可以保持，而且垄断厂商还通过不断调整生产规模，降低长期平均成本，获得可能的最大利润。图 5-6 表示了这一调整过程。

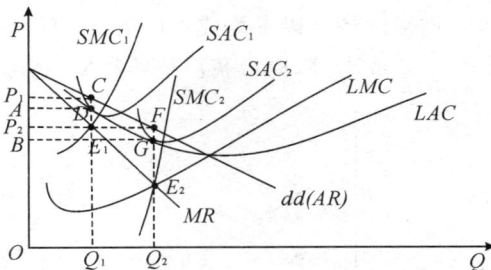

图 5-6　完全垄断厂商的长期均衡

SAC_1、SMC_1 和 SAC_2、SMC_2 分别代表垄断厂商短期的两个生产规模，LAC 和 LMC 分别代表垄断厂商的长期平均成本和长期边际成本。短期内，垄断厂商根据利润最大化原则 $MR=SMC_1$ 在 E_1 处达到均衡，均衡产量和价格

分别为 Q_1 和 P_1，超额利润为长方形 P_1ADC 的面积。此时，生产规模较小，平均成本较高，为获取更多利润，厂商必然扩大生产规模，在 E_2 处达到新的均衡，降低平均成本到 B 点，此时短期边际成本等于长期边际成本等于边际收益，超额利润为长方形 P_2BGF 的面积，显然垄断厂商获得了更大的利润。

综上所述，完全垄断厂商的长期均衡条件是：

$$MR = LMC = SMC$$

（5-3）

五、垄断企业的定价策略

与完全竞争市场所有商品按同一市场价格销售不同，完全垄断厂商是市场价格的制定者，可以根据市场情况选取不同的定价策略确定市场价格。

（一）价格歧视

价格歧视是指同样的商品向不同的消费者收取不同的价格，并且此时的价格差异并不是由于生产厂商成本不同所造成的。歧视定价可以实现更大的利润，其基本原则是对需求富有弹性的消费者收取低价，而对需求缺乏弹性的消费者收取高价。比如服装市场，一些规模比较小的店铺（非统一定价）对同一件衣服就会根据消费者不同而收取不同的价格。

一般根据价格差别的程度把价格歧视分为三种类型。

1. 一级价格歧视

一级价格歧视，又称完全价格歧视，即每一单位产品都有不同的价格。垄断厂商根据每个消费者愿意支付的最高价格来制定产品价格。一般二手市场上常见这种情况。

2. 二级价格歧视

二级价格歧视，即垄断企业根据不同购买量确定不同的价格。很多厂商为鼓励消费者购买，经常采取第一件原价，第二件半价的促销策略来刺激消费。

3. 三级价格歧视

三级价格歧视，即垄断企业对不同市场的不同消费者实行不同的价格。例如天然气，工业用和居民用就收取不同的价格，居民用是 2.4 元/立方米，非居民类是 3.6 元/立方米。

（二）双重收费

双重收费又称两部收费，是与价格歧视有关但不完全等同于价格歧视的一种定价策略，其目的也是为了攫取消费者剩余。在双重收费中，垄断厂商要求消费者先付费以获得一种商品的购买权，然后再要求消费者为他们所希望消费的每一单位该商品支付额外的费用。当厂商只面临一类消费者时，实行双重收费等同于一级价格歧视。日常生活中实行双重收费的例子很多，如出租车的起步价和所走路程的价格，手机的月租费和话费等。

（三）捆绑销售

捆绑销售是指厂商要求客户购买其某种产品的同时也必须购买他的另一种产品。在顾客偏好存在差异而厂商又无法实施价格歧视的条件下使用这一决策，可以增加厂商的利润。

六、对完全垄断市场的评价

对完全垄断一般认为是有害的。因为在垄断企业里，往往用较少的追加资源可以生产出较高价值的产品，从社会资源合理分配的角度看，说明企业的产量不是最优，生产效率不高,存在生产资源的浪费;垄断厂商实行价格歧视,即价格差别,消费者所付的价格高,就是消费者剩余减少,这种减少是社会福利的损失。

少数垄断资本家能保持垄断利润,是以全社会消费者收益的减少为代价的,所以是对消费者的剥削;同时,垄断也容易引起腐败,妨碍社会进步。在大多数情况下,垄断会扼杀竞争。

因此,在大多数西方国家,政府都对垄断企业进行管制。如对垄断企业征税,目的是把厂商的超额(垄断)利润抽走,使分配公平;对市场结构进行控制,尽量增加市场的竞争性,减少垄断性;政府对垄断企业的价格直接进行控制,以减少超额利润,促使产量增加。

但也有经济学家认为,垄断也有其有利的一面。首先,在一些行业可以实现规模经济;其次,垄断企业可以以自己雄厚的资金与人才实力实现重大的技术突破,有利于技术进步;最后,垄断企业尽管在一国内是垄断的,有效率损失,但在国际上有竞争力,有利于一国世界竞争力的提高。

第四节 垄断竞争市场

▶【案例 5-3】

现实中,采用广告方式,开拓市场,与对方展开竞争的例子比比皆是。我们每天都能在报纸、杂志、电视、因特网、大街小巷、商场门口看到各式各样的广告。而做广告的几乎都是垄断竞争市场中有差别的产品,如洗发水、饮料、保健品、药品等。好的广告总是给人们留下深刻的印象,甚至立即产生购买的欲望。下面就是两则成功的广告。

广告一:一天,在澳大利亚某城市,突然从天上落下很多手表。人们大为惊讶。纷纷走上前去,拾起来一看,手表还在滴滴答答地走动。与当地时间一对,居然完全一致。原来,这是日本西铁城手表厂商做的一次广告,澳大利亚人深为西铁城手表的高质量、高精确度所折服。从此,西铁城手表迅速在澳大利亚打开销路。

广告二:1989 年 1 月,日本裕仁天皇逝世,皇太子明仁继位,改年号为"平成"。一家酒商灵机一动,于明仁继位的第二天推出"平成酒"。日本人一见酒名,立即产生了浓厚兴趣。加之该酒限量 1008 瓶,更煽动了消费者的购买欲。尽管酒价昂贵,每瓶 2500 多日元,但是买者踊跃,一上市就抢购一空。其实,该酒原名"多满多漫",是用米酿成,十分寻常。名称一变,立刻身价百倍。

在商品琳琅满目的情况下,厂商通过广告向消费者提供与自己的商品有关的信息,如价格、性能、出售地点等,使消费者扩大了选择的范围,节省了搜寻的成本;同时也使自身开拓了市场,增加了潜在的需求者;从整个社会来说,广告的存在,使垄断竞争市场更接近完全竞争市场"信息充分"的要求,从而市场运行的效率提高了。思考一下:为何日化用品市场需要广告打开市场。

一、垄断竞争市场

在现实社会中,完全竞争市场和完全垄断市场是极为罕见的,比较常见的是介于两者之间的、既有垄断又有竞争的混合体——垄断竞争市场和寡头垄断市场，又被称为不完全竞争市场。垄断竞争更接近于完全竞争市场，而寡头垄断更接近于完全垄断市场。所谓垄断竞争市场，是指在一个市场中有许多厂商生产和销售相近又有差别的商品。垄断竞争是一种介于完全竞争和完全垄断之间的市场组织形式，在这种市场中，既存在着激烈的竞争，又具有垄断的因素。比如现在的手机市场就属于垄断竞争市场。作为垄断竞争的市场应具有如下基本特征：

（1）市场中存在着较多数目的厂商，彼此之间存在着较为激烈的竞争。由于每个厂商都认为自己的产量在整个市场中只占有一个很小的比例，因而厂商会认为自己改变产量和价格，不会招致其竞争对手们相应行动的报复。

（2）厂商所生产的产品是有差别的。产品差别是指同一产品在价格、外观、性能、质量、构造、颜色、包装、形象、品牌、服务和商标广告等方面的差别，以及以消费者想象为基础的虚幻的差别。由于存在着这些差别，使得产品成了带有自身特点的"唯一"产品，也使得消费者有了选择的必然，使得厂商对自己独特产品的生产销售量和价格具有控制力，即具有了一定的垄断能力，而垄断能力的大小则取决于它的产品区别于其他厂商的程度。产品差别程度越大，垄断程度越高。

（3）厂商进入或退出该行业都比较容易。垄断竞争市场是常见的一种市场结构，如肥皂、洗发水、毛巾、服装、布匹等日用品市场，餐馆、旅馆、商店等服务业市场，牛奶、火腿等食品类市场，书籍、药品等市场大部分属于此类。

二、垄断竞争市场的需求曲线、平均收益与边际收益

由于垄断竞争厂商生产的是有差别的产品，因而对该产品都具有一定的垄断能力，和完全竞争的厂商只是被动地接受市场的价格不同，垄断竞争厂商对价格有一定的影响力。比如，厂商如果将它的产品的价格提高一定的数额，则习惯于消费该物品的消费者可能不会放弃该物品的消费，该产品的需求不会大幅度下降。但若厂商大幅度提价的话，由于存在着大量的替代品，消费者就可能舍弃这种偏好，转而购买该商品的替代品。因此，垄断竞争厂商所面临的需求曲线相对于完全竞争厂商而言要更陡一些，而相对于垄断厂商来讲需求曲线要更缓，即更富有弹性。

由于厂商的平均收益总是等于该销售量的价格，因此平均收益曲线就是厂商的需求曲线。需求曲线向右下方倾斜，则平均收益曲线也是向右下方倾斜的，且两线重合。平均收益递减，则边际收益必定也是递减的，并且小于平均收益。所以与垄断厂商类似，垄断竞争厂商的边际收益曲线也是位于平均收益曲线之下且较平均收益曲线更为陡峭。

三、垄断竞争市场的短期均衡

短期内，垄断竞争厂商同样遵循利润最大化原则 $MR=MC$ 来确定均衡产量和价格。处于垄断竞争市场中的厂商，在短期内可能有正利润、零利润和负利润。

在短期内，厂商的各种固定生产要素无法调整，只能通过供给量和价格的调整来实现利润最大或亏损最小。在完全垄断市场中，垄断厂商同样遵循利润最大化原则 $MR=MC$ 来决定产品价格或供给量。

(一)获得超额利润的情形

在图 5-7(a)中,短期均衡点为 E,均衡价格为 OB,平均成本为 OA,总收益大于总成本,厂商可获得超额利润,超额利润的大小即为图中长方形 BAFG 的面积。

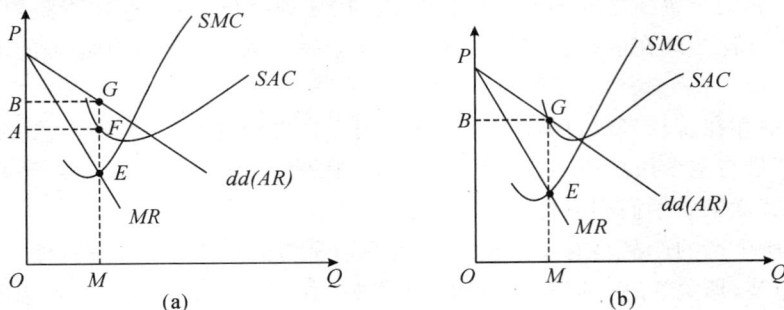

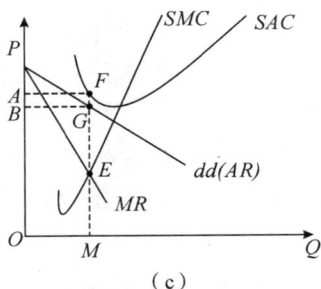

图 5-7　垄断竞争厂商的短期均衡

(二)仅获得正常利润的情形

在图 5-7(b)中,短期均衡点为 E,此时均衡价格等于平均成本,总收益与总成本大小相当,厂商在此点处于盈亏平衡状态。

综上所述,完全垄断厂商的短期均衡条件是:

$$MR = SMC$$

(三)亏损的情况

在图 5-7(c)中,根据利润最大化原则确定的均衡点为 E 点,平均成本为 OA,均衡价格为 OB,总收益小于总成本,厂商处于亏损状态,亏损额的大小为图中长方形 ABGF 的面积。

可以得出垄断竞争厂商的短期均衡条件为:

$$MR = SMC$$

四、垄断竞争厂商的长期均衡

垄断竞争厂商在短期中可能获得超额利润,也可能亏损。但在长期中,短期亏损的厂商格调整生产规模,消灭亏损,如果不能找到这样一个生产规模,厂商会退出市场。如果厂商在长期内能获得超额利润,集团外厂商会进入市场,场内厂商也会扩大供给数量,引起价格下降,原有的超额利润消失。一方面没有超额利润的吸引,不再有新厂商进入;另一方面,场内厂商虽然不能获得超额利润,但是有正常利润,也不会退出市场,达到长期均衡。

在图 5-8 中,根据利润最大化原则确定的长期均衡点为 G,均衡产量为 OM,均衡价格为

OA，由于在该产量上，LAC 曲线与需求曲线相切，均衡价格与平均成本相等，厂商不亏不嫌，只能获得正常利润。

可以得出垄断竞争厂商的长期均衡条件为：

$$MR = LMC$$
$$AR = LAC = P$$

五、垄断竞争市场上的非价格竞争

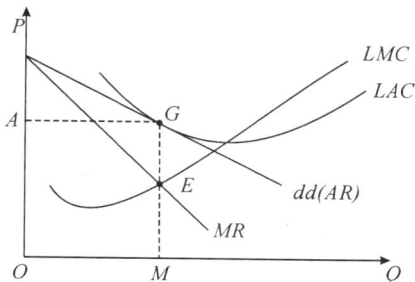

图 5-8　垄断竞争厂商的长期均衡

垄断竞争厂商生产的产品或多或少存在相互替代的关系，但是它们之间存在差异，并非完全可替代的。产品差异化是垄断竞争市场上常见的一种现象，垄断竞争厂商的产品差异化包括产品本身的差异和人为的差异，后者包括了方位的差异、服务的差异、包装的差异、营销手法的差异等等，企业往往希望通过产品差异化来刺激产品的需求。企业的产品差异竞争一般通过产品、服务和品牌三个方面来体现。

企业的上述思路又被认为是通过非价格手段进行竞争。这种竞争也会引起对方的反应，但此时的反应比起价格竞争引起的反应要慢得多。这是因为非价格因素的变化，一般不易被对方所发觉，即使对方发觉之后，到有所反应也要有一个过程（如设计新产品、训练推销人员需要时间）。非价格竞争的效果集中到一点就是改善消费者对本企业产品的看法，使本企业的产品在消费者头脑中与别的企业的产品区别开来。显然，一旦企业在竞争中取得了这种效果，对方要把顾客重新夺回去就不是很容易了，因为这需要把顾客对产品的看法再扭过来。

第五节　寡头垄断市场

【案例 5-4】

我国的移动通信业务现在是由中国移动（简称移动）、中国联通（简称联通）、中国电信（简称电信）三家国有控股公司垄断着，其中移动占有市场份额的一半以上，剩下的另一半由联通和电信主导，呈现出标准的三足鼎立的状态。这三家公司原本都是出自中国电信，后按不同的业务板块而几经分拆，春去秋来花开花落，占有移动通信业务先天优势的移动公司终于打下了自己的一片天地成为行业内无可争议的大哥，而联通公司则在移动公司的挤压下惨淡经营，电信因为 3G 网络在国内的开通也"多年的媳妇熬成婆"，用"小灵通"换取了最后一张 3G 牌照。

一、寡头垄断市场的特征

在现实生活中，我们还会看到这样一种市场，既不是只有一个厂商存在，也不是很多厂商竞争着，而是由少数几个厂商控制着某一行业，这种市场就是寡头垄断市场。寡头垄断市场又称寡头市场，指由少数几家大型厂商控制某种产品供给的大部分乃至整个市场的一种市场结构。寡头垄断是介于垄断竞争与垄断之间的一种市场结构。寡头厂商之间生产的产品可以是同质的,如我们在钢铁、水泥、石油、有色金属、塑料、橡胶等行业中所看到的那样;而在有些行业,产品则是有差别的,如汽车、飞机、家用电器、铁路运输、电信服务业等。一般而言,寡头垄断市场应具备以下特征:

(1)厂商数目屈指可数,厂商在一定程度上控制产品价格和绝大部分的市场份额。

(2)产品差别可有可无。寡头垄断厂商提供的产品可以是相同的,也可以是有差别的,由此分为无差别寡头垄断市场和有差别寡头垄断市场。

(3)存在进入的障碍,其他厂商无法顺利地进入该行业。一种可能性是这些寡头行业存在规模经济,使得大规模的生产占有强大的成本优势和产量优势,大企业不断发展壮大,而小企业则无法生存,最终形成少数几个厂商竞争的局面,有时寡头厂商之间相互勾结,构筑进入的壁垒,阻止其他厂商进入;寡头厂商为了减少其竞争压力,也会采用收购、兼并一些小企业等形式来减少厂商的数目。在有的行业,寡头市场的形成则直接由于政府的产业政策所致(厂商数目较稳定)。

(4)寡头垄断之间相互利害关系极为密切,双方均是反应后再决策。由于市场中厂商的数目较少,每个厂商在市场中都占有一个很大的份额,对市场都有举足轻重的影响力。一个厂商的价格和产量变动,不仅影响到它自己的市场份额和所得利润,而且会直接影响到其他厂商的市场份额和利润,因而厂商所做的价格—产量决策也很容易遭到其竞争对手的报复。所以,寡头厂商在做出决策的时候必须把其竞争对手可能采取的对策考虑进去,而竞争对手的可能对策又是难以推测的。因此,寡头垄断厂商的决策具有重要的不确定性。寡头厂商的价格—产量决策过程就是该寡头厂商与其他寡头厂商之间相互博弈的过程,价格的确定实际上是一个搜寻的过程。我们知道,完全竞争厂商是价格的被动接受者,而垄断厂商则是价格的主动制定者,但寡头厂商则只能是"价格搜寻者"。正是由于寡头厂商之间价格决策的不确定性,厂商之间往往尽力避免打"价格战"。在寡头行业中除价格竞争外,更经常进行的是非价格竞争,比如广告竞争、品牌竞争、服务竞争等。

二、卡特尔

这是寡头市场的厂商采取协议的形式。各寡头勾结起来共同协商定价,各寡头之间进行公开的勾结,组成卡特尔。但是,由于卡特尔各成员之间的矛盾,有时达成的协议也很难兑现,或引起卡特尔解体。

为什么会产生上述现象?因为在寡头垄断的市场上,由于相互之间的依存和牵制,单个厂商在采取行动之前,会估计、猜测其他厂商对这一行动的反应,而后决定是否付诸实施。也就是说,单个厂商的决策会因其他厂商的不同行为反应而改变,相互之间存在一种博弈关系。

下面我们用"囚犯困境"这个经典的博弈故事来说明。

假设有两个小偷A和B联合犯事,私人民宅被警察抓住,则A和B为局中人,此同属于双人博弈。警方将两人分别置于不同的两个房间内进行审讯,对每一个犯罪嫌疑人,警方给出的政策是:如果一个犯罪嫌疑人坦白了罪行,交出了赃物,于是证据确凿,两人都被判有罪。如果另一个犯罪嫌疑人也做了坦白,则两人各被判刑8年。如果另一个犯罪嫌疑人没有坦白而是抵赖,则以妨碍公务罪(因已有证据表明其有罪)再加刑两年,而坦白者有功被减刑8年,立即释放。如果两人都抵赖,则警方因证据不足不能判两人的偷窃罪,但可以私人民宅的罪名将两人各判入狱一年。他们每个人可以选择的行为有两种：交代或不交代。他们无法勾结（不能合作），各自选择的结果要取决于对方的选择。共有 4 种可能的决策，也有 4 种可能的结果。

图 5-9 中给出了这个博弈的支付矩阵。矩阵中左边是 B 的支付，右边是 A 的支付。

图 5-9　支付矩阵

我们来看看这个博弈可能的结果是什么。对 A 来说，尽管他不知道 B 做何选择，但他知道无论 B 选择什么，他选择"坦白"总是最优的。显然，根据对称性，B 也会选择"坦白"，结果是两人都被判刑 8 年。但是，倘若他们都选择"抵赖"，每人只被判刑 1 年。不难看出，A 和 B 都会按照坦白策略行事，博弈的最终结果是两个人都坦白，即每个人都被监禁 8 年。

但其实从支付矩阵（见图 5-9）也能看出，两人都选择抵赖才是对彼此都好的结果。但这种结果要求两人有足够的信任，或事先已经达成抵赖的协议。否则如果 A 相信 B 会遵守协议，一直抵赖，而 B 却选择了坦白，那么 A 就会陷入最糟糕的境地，监禁 10 年。同样的，如果 B 抵赖而 A 坦白，则 B 也会被监禁 10 年。因此只要是局中人以利己主义的原则行事，就不可能达成最好的结果。

正因如此，出于各自对于自身利益的考虑，卡特尔最后的结局往往是自动解体。例如 OPEC 于 1960 年 9 月由五个主要输出国（伊朗、伊拉克、科威特、沙特和委内瑞拉）设立。它的目的就是通过限制每个国家的石油输出量，达到提高石油价格的目的。但实际上，各成员国因为配额分配、提交幅度等不同而经常争吵。后来随着俄罗斯石油输出、英国北海石油开采，OPEC 对世界石油市场的影响逐步减弱。

三、不同市场的比较

前面我们研究了四种不同的市场结构：完全竞争、垄断竞争、寡头垄断、垄断。这四种市场结构具有不同的特点，不同市场结构中的厂商的价格决策、产量决策都不相同，其竞争策略和竞争程度也不一样，因而经济效率也就不同。下面仅对这四种市场结构做一简单比较。

（一）需求曲线

厂商所面临的需求曲线是厂商决策的基本依据之一，也是其市场的一个最基本的特征。完全竞争厂商只能被动地接受市场的价格，因而其需求曲线是水平的，也就是具有完全弹性。而对不完全竞争厂商来讲，他们往往都能够在一定程度上影响市场的价格，因而其需求曲线都是向右方下倾斜的，但斜率各不相同。一般来说，垄断程度越高，需求曲线的斜率（绝对值）就越大，所以垄断厂商的需求曲线最为陡峭，寡头垄断厂商次之，垄断竞争厂商更为平缓。

（二）经济效率

我们知道完全竞争厂商实现长期均衡时价格与长期平均成本的最低点相等，这时平均成本最低,并且均衡价格最低,均衡产量最高。垄断竞争厂商长期均衡时,和完全竞争一样经济利润为0,但均衡点却位于长期平均成本曲线最低点的左边,因而产量更低,平均成本更高;寡头垄断和垄断的情况则产量要更低,价格高出长期平均成本曲线的最低点更多。所以垄断程度越高,厂商的长期平均成本以及产品价格都更高,但产量却更低。平均成本高、产量低,说明厂商的生产是无效率的,价格高说明消费者要为此付出更高的代价。因而从全社会的角度看,垄断程度越高,效率越低。

(三)生产成本

完全竞争和垄断竞争行业都是小的厂商,因而缺乏规模经济,成本较高。寡头垄断厂商和垄断厂商往往是一些大企业,可以进行大规模的生产,因而能够获得规模经济,因此可以大大地降低成本和价格。在很多行业如钢铁、冶金、汽车、石油化工等都是如此,而在有的行业,引入竞争机制反而会造成社会资源的浪费或损害消费者利益,比如城市居民的取暖、邮政等。

(四)广告支出

完全竞争市场由于产品是无差别的,因而也无须做广告;而垄断竞争市场和寡头垄断市场的厂商则为了避免激烈的价格竞争,更多地采用非价格竞争的形式,广告竞争就是其中一种最常用的方式。广告的作用不过是加深其产品在消费者头脑中的印象,自己的市场扩大就是别的厂商市场的缩小,所以如果所有企业都全面减少这种广告,对总需求不会有影响,但如果某一个企业从广告战中撤出,就会遭受损失。所以从全社会的角度看,广告只是提高了企业的营运成本,从而提高了价格,所以对消费者是不利的。如果减少这种广告,节省出来的资源可以被用于生产其他产品,从而提高全社会的经济效率。

本章小结

完全竞争市场是指一种竞争不受任何阻碍和干扰的市场结构,在完全竞争市场上,短期均衡的条件是边际收益等于边际成本,长期均衡的条件是边际收益等于平均收益等于长期边际成本等于长期平均成本。

完全垄断市场是指整个行业的市场完全处于只有一家厂商控制的市场结构。完全垄断市场短期均衡的条件是边际收益等于边际成本。在长期中,垄断厂商可以通过调节产量和价格来实现利润最大化。这时,厂商均衡的条件是边际收益与长期边际成本和短期边际成本都相等。

垄断竞争市场是指一种既有垄断又有竞争,既不是完全竞争又不是完全垄断的市场结构。垄断竞争市场上的短期均衡就与完全垄断市场上的短期均衡完全相同,厂商在垄断竞争市场上实现了短期均衡时,也可能有超额利润、盈亏平衡或亏损。

寡头垄断市场是指少数几家大厂商垄断了某一行业的市场,控制了该行业的供给。

思考与练习

一、单项选择题

1. 根据完全竞争市场的条件,以下(　　　)最接近完全竞争市场。

A. 家电市场　　　　　B. 汽车市场　　　　　C. 服装市场　　　　　D. 玉米市场

2. 作为市场价格接受者的厂商是（　　　）。

A. 完全竞争厂商　　　B. 完全垄断厂商　　　C. 垄断竞争厂商　　　D. 寡头垄断厂商

3. 完全竞争厂商的短期均衡曲线应该是（　　　）。

A. SMC 曲线上超过停止营业点的部分

B. SMC 曲线上超过收支相抵点的部分

C. SMC 曲线上的停止营业点和超过停止营业点以上的部分

D. SMC 曲线上收支相抵点和超过收支相抵点以上的部分

4. 垄断竞争厂商所面对的需求曲线（　　　）。

A. 是平行于横轴的直线　　　　　　　　B. 是垂直于横轴的直线

C. 是向右下方倾斜的　　　　　　　　　D. 以上结论都正确

5. 垄断竞争市场形成的条件是（　　　）。

A. 产品有差别　　　　　　　　　　　B. 厂商数目极多

C. 厂商生产规模比较小　　　　　　　　D. 产品无差别

6. 经济学中产品的差别是指（　　　）。

A. 熊猫电视机与康佳电视机的区别　　　B. 电视机与收音机之间的差别

C. 产品品牌的差别　　　　　　　　　D. 产品质量的差别

7. 厂商之间关系最密切的市场是（　　　）。

A. 完全竞争市场　　　B. 寡头垄断市场　　　C. 垄断竞争市场　　　D. 完全垄断市场

8.（　　　）又称为差别定价,是指企业为了获取最大的利润,对同一产品规定的不同价格。

A. 价格歧视　　　　　　B. 批量作价　　　　C. 完全价格歧视　　　D. 三级价格歧视

9. 市场类型的划分标准是市场上的（　　　）。

A. 买者数量　　　　　　B. 卖者数量　　　　C. 产品差异度　　　　D. 竞争程度

10. 在完全竞争的条件下,如果某行业中的厂商的商品价格等于平均成本,那么（　　　）。

A. 新的厂商要进入这个行业

B. 原有厂商要退出该行业

C. 既没有厂商进入也没有厂商退出该行业

D. 既有厂商进入也有厂商退出该行业

二、多项选择题

1. 一个垄断竞争的市场结构,必须具备的条件是（　　　）。

A. 市场上有很多生产者和消费者

B. 行业中厂商生产的产品是有差别的

C. 进入市场的障碍较少

D. 行业中厂商生产的产品是无差别的

2. 按竞争与垄断的程度,我们将市场分为（　　　）。

A. 完全垄断市场　　　　　　　　　　　B. 垄断竞争市场

C. 寡头垄断市场　　　　　　　　　　　D. 完全竞争市场

3. 价格歧视分为（　　　）。

A. 一级价格歧视　　　　　　　　　　　B. 二级价格歧视

C. 三级价格歧视　　　　　　　　　　D. 四级价格歧视

4. 市场不能提供纯粹的公共物品是因为(　　)。

A. 公共物品不具有竞争性　　　　　　B. 公共物品不具有排他性

C. 消费者都想"免费搭车"　　　　　　D. 市场不是万能的

5. 一般来说,垄断存在的缺点是(　　　)。

A. 缺乏效率　　　　　　　　　　　　B. 缺乏公平

C. 与完全竞争或垄断竞争相比,产品价格高,产量低

D. 不利于竞争

三、判断题

1. 在完全垄断市场上,一家厂商就是一个行业。　　　　　　　　　　　(　　)

2. 完全竞争条件下,厂商所面临的需求曲线是一条水平线。　　　　　　(　　)

3. 完全竞争市场一定比垄断更能保证生产资源的有效利用。　　　　　　(　　)

4. 在市场经济中,完全垄断是普遍存在的。　　　　　　　　　　　　　(　　)

5. 垄断行业由于有规模经济存在,可以比竞争行业产量更高,价格更低。(　　)

四、论述题

1. 一个生产小麦的农场主向他的工人发布了这样一则坏消息:"今年的小麦价格很低,我从今年的粮食中最多只能获得3.5万元毛收入。如果我付给你们与去年相同的工资(3万元),我就会亏本,因为我不得不考虑3个月以前已经为种子和化肥花了2万元。如果为了那些仅值3.5万元的粮食而让我花上5万元,那么我一定是疯了。如果你们愿意只拿去年一半的工资(1.5万元),我的总成本将为3.5万元(2万元+1.5万元),至少可以收支相抵。如果你们不同意降低工资,那么我也就不打算收割这些小麦了。"

于是,工人们围坐在一起以投票来决定是否同意降低工资。这时,有一位略懂一点经济学知识的工人很快进行了一番计算,然后,他肯定地说:"农场主在吓唬我们,即使我们不同意降低工资,他也会让我们为他收割小麦的。"想想为什么他会这样说?

2. 请同学们利用课余时间分组调查一下学校附近的农贸市场,判断其接近的市场结构,并总结该种市场结构的特点。

3. 王大爷刚过完他的60岁生日,这天,他带着孙女去看电影。他很高兴地发现他可以得到老年人的50%电影票折扣,但是他也很惊讶地发现,在他买爆米花时却必须付全价。王大爷的经历引起了两个关于厂商定价决策的问题:(1)对老年人实行折扣是慷慨之举,还是一种利润最大化手段? (2)如果对老年人的电影票实行折扣价是明智的,为什么爆米花的折扣就不明智呢?

电影票的老年人折扣价格并不是一种慷慨之举,而是为了增加利润设计的定价策略的一部分。老年人对电影愿意支付的价格往往比其他人低,因此电影院将消费者分为两个集团——老年人和其他人,并为老年人提供折扣。价格歧视通过向老年人提供折扣,增加了电影院的利润。而与电影票不同,爆米花可以很容易地被转卖。如果老年人可以以正常价格的一半购买到爆米花,那么很多年轻人就会请老年人替他们购买爆米花,这样以正常价格售出的爆米花的数量就会下降。从而,价格歧视就无利可图。

与折扣相似的,就是消费品生产商与零售商,如肯德基、麦当劳等快餐店,经常发行的一些商品优惠券。凭这类优惠券在购买产品时可以享受一定的优惠,比如,正常价格下买一个

汉堡包需付10元,凭优惠券却可以用8元的价格购买到同样的汉堡包。

请同学们想一想,生活中还有哪些歧视定价的事例?

4.一个小镇上只有一个理发师,他的理发成本是5元。他发现4个男性消费者的买方价值分别为18元、12元、10元和3元,而另外4个女性消费者的买方价值分别为20元、16元、14元和8元,但他不清楚男性和女性中某人的具体买方价值。如果价格低于或等于他们的买方价值,男性和女性消费者就会去理发,反之则不去。

理发师试图向不同类型的消费者征收不同的价格。为了实现利润最大化,向男性消费者和女性消费者应该分别征收(　　)、(　　)元的理发价格。

如果理发师针对不同类型的消费者都能实现利润最大化的价格,那么他从女性消费者那里获得的利润是(　　)元;从男性消费者那里获得的利润是(　　)元。

如果理发师必须向各种不同类型的消费者收取同样的价格,那么实现利润最大化的价格是(　　)元,总利润是(　　)元。

5.2000年我国几家生产彩电的大厂商合谋将彩电价格维持高位,他们搞了一个"彩电厂家价格自律联盟",并在深圳举行了由多家彩电厂商首脑参加的"彩电厂商自律联盟高峰会议"。当时,国家有关部门还未出台相关的反垄断法律,对于这种在发达国家明显属于违法行为的所谓"自律联盟",国家在法律上暂时还是无能为力的。寡头厂商在光天化日之下进行价格合谋,并且还通过媒体大肆炒作,这在发达国家是不可思议的。

但是,尽管政府当时无力制止这种事情,公众也不必担心彩电价格会上涨。这是因为,"彩电厂家价格自律联盟"只不过是一种"囚徒困境",彩电价格不会上涨。在高峰会议之后不到两周的时间,国内彩电价格不是上涨而是一路下跌。这是因为厂商们都有这样一种心态:无论其他厂商是否降价,我降价是有利于自己市场份额的扩大。

请问你还能在商场竞争中找到类似的事例吗?

6.打开电视时,经常看到的是化妆品、洗发水、洗衣粉等日化产品的广告,而从来没有看到过石油、煤炭、钢铁的广告,更没有看到过大米、白面、水、电的广告(不包括公益广告),为什么?

第六章　分配理论

▶ **学习目标**

1. 理解收入分配的原理
2. 熟悉工资、利息、地租和利润等理论内容
3. 掌握洛仑兹曲线与基尼系数的应用
4. 熟悉收入分配平等化政策的内容
5. 学会利用收入分配原理解释社会现象
6. 学会应用洛仑兹曲线与基尼系数

▶ **开篇案例**

在现实生活中,影视明星、歌星的年收入可达百万千万,而普通的工薪阶层年收入仅为万元或几十万元。你思考过社会的财富是如何分配的吗? 为什么有的人富可敌国,而有的人却一贫如洗? 人们的收入水平是如何决定的? 有什么可以解释这种收入的巨大差异?

分配理论要解决为谁生产的问题,即生产出来的产品按什么原则分配给社会各阶级。生产出来的产品如何在全社会进行分配,取决于社会成员的收入水平,而收入水平高低又决定于生产要素的贡献大小,生产要素的贡献大小又决定于生产要素的价格,因此,收入分配问题就是要解决生产要素的价格决定问题。

本章从生产要素的价格、需求与供给入手,然后介绍工资、利息、地租和利润理论,最后从社会的角度来研究收入分配问题。

第一节　收入分配的原理

一、生产要素概述

厂商均衡理论分析了产品市场的均衡价格及相应均衡产量的决定,回答了微观经济学生产什么、生产多少和如何生产的问题。

生产要素价格决定问题将分析要素市场上要素价格的决定,即国民收入如何决定的问题,也就是微观经济学所要回答的为谁生产的问题。

(一)生产要素

生产要素,指进行社会生产经营活动时所需要的各种社会资源,是维系国民经济运行及市场主体生产经营过程中所必须具备的基本因素。

生产要素包括劳动力、土地、资本、企业家才能四种,随着科技的发展和知识产权制度的建立,技术、信息也作为相对独立的要素投入生产。这些生产要素进行市场交换,形成各种各样的生产要素价格及其体系。

一般而言,生产要素至少包括人的要素、物的要素及其结合因素,劳动者和生产资料之所以是物质资料生产的最基本要素,是因为不论生产的社会形式如何,它们始终是生产不可缺少的要素,前者是生产的人身条件,后者是生产的物质条件。在生产过程中,劳动者运用劳动资料进行劳动,使劳动对象发生预期的变化。生产过程结束时,劳动和劳动对象结合在一起,劳动物化了,对象被加工了,形成了适合人们需要的产品。如果整个过程从结果的角度加以考察,劳动资料和劳动对象表现为生产资料,劳动本身则表现为生产劳动。

由于生产条件及其结合方式的差异,社会分成了不同的经济结构和发展阶段。在社会经济发展的历史过程中,生产要素的内涵日益丰富,不断地有新的生产要素,例如,现代科学、技术、管理、信息、资源等进入生产过程,在现代化大生产中发挥各自的重大作用。生产要素的结构方式也将发生变化,而生产力越发达,这些因素的作用越大。

(二)生产要素的价格

生产要素的价格是指生产要素的使用费用或要素的报酬。例如,土地的地租,劳动的工资,资本的利息,管理的利润等。尽管生产要素也和普通产品一样要通过买卖关系才能实现其自身的价值,但是,两者在买卖结束后所起的作用是不一样的。对于产品来说,买主得到了产品以后就进入了该产品的最后消费环节,通过消费该产品实现其一定程度的满足。而购买生产要素的买主不是把生产要素用来消费的,而是要进一步投入生产过程中,并且生产要素在进入生产过程之前仅仅是可能的生产能力,只有在它们进入生产过程并按照一定比例结合起来,创造了产品和服务之后,才变为现实的生产能力,也就是说只有在这时生产要素才能体现出其价值来,此时生产要素的所有者才能获得相应的收入。

生产要素所有者的收入就是生产要素的价格。它们之间的关系如表 6-1 所示。因此,反过来也可以说,生产要素价格的决定问题就是要素所有者的收入分配问题。

表 6-1　生产要素与价格的对应关系

生产要素	生产要素的表现形式	要素所有者	要素价格
劳动	人的体力和脑力的支出	劳动者	工资
资本	货币资本	资本所有者	利息
土地	包括土地在内的一切自然资源	土地所有者	地租
企业家才能	组织管理能力	企业家	正常利润

(三)生产要素分配与收入分配

研究生产要素分配对收入分配的影响,应遵循马克思这一原理:"消费生产要素与收入分配资料的任何一种分配,都不过是生产条件本身分配的结果。"

以中国的城乡收入分配为例,城乡收入的差距与生产要素分配有着直接关系。

中国的城乡结构,从区域来讲,城市人口比农村人口少得多,却控制着全民所有制资源;农村人口比城市多,只控制部分土地所有制(因土地出售,绝大部分收入被城市拿走)的少量资源。这种生产要素的分配格局,必然导致城乡收入差距的扩大。首先,城市控制的生产要素多,质量好,居民与生产要素结合的机遇多,占有和使用生产要素的数量就大、质量就高,从而其收入自然就高;其次,城市居民享受着城市化所带来的好处,享受着国家提供的公共产品,而农民在付出巨大代价后,却得不到回报,是二等公民,享受不到城市居民同等待遇,这必然使城市和农村的生活水平差距扩大;最后,城乡最大的差距是知识水平上的差别,农民文化知识相对贫乏,这是农民的致命伤,它剥夺了农民就业和获取高收入的机遇。农村占有生产要素的匮乏,就使农民失去了发展权,就不能发家致富,增加收入,这是城乡收入差距扩大的根本原因。这一问题的形成,既不能怪罪效率优先,更不能用公平分配去解决,只能从生产要素分配入手,在使用生产要素上农民应与城市居民获得同等待遇,才有利于社会公平。

在市场经济条件下,分配的原则是按生产要素进行的,因而生产要素的分配就决定了收入分配。长期以来我们只强调劳动在价值创造和财富生产中的作用,而其他生产要素的作用及其对国民收入的分割则要么被忽视了,要么重视不够,因而一直只强调劳动参与收入分配的问题。而按生产要素分配,就是要在继续凸显劳动作用的同时,给资本、技术和管理等生产要素以足够的重视,使它们也合理合法地得到回报。

(四)生产要素市场与产品市场

在市场经济条件下,产品市场与生产要素市场是相互依存和相互制约的:厂商作为产品生产者需求要素而供给产品,与此相对应,生产要素的所有者则供给要素而需求产品。厂商在生产要素市场上买进要素时付出的价款形成要素所有者的收入,同时也构成产品的成本;生产要素的所有者出卖要素所取得的收入成为厂商出卖其产品的销售价款的源泉。它们之间的联系如图6-1所示。

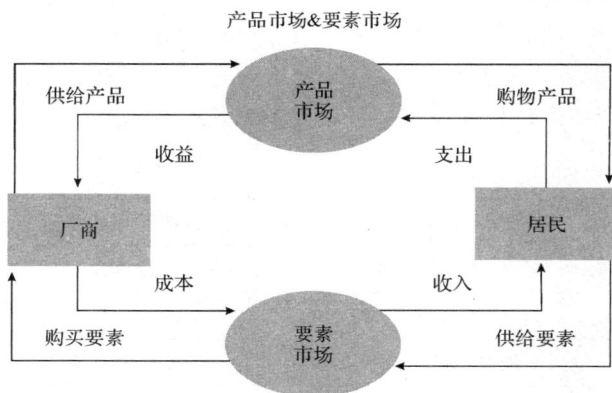

图6-1　产品市场与要素市场的联系

通过观察以上的产品市场与要素市场的联系,我们知道了居民的收入取决于要素市场中要素的价格,而要素价格取决于厂商产品的收益,厂商产品的收益又来自于居民的支出,因此,想要提高居民的生活水平,必须通过提高居民的收入来实现。

二、生产要素需求

生产要素的需求是指厂商在一定时期内,在每一个价格水平下愿意而且能够购买的生产要素数量。

企业对生产要素的需求是从消费者对消费品的需求引致或派生的,企业购买生产要素是为了生产产品以供应市场,是一种间接需求。消费者对消费品的需求则是一种直接需求,也就是为了直接满足自己的消费需求。

生产要素的需求也是一种联合需求,任何生产行为所需要的都不是一种生产要素,而是多种生产要素,各种生产要素是相互依存的。

(一)生产要素的需求曲线

对生产要素的需求取决于该要素的边际生产力。边际生产力是指在其他条件不变的情况下,追加的最后一个单位的生产要素所增加的产量或收益。企业在考虑生产要素的需求时主要以实现利润最大化为目的。

在不断增加的某种生产要素的各个单位中,任何一个生产要素单位提供的生产率都可以说是边际生产力。例如,如果厂商所增加的生产要素是五个,那么第五个要素单位的生产率便是该要素的边际生产力。

如果以实物来表示某要素的边际生产力,则可称为该要素的边际实物产量或边际物质产品,记作 MPP。如果以收益来表示某要素的边际生产力,则可称作该要素的边际收益产量或边际收益产品,记作 MRP。边际收益产量考虑了价格因素,是用货币单位来表示的边际实物产量,因此

$$MRP = MPP \times MR \tag{6-1}$$

式中,MR 表示边际收益。

如果使用两种生产要素生产出一定的产品,那么,一种生产要素的数量固定不变,而继续追加另一生产要素,每追加一单位生产要素的生产力将会递减,这就是边际生产力递减规律,也称为边际收益递减规律。

根据边际生产力递减规律,假定只有一种可变要素,那么,随着可变要素的不断增加,其边际生产力最初上升,而超过某一点后,开始下降。以劳动作为可变要素为例,劳动投入量和劳动的边际生产力之间的关系,如图6-2所示。横轴代表要素的投入量,纵轴代表要素的边际生产力。

同样地,假定资本是可变要素,资本的边际生产力最初上升,达到某一点后,出现下降,这也是边际收益递减

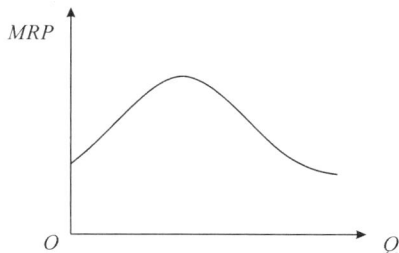

图 6-2　要素的边际生产力曲线

规律作用的结果。边际生产力递减规律只不过是边际收益递减规律的表现形式。

由于边际收益递减规律的存在,生产要素的边际收益曲线是一条向右下方倾斜的曲线,这条曲线也就是生产要素的需求曲线,如图 6-3 所示。横轴代表生产要素的需求量,纵轴代表生产要素的价格,MRP 曲线是生产要素的边际收益产品曲线,也是生产要素的需求曲线。

我们也可以用生产要素需求与价格之间的关系来解释生产要素的需求曲线的变化。一般而言,一种生产要素价格越高,其需求量也就越少,因此,生产要素的需求曲线同任何商品的需求曲线一样,向右下方倾斜,当其价格上涨时,需求减少,反之,需求增加。

（二）生产要素需求的特点

（1）生产要素的需求属于引致需求。

（2）生产要素的需求，不是对生产要素本身的需求，而是对生产要素的使用的需求。

（3）生产要素的需求来自于生产者——企业。

（4）企业对生产要素需求的目的，是用于生产产品，希望从中间接地获取收益。

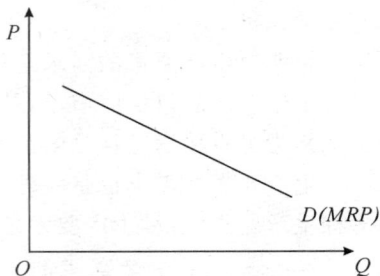

图 6-3　生产要素的需求曲线

（三）影响生产要素需求的因素

生产者对于一种生产要素需求的大小，取决于以下几个因素：

1. 市场对产品的需求及产品本身的价格

一般情况下，如果市场对某种产品的需求越大，往往该产品的价格越高，厂商获得的利润就越多，从而厂商对生产这种产品所使用的各种生产要素的需求也就越大，反之亦然。

2. 生产要素密集类型

如果厂商的生产是资本密集型的，则对资本的需求大；如果是劳动密集型的，则对劳动的需求大。

3. 生产要素的需求弹性

生产要素需求的弹性，取决于使用该生产要素生产的商品的需求弹性。商品需求越富有弹性，该生产要素的需求弹性就越大。因为当商品需求富有弹性时，商品的需求量变动比率大于商品价格变动的比率。只要商品价格降低，商品需求量就有较大比例的增加，生产这种商品的生产要素的需求量，也随着商品的增加而同比例增加。

4. 生产要素的替代性

某种生产要素替代品的价格越低，质量越好，则替代品的需求弹性就越大，该生产要素的需求量就会大量减少。例如，厂商在生产某种产品时既可使用机器设备，也可以更多地使用劳动。对于机械设备来说，如果劳动工资水平较低，而且劳动者的技术水平又高的话，生产中就会以劳动替代机械设备进行生产，从而增加对劳动的需求。

（四）生产要素需求和需求量的变化

（1）要素需求的变化，是指要素需求量不是随要素本身价格的改变而改变，而是随着要素本身价格以外的因素变动而变动。它使整条要素需求曲线的位置左右移动。

（2）要素需求量的变化，是指其他情况不变的条件下，要素本身的价格的改变所引起的要素需求量的改变，即在同一条要素需求曲线上点的移动。

三、生产要素供给

生产要素供给是指拥有生产要素如劳动、土地、资本的所有者为从企业那里取得收入而将自己拥有的生产要素出售给企业。劳动的所有者向企业出售劳动的使用权以获取工资，土地的所有者向企业出售土地的使用权以获取地租，资本的所有者向企业出售资本的使用权以获取利息。

就要素的供给来看，它不是来自厂商，而是来自个人或家庭。个人或家庭在消费理论中是消费者,而在生产要素价格理论中是生产要素所有者,他们向企业提供各种生产要素。

（一）生产要素的供给曲线

一般而言,一种生产要素价格越高,其供给量也就越大,因此,生产要素的供给曲线同任何商品的供给曲线一样,向右上方倾斜,当其价格上涨时,供给增加,反之供给减少。如图 6-4 中曲线 S 为生产要素的供给曲线。横轴 OL 表示企业对生产要素的供给量,纵轴 OW 表示生产要素的价格。

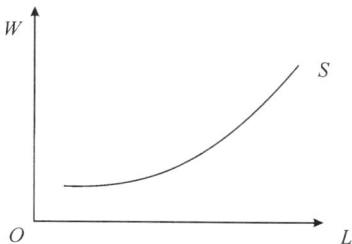

（二）生产要素供给的特性

1.要素供给只提供其使用特性,而不是要素本身

生产要素可供厂商使用,但不像产品生产者那样把产品卖掉。当土地、机器设备用于买卖时,它们被看作是产品而非生产要素。因此,在要素市场上分析的要素价格和要素数量,是指生产要素的使用价格和数量,而不是要素的出售价格和数量。要素的使用价格被称作服务价格,要素的出售价格被叫作源泉价格。例如,厂商投资于土地建厂,不论是用买的或租来的,从生产者行为的观点看,主要是考虑土地的使用价格（租金）而不是其买卖价格。但劳动的供给有其特殊性:工人在生产过程中提供劳动能力,而不是工人本身,劳动的使用价格就是劳动服务价格,工人本身是不能作为买卖对象的。

2.各种生产要素有不同的流动性

有些生产要素,包括劳动资源和自然资源,有总量固定的特性。土地就是最明显的例子。土地泛指所有自然资源,包括土壤、矿藏、森林、河川、海洋等,它们的供给总量是固定的,在短期内很少有变动的可能。但这并不意味着各行业所面对的土地资源供给量是固定的,相反,其供给弹性可能非常大。如一块土地既可以种麦,也可以种蔬菜或葡萄等,这取决于它们的相对价格;劳动资源总量受到人口的限制,人们对各种行业的劳动供给,在短期可能改变的幅度不大,尤其是那些有特殊技术、专门化的劳动供给,在短期内很难随工资率的上升而增加,供给弹性几近于零。而那些非技术性、非专门化的劳动供给在短期内会随着工资率的上升而增加。时间越长,各行业的劳动供给弹性也越大,因为只要有足够的时间,转业和改行都可以通过教育与培训来实现。资本供给量在短期内是固定的,在长期中流动性非常大,超过了劳动与土地。因此,一般说来,各种资源在短期中的供给总量是固定的,但长期中要素的供给量完全受相对价格所左右,供给量随着要素价格的上升而增加。

（三）影响生产要素供给的因素

1.市场对产品的需求及产品的价格

如果市场对产品的需求量大,厂商要扩大生产规模,生产要素的供给会增加;反之,市场对产品的需求量小,厂商就要缩小生产规模,生产要素的供给就会减少。如果产品的价格高,厂商要扩大生产规模,生产要素的供给就会增加;如果产品的价格低,厂商就要缩小生产规模,生产要素的供给就会减少。

2.生产要素的价格

生产要素本身的价格,与供给定理一致。生产要素价格与其供给呈同方向变动。生产要素价格上升,则生产要素的供给增加;生产要素价格下降,则其供给减少。

图 6-4　生产要素的供给曲线

3.经济人口的规模与结构

人口规模大,劳动力数量多,劳动力质量高,则劳动这种生产要素的供给就充分;反之,人口规模小,劳动力数量少,则其供给短缺。至于人口结构方面,如果是年轻型人口,则劳动供给充分;如果属于老年型人口,则劳动供给短缺。

4.居民的收入和生活水平

居民的收入和生活水平高,则会增加其对资本和自然资源的占有,而使生产要素供给增加;反之,则减少生产要素的供给。这是指一般的情形,劳动的实际供给可能很复杂。例如,在收入水平很高时,工资上涨也没有引起劳动供给的增加,甚至相反,即劳动供给减少。欧洲发达国家就出现过这种情形。

5.生产要素的稀缺性及替代程度

生产要素缺乏,必然使其供给减少;反之,则会增加生产要素的供给。生产要素的替代程度高,则会增加其供给;反之,则要减少生产要素的供给。

四、生产要素价格的均衡

要素市场价格由供求共同决定。要素的市场价格与其他商品价格一样,也由其需求和供给两个方面来决定,只是对要素的需求来自厂商,而要素的供给来自居民,且对要素的需求和要素的供给具有不同于一般商品的需求和供给的特点,不同的要素其供给曲线也不同,因此决定了不同要素均衡价格决定上的不同特点。

第二节 要素价格决定理论

要素价格决定理论是分配理论的重要组成部分,但不构成全部内容。分配理论还包括了各生产要素收入在国民收入中所占的比例,即收入分配差异或平等程度及其原因的研究,国家对收入分配与再分配的调节等内容。

生产要素的价格构成厂商生产的成本,同时也构成生产要素所有者的收入,所以要素的价格决定也是国民收入在要素所有者之间的分配问题,因此,要素的价格决定实际是经济学分配理论的一个重要组成部分。

一、工资决定理论

工资是劳动者提供劳务所得到的报酬,也就是劳动这种生产要素的价格,这个价格取决于劳动的需求与供给。

(一)劳动与闲暇

每个劳动者每天只有 24 个小时,这是一个客观的约束,而且每个劳动者不可能 24 小时都用来工作,他们都需要休息的时间。为了方便起见,我们统一假设每个劳动者的工作时间是 8 个小时,这样每个劳动者每天可自由支配的时间就是 16 个小时。我们把每个劳动者的可供支配的 16 个小时划分为劳动时间和闲暇时间。如果劳动时间增加了,其收入自然就会提高,进而可以通过消费提高自身效用。但是,劳动时间增加了,闲暇时间就会减少,而闲暇本身也是可以给消费者带来效用。例如,我们可以利用闲暇时间和家人一起享受休闲时光,这些行为本身都是可以带来效用的，但是，闲暇时间增加了，劳动时间就会减少，也就意味着收入的下降。所以，劳动者的劳动供给问题就是如何把这 16 个小时可以自由支配的时间在劳动时间和闲暇时间两种用途上进行分配，以实现自身效用的最大化。

（二）劳动需求曲线

劳动需求曲线是一条向右下方倾斜的曲线，表明劳动的需求量与工资呈反方向变动，如图 6-5 中的曲线 D 所示。图中 L 表示劳动的数量，W 表示工资水平。劳动的需求曲线向右下方倾斜是由劳动的边际生产力递减规律决定的。

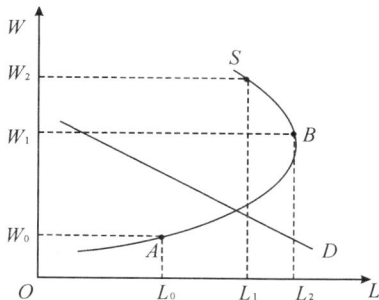

图 6-5　劳动的需求曲线与供给曲线

（三）劳动供给曲线

如图 6-4 曲线 S 所示，劳动供给曲线是一条向后弯曲的曲线，也就是说最初随着工资水平的上升，劳动的供给增加，如图供给曲线的 AB 弧段，工资从 W_0 上升到 W_1 时，劳动供给量从 L_0 上升到 L_2。但是当工资水平超过某一个点之后，劳动的供给反而随着工资的上升而减少，如图 BS 弧段，工资从 W_1 上升到 W_2 时，劳动供给量从 L_2 下降到 L_1。

为了解释这种现象，我们需要考虑工资水平的变动如何影响劳动者的劳动供给，对于劳动工资的变动存在替代效应和收入效应。

替代效应是指工资变动对于劳动者消费闲暇与其他商品之间的替代关系所产生的影响。当每小时的工资上升时，闲暇的机会成本也就上升了，于是理性的劳动者就会减少对闲暇的消费，或者说劳动者会用劳动来代替闲暇，这就是替代效应。

收入效应是指工资的变动对于劳动者的收入影响从而对劳动时间所产生的影响。当工资提高时，闲暇相对于其他因收入增加而增加的商品显得更为稀缺，所以劳动者又愿意少提供些劳动多享受闲暇。

一般来说，收入效应与替代效应同时存在，哪种效应更大则要视工资水平的高低而定，工资水平较低时，替代效应大于收入效应，工资的上升诱使劳动者增加工作时数，劳动供给增加；在工资水平较高时，收入效应大于替代效应，劳动者的劳动供给减少，因为工资的上升允许劳动者减少工作时间但不降低其生活水平。

所以，当工资高到某一临界点之后，劳动供给不但不会随着工资的提高而增加，反而会下降，劳动的供给曲线向后弯曲。

（四）均衡工资的决定

劳动市场的工资水平往往由劳动需求与供给共同决定。将所有单个劳动者的劳动供给曲线水平相加，即得到整个市场的劳动供给曲线。尽管许多单个劳动者的劳动供给曲线可能会向后弯曲，但劳动的市场供给曲线却不一定也是如此。在较高的工资水平上，现有的雇员也许会提供较少的劳动，但高工资也能吸引外来的移民或雇员，如美国等西方发达国家每年有大量移民涌入，中国中西部地区每年有大量的民工到东部或沿海地区打工，因而总的市场劳动供给一般还是随着工资的上升而增加，从而市场劳动供给曲线仍然是向右上方倾斜。

由于生产要素的边际生产力和产品的边际效益递减,生产要素的市场需求曲线通常是向下方倾斜,劳动的市场需求也不例外。将向右下方倾斜的劳动需求曲线和向右上方倾斜的劳动供给曲线综合起来,即可决定市场均衡工资水平。如图 6-6 所示,劳动需求曲线 D 和劳动供给曲线 S 的交点 E 是劳动市场的均衡点,该均衡点决定了均衡工资为 W_e,劳动的均衡数量为 L_e。因此,均衡工资水平由劳动市场的供求决定,且随着供求的变化而变化。

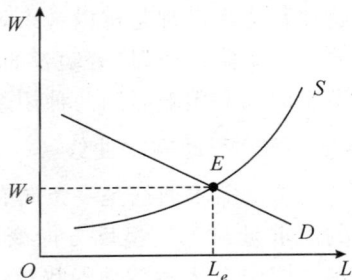

图 6-6　劳动市场的均衡

【案例 6-1】

农民工增速放缓导致用工荒加剧　工资成本将继续上涨

根据人力资源和社会保障部监测数据显示,2010 年起,我国农民工的增速已连续 4 年出现下滑,对比 2010 年 1245 万的农民工增长量,2014 年我国农民工仅增加 501 万人,2015 年上半年农村在外务工人数仅同比增长 1%。农民工增速放缓,直接导致用工成本的升高。2014 年,我国农民工平均月收入 2864 元,比上年增加 255 元,增幅为 9.8%。人力成本上升趋势不可逆转,由此可能引发工资成本继续上涨。普工招工难反映农民工供给的有限性,技工招工难反映转型升级过程中技能人才的短缺。农民工正在从无限供给向有限供给转变,不再取之不尽。随着人口老龄化加速,农民工增量已下降,工资上涨是顺应形势的必然结果。

思考题:

请用所学经济学知识解释上述农民工工资上涨的现象。

二、利息决定理论

利息是资本这种生产要素的价格,资本所有者提供了资本,得到了利息。利息与工资的计算方式不同,它不是用货币的绝对量来表示,而是通过利率来表示。

(一)资本和利息

1. 资本

资本是指由经济制度本身产生并被用作生产要素投入生产,以便进一步生产的物品。

资本的特点:

(1)它的数量是可以改变的,即它可以通过人们的经济活动生产出来。

(2)它被生产出来的目的是为了以此获得更多的商品和劳务。

(3)它是作为生产要素,即通过用于生产过程来得到更多的商品和劳务。

资本的类型:

(1)建筑物,如厂房和住宅。

(2)设备,如生产设备,机器工具。

(3)投入和产出的存货,如原材料。

2. 利息

利息是资本的价格。一般用利息占资本总额的百分比,即利率来表示,设利率为 i,那么

$$i = R/P \tag{6-2}$$

式 6-2 中: R 表示利息, P 表示资本价值。

(二)资本的需求

资本的需求主要来自三个方面:

(1)企业的投资,需要资本。

(2)居民家庭超过当期收入的投资,特别是对房屋和耐用品的消费以及人力资本的投资,需要资本。

(3)政府增加公共基础建设和平衡财政赤字,需要资本。

由于企业投资是资本需求的重要组成部分,因此以企业对资本的需求来分析资本需求。

企业对资本的需求是由资本的边际生产力决定的,由于资本的边际生产力是递减的,因此企业对资本的需求曲线向右下方倾斜,如图 6-7 所示,曲线 D 为资本的需求曲线,横轴 OK 代表资本量,纵轴 Oi 代表利率。

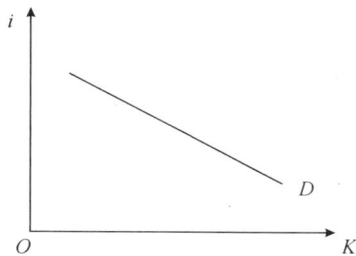

我们也能由利润率与利率的关系来说明资本的需求曲线向右下方倾斜。当企业借入资本进行投资时,首先要考虑利润率是否大于利率,利润率大于利率时,利用借入的资本才有收益,否则得不偿失。在利润率既定时,利率越低,企业的利润越大,企业越愿意投资,企业对资本的需求也就越大。

图 6-7　资本的需求曲线

因此,利率与资本需求量呈反方向变动,从而资本的需求曲线向右下方倾斜。

(三)资本的供给

资本的供给是指在各种可能的利率下,人们愿意提供的资本数量。资本供给来自人们愿意获取利息而进行的储蓄。

资本的潜在供给主要来自三个方面:

(1)居民家庭的储蓄,一般与居民的收入水平和市场利率有关,收入越高储蓄越多,可供资本量越大;收入越低储蓄越少,可供资本量越小;市场利率越高,居民家庭储蓄越多;市场利率越低,居民家庭储蓄越少。

(2)企业的储蓄,一般与居民家庭相同,即当利率上升时,储蓄增加,可供资本量越大;利率下降时,储蓄减少,可供资本量越小。

(3)政府调节货币供给量的权利。政府通过增加或减少货币供给量,调节市场上货币的流通,从而稳定经济,促进国民经济的发展。

一般说来,利率越高,人们的储蓄越多,从而资本的供给量就越多,资本的供给与利率同方向变化。

(四)均衡利率的决定

从长期来看,资本市场的均衡利率由资本的需求与供给共同决定,如图 6-8 所示,当资本的需求曲线与供给曲线相交与 E 点时,资本的需求等于资本的供给,此时,资本市场达到均衡,均衡利率为 i_0 ,均衡资本量为 K_0 。当资本的需求与供给发生变化时,均衡利率也会随之变动,之后资本市场又重新回到均衡状态。

三、地租决定理论

(一)土地的供给与地租的决定

地租是在一定时期内利用土地的生产力的代价或利用土地这一生产要素提供劳务的报酬,由土地市场上土地的需求与土地的供给共同决定。土地的需求由土地的边际生产力决定,土地的边际生产力是递减的,因此土地的需求曲线向右下方倾斜,如图 6-9 中的 D_1 曲线。而土地的供给基本是固定的,因此土地的供给曲线垂直于横轴,如图 6-9 中的 S 曲线,这样,地租的决定如图 6-9 所示,横轴 N 表示土地量,纵轴 R 代表地租,D_1 与 S 相交于 E_1,这时决定了地租水平为 R_1。

随着土地需求的增加,而土地的供给不变,因此,地租有上升的趋势。在图中,当土地的需求由 D_1 上升为 D_2 时,土地的供给仍然是 S,这时,D_2 与 S 相交于 E_2,决定了地租水平为 R_2,$R_2 > R_1$,说明随着经济发展中土地需求的增加,地租上升了。

图 6-8　资本市场的均衡

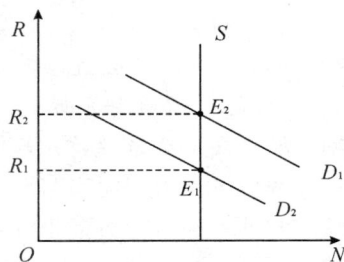

图 6-9　土地市场的均衡

(二)准租金和经济租金

土地服务之所以能获得地租,是因为无论从短期还是长期来看,土地资源是一种完全缺乏供给价格弹性的生产要素。准租金是指从短期来看,供给固定且不存在其他用途的要素的报酬,即固定供给量的生产要素的收益。例如,在短期内,企业使用的专用设备的数量是固定的,且它们只能用于特定的生产。这些要素的报酬称为准租金,因为供给固定和不存在其他用途这种特点与土地类似。

经济租金是生产者剩余,等于要素收入和其机会成本之间的差额,它是生产要素所有者得到的额外收入。例如,一块土地自用生产带来的收入为 A,若出租获得收入为 B(要素出租的机会成本,假设其为最低的机会成本),则经济租金为 $A-B$,那么,如果土地的所有者为了获取更多的收入,将选择土地作为自用生产。正是由于经济租金的存在,才能够保证生产要素继续现有的用途,而不致转作他用。因此,经济租金的存在是生产要素用途稳定的前提。

四、利润决定理论

(一)企业家才能

企业家才能是一种特殊的生产要素。企业家以提高企业效益为经营目标,通过市场竞争过程,将自己的知识、技能、经验等(即人力资本)与企业的物质财产结合在一起,从而在生产经营中占有企业的整体资产,独立地、创造地组织与指挥企业,根据市场行情开展经济活动并承担相应风险的专门经营者群体,其才能也像劳动、资本、土地等生产要素一样,是一种必要的生产要素。但与其他生产要素相比,企业家才能要素也是一种特殊的生产要素。

企业家才能是十分稀缺的,只有那些有胆识、有能力、又受过良好教育的人才具有企业家才能,它作为一种敢于冒险,善于创新,精于组织和科学决策的能力,同一个人与生俱来的

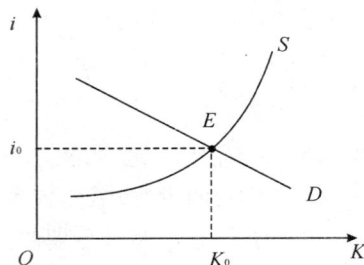

性格、智力有关,但同后天的人力投资也密切相关。一个人所具备的企业家才能,往往是在经过长期的教育投资,经历诸多训练、磨难和失败的打击,同时付出大量的精力和时间,承受巨大的身心压力之后所获得的。想要成为企业家、具备企业家才能往往需要付出超于常人的投资成本。

(二)企业家才能的价格

经济学上习惯把利润分为正常利润和超额利润。它们的性质与来源是不同的,超额利润是指超过正常利润的那部分利润,又称为纯粹利润或经济利润,它来源于创新、承担风险或垄断;而正常利润是企业家才能的价格,也是企业家才能这种生产要素所得到的收入,它包括在成本之中,是一种特殊的工资,由企业家才能的需求与供给所决定。

企业家才能的供给与其价格呈正比关系。企业家才能必须按照市场原则获得同其边际贡献相当的报酬。没有相应的回报,就没有人愿意投入企业家才能,就难以激励企业家才能的充分发挥,刺激人们对企业家才能要素供给的投资。因此,企业家才能价格高,会刺激企业家才能供给的增加,反之供给减少。

企业家才能的需求与其价格呈反比关系。企业家才能的价格过高,能支付起这种价格的企业会减少,那么企业家才能的需求就会减少。

(三)利润的意义

利润是社会进步的动力,主要表现为以下几个方面:

(1)超额利润中包含了企业家承担风险的报酬,因此鼓励了企业家去承担企业经营的不确定风险,有利于企业的发展壮大。如果没有利润的诱惑,凡是有风险的事业就没有人愿意去尝试。

(2)利润为经营企业指出了哪些行业发展前景好,哪些行业应该放弃,这就是利润导向机制。某些企业获得利润就会促使其他行业调整自己的生产方向和规模,也可能退出某个行业进入另一个行业,所以利润促使资源在经济中的重新配置。

(3)超额利润是企业进行创新的动力和物质基础。企业为了追求超额利润,就必须不断进行创新,创新产品的不断推广也会有利于社会的进步,促进经济的发展。同时要进行新技术的改进和发明等创新活动,就必须要有充分的财力做保障,经济利润的存在为创新活动提供了重要的财力支持。

(4)超额利润为企业进一步扩大生产规模创造了有利条件,为企业的发展壮大提供了资金保障。

第三节　社会收入分配

一、洛伦兹曲线

洛伦兹曲线研究的是国民收入在国民之间的分配问题。它是由美国著名统计学家洛伦兹提出的。

如果把社会上的人口分为五个等级,每个等级各占总人口的20%,按他们在国民总收入中所占份额的大小可以做出表 6-2。如表 6-2 所示,每个收入等级的收入者收入是有差距的,所占国民总收入的比例是不一样的,低收入者所占的收入比例较低,而同比例的高收入者所占收入比例较高。

表 6-2　人口与收入分配的关系

单位:%

收入等级	占人口的百分比	累计人口百分比	占收入的百分比	累计收入百分比
最低收入者	20	20	4	4
较低收入者	20	40	8	12
中等收入者	20	60	17	29
较高收入者	20	80	22	51
最高收入者	20	100	49	100

与表 6-2 相对应的,画一个矩形,矩形的纵轴衡量社会财富的百分比,将之划为五等分,每一等分为 20% 的社会总财富。在矩形的横轴上,将社会总人口从最贫者到最富者自左向右排列,也分为五等分,第一个等分代表收入最低的 20% 的社会收入者,以左往右收入依次增高。最后,将人口累计百分比和收入累计百分比的对应关系描绘在图形上,即得到洛伦兹曲线。如图 6-10 所示。

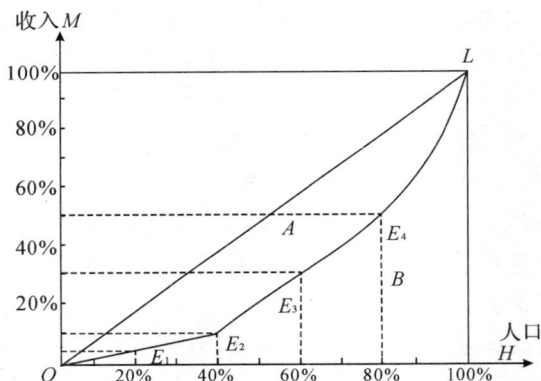

图 6-10　洛仑兹曲线

显而易见,洛伦兹曲线的弯曲程度具有重要意义,一般来说,它反映了收入分配的不平等程度。洛仑兹曲线越弯曲,收入分配越不平均;洛仑兹曲线越直,收入分配越平均。特别是,如果所有收入都集中在某一个人手中,而其余人口均一无所有,收入分配达到完全不平等,洛伦兹曲线成为折线 OHL;另一方面,如果任一人口百分比等于其收入百分比,从而人口累计百分比等于收入累计百分比,则收入分配就是完全平等的,洛伦兹曲线成为通过原点的 45°线 OL。

洛伦兹曲线用以比较和分析一个国家在不同时代或者不同国家在同一时代的收入不平等,该曲线作为一个总结收入和财富分配信息的便利的图形方法得到广泛应用。

二、基尼系数

一般来说，一个国家的收入分配，既不是完全不平等，也不是完全平等，而是介于两者之间。相应的洛伦兹曲线，既不是折线 OHL，也不是 45°线 OL，而是像图中这样向横轴突出的弧线 OL，尽管突出的程度有所不同。

将洛伦兹曲线与 45°线之间的部分 A 叫作"不平等面积"，当收入分配达到完全不平等时，洛伦兹曲线成为折线 OHL，OHL 与 45°线之间的面积 $A+B$ 叫作"完全不平等面积"。不平等面积与完全不平等面积之比，成为基尼系数，是衡量一个国家贫富差距的标准。基尼系数 $G=A/(A+B)$，显然，基尼系数不会大于 1，也不会小于 0。

设 G 为基尼系数，则：

$$G=A/(A+B)(0\leq G\leq 1)\tag{6-3}$$

$A=0$，则 $G=0$，收入分配绝对平等；

$B=0$，则 $G=1$，收入分配绝对不平等。

基尼系数，按照联合国有关组织规定：

若低于 0.2 表示收入绝对平均；

0.2—0.3 表示比较平均；

0.3—0.4 表示相对合理；

0.4—0.5 表示收入差距较大；

0.5 以上表示收入差距悬殊。

经济学家们通常用基尼指数来表现一个国家和地区的财富分配状况。这个指数在 0 和 1 之间，数值越低，表明财富在社会成员之间的分配越平均；数值越大，表明财富在社会成员之间的分配越不平均。

通常把 0.4 作为收入分配差距的"警戒线"。一般发达国家的基尼指数在 0.24 到 0.36 之间，美国偏高，为 0.4。中国大陆和香港地区的基尼系数都超出 0.4。

洛仑兹曲线的弧度越小，基尼系数也越小；洛仑兹曲线的弧度越大，基尼系数也越大。

第四节　收入分配平等化政策

一、市场竞争与收入分配的不平等

在市场经济中，国民收入分配问题实际上就是要素价格或者说要素报酬决定问题。在现实世界中，人们占有要素的情况往往是不一样的，有的人占有的资本、土地等要素多些，有的人则少些，甚至完全不占有；有的人劳动力强些，有的人弱些。因此，根据要素在生产中的贡献来分配收入，人们收入必然存在差别，或者说不均等。

（一）引起收入分配不平等的原因

1.由历史原因造成的初始财产分配不平等

财产的积累，一般是通过以往的高收入的积蓄，持有普通股票或不动产取得的投机收入，发现大量的天然资源、新产品和新工艺的发明等来实现的。例如，一个家庭越富裕，这个家庭的后代所能够继承到的财产和所用的财富越多。由于财产的拥有具有无限性和可继承性,因而使得财产的拥有量成为决定收入是否平等的重要因素。

2. 个人的差异

每个人的智力、性格和工作能力上的差异,以及勤奋程度、机遇等都有可能造成收入的不同。一个人赚钱的能力由身高、体重、力量这类身体因素以及记忆力、逻辑思维能力、语言能力等智力因素决定。此外,特殊行业和危险部门会具有较高的报酬率,甚至个人的运气也会造成收入上的差距。

3. 制度所造成的收入不平等

如户籍制度、教育制度、性别歧视、种族歧视、工会制度、土地制度等都会引起社会收入分配的不平等。例如企业在针对某个岗位进行人员的招聘时,会对性别进行限制,这样就会造成劳动者就业的不公平,因此带来收入的不平等。

(二)公平与效率的关系

效率优先、兼顾公平,是我们国家现行分配政策的一条重要原则。效率优先,符合市场经济要求;兼顾公平,符合社会主义要求。人与人之间、行业与行业之间,素质优劣、能力大小、生产效益好坏是不一样的,因此,生产效率和贡献也是不一样的,那么报酬与收入也存在差别。为了更好地实现收入分配上的平等,我们必须正确处理好效率与公平的关系,因为如果只考虑公平不讲效率,就不利于调动人们的积极性和创造性;而只考虑效率不顾公平,又会过分拉大收入差距,不利于社会稳定。

因此,一方面为了调动人们的工作积极性,提高工作效率,刺激经济发展;一方面为了避免贫富差距过大,普遍提高人们生活水平,必须处理好公平与效率的关系。

1. 市场上追求效率

在市场经济条件下,应当以公平竞争为主要原则,以追求效率为主要内容,即应当是效率优先。效率优先意味着人们以经济建设为中心,以实现生产力的发展为目标。只有效率优先才能提供公平的物质基础,没有效率,公平也就无法实现。而且,效率上去了,才能用经济成果来支持公平。在二者的关系中,要以效率为先,兼顾公平。

2. 管理上以公平促进效率

在组织的运行中,管理的目标是以实现效率为导向的活动。管理中要体现投入产出的效率,体现经济效率的优先性,公平是促进效率优先的一种重要途径。与市场领域中体现公平竞争不同,管理领域中主要是体现就业机会均等和组织内成员的公平感。

3. 社会制度上追求公平

在社会制度和社会价值方面,公平是首要的原则。一味地注重公平可能对效率产生不利的影响,但是,我们不能牺牲公平只顾效率,正确的做法是,在发展经济方面要追求效率,在处理社会关系方面,在社会整体制度上力求公平。因此,要使每个人都享有平等的参与竞争、平等的劳动就业机会,并且实施相应的社会保障制度,实现社会财富再分配的公平。

总之,公平与效率之间,既不能只强调效率而忽视公平,也不能因为公平而不要效率。

▶ 资料

坚持效率优先、兼顾公平是建设全面小康社会的必由之路

经济学中所说的效率,也称经济效率,是指对资源利用的有效性。高的经济效率表示对资源的充分利用或能以最有效的方式进行生产;低的效率表示对资源的利用不充分或未能以最有效的方式进行生产。

一般认为,经济效率与社会公平之间存在着替代的选择:或者以牺牲效率为代价,获得较高程度的社会公平;或者以牺牲公平为代价,得到较高的经济效率。这就是所谓的公平与效率替换。在现实生活中,如果一国过于注重社会公平目标的实现,对个人收入的调节力度过大,选择平等程度较高的社会福利制度,由于扼杀了要素所有者的积极性,它就不得不以牺牲效率进而以牺牲经济增长为代价,欧洲国家中有过这样的先例。在我国传统的计划经济体制下,个人收入分配实行的是平均主义的大锅饭、铁饭碗,不承认生产要素的贡献,这虽然在最大程度上实现了社会公平,但也在极大程度上丧失了效率,劳动者没有劳动的积极性、主动性和创造性,资本不能向效率高的部门流动,土地及其他资源无法得到有效的利用,资源配置效率低下,从而严重影响了我国的经济发展。相反,一个社会如果片面注重效率,放任市场机制对经济进行自发调节而不惜牺牲社会公平,其结果必然会影响社会的稳定,反过来也会在一定程度上影响经济效率。由于经济效率与社会公平之间存在着替代关系,因此,如何正确地处理这两大社会目标的关系,是每个国家都面临的现实问题。

在社会主义初级阶段,坚持以按劳分配为主体、多种分配方式并存的分配制度,把按劳分配与按生产要素分配结合起来,坚持效率优先、兼顾公平,有利于优化资源配置,促进经济增长和保持社会稳定。

坚持效率优先、兼顾公平,是我国现阶段收入分配的总原则,是从我国国情出发所做出的正确选择,也是由社会主义的本质属性决定的。我国是一个经济文化比较落后、人均收入水平低下的发展中国家,只有坚持效率优先的原则,才能进一步解放和发展社会生产力,加快经济发展。同时,我国又是社会主义国家,保护广大劳动者的根本利益,防止两极分化,消灭剥削,实现共同富裕,又是社会主义的本质要求。因此,在强调效率优先的同时,必须兼顾公平。最大限度地实现经济发展和社会稳定这一双重目标。

效率与公平之间不仅存在着替代关系,也存在着一致的一面。坚持效率优先,促进经济发展,可以生产出更多的社会财富,从而也就有可能在更高的水平上实现社会公平,而社会公平的实现又可以反过来促进经济效率的提高。否则,如果以牺牲效率为代价片面地追求社会公平,其结果只能是导致共同贫困,这样的社会公平显然不是人们所希望的。

贯彻效率优先、兼顾公平的原则,在不同的领域、不同的分配环节和不同的分配机制下可以有不同的侧重点。一般来说,在微观领域应更强调效率,而在宏观领域应更多地注重公平;在个人收入的初次分配过程中,应更强调效率,而在再分配过程中应更兼顾公平;在市场机制起作用的地方应强调效率,而在政府分配机制方面,则应更关注公平。

要使效率优先、兼顾公平的原则得以贯彻执行,还必须提供相应的机制和制度保证。这就要求,一方面,要进一步推进生产要素的市场化进程,培育和完善市场体系,以发挥市场配置资源的基础作用;另一方面,还要建立和健全包括社会保险、社会救济、社会福利和社会优

抚等在内的社会保障制度,为实现社会公平奠定制度基础。

为了正确协调公平与效率的关系,调整国民的收入差距,政府必须采取相应的政策,这里主要介绍税收政策和社会福利政策。

二、税收政策

个人所得税是税收的一项主要内容,它是一种累进税。即根据收入的高低确定不同的税率,对高收入者按高税率征税,而对于低收入者按低税率征税,或收入达不到规定水平,可免于征税,甚至给予补贴。

除了个人所得税之外,政府还对一些人征收遗产税、赠予税、财产税、消费税等。征收遗产税、赠予税和财产税,是为了纠正财产分配的不平等,因为财产分配不平等是收入分配不平等的一个重要原因,征收这些税,有利于收入分配的均等化。对奢侈品和劳务征收消费税,同样是实现收入分配平等化的一种手段。

政府通过税收手段,在一定程度上可以实现收入分配的平等,但是作用并不明显。因为富人可以用各种办法逃税漏税。此外,对高收入者征收累进税,不利于有能力的人充分发挥自己的才干,对社会来说是一种损失。

三、福利政策

如果说税收政策是要通过对高收入者征收重税来实现收入分配平等化的话,那么,社会福利政策则是要通过给低收入者提供补助来实现收入分配的均等化。福利政策的主要内容包括:

(一)各种形式的社会保障与社会保险

包括失业保险制度,即对失业工人按一定标准发放维持生活的补助金;养老保险制度,对退休人员按一定标准发放养老金;对收入低于一定标准的家庭与个人给予贫困补助。这些补助金主要是货币形式,也有发放生活用品的形式,其资金来源,主要是个人或企业缴纳的保证金,或者是政府的税收。

(二)向贫困者提供就业机会与技能培训

收入不平等的根源在于贡献的大小,而贡献的大小往往与个人的能力相关。在一定程度上,政府可以通过提升穷人的就业能力和增加就业机会来实现收入的增加,从而缩小收入的差距。一方面是保证所有人的平等就业机会,并按同工同酬的原则支付报酬。另一方面通过职业技能培训提高穷人的文化技能水平,提升就业能力,最终能够提高收入。

(三)医疗保险和医疗救助

医疗保险属于社会保险,由单位与个人分担缴费,实现个人的基本医疗保障;医疗救助是政府(民政)管理的用于享受了基本医疗保险待遇的患者进行的额外救助。

(四)教育的资助

包括兴办学校,设立奖学金、助学金和助学贷款,帮助贫困家庭学生公平地享有受教育机会。

(五)各种保护劳动者的立法

包括最低工资法和最高工时法。

（六）改善住房条件

包括经济适用房、廉租房和公租房的修建，这样可以尽可能地降低低收入者的居住成本，改善居住条件，实现收入分配的平等化。

这些福利政策的实施，对于改善低收入者的地位和生活条件，提高他们的实际收入水平，起到了相当大的作用，对于社会的安定和经济的发展也是有利的，但是这些政策也会导致社会生产效率降低和政府财政负担加重等问题。

▶【案例 6-2】

2015 年中国基尼系数为 0.462 创 12 年来最低

中国经济网北京 2016 年 1 月 19 日讯 国家统计局今天发布数据显示，2015 年全国居民收入基尼系数为 0.462，创下自 2003 年以来的最低值。

国家统计局发布数据显示，自 2003 年以来，我国基尼系数一直处在全球平均水平 0.44 之上，2008 年达到最高点 0.491，之后基尼系数呈回落态势。2003 年是 0.479，2004 年是 0.473，2005 年 0.485，2006 年 0.487，2007 年 0.484，2008 年 0.491。2008 年之后逐步回落，2009 年 0.490，2010 年 0.481，2011 年 0.477，2012 年 0.474，2013 年 0.473，2014 年 0.469。

国家信息中心经济预测部主任祝宝良表示，近年来随着劳动力的短缺，低端劳动力工资收入不断上涨，收入差距在不断缩小，未来基尼系数还会保持下降趋势。

据中国经济网记者了解，基尼系数是测量收入分配差异程度的统计指标，其值在 0 和 1 之间，越接近 0 就表明收入分配越趋向平等。国际上通常把 0.4 作为收入分配差距的"警戒线"，基尼系数 0.4 以上的表示收入差距较大，当基尼系数达到 0.6 时，则表示收入悬殊。

思考题：

我国 2015 年的基尼系数为 0.462 说明了什么现象？

本章小结

生产要素，指进行社会生产经营活动时所需要的各种社会资源，是维系国民经济运行及市场主体生产经营过程中所必须具备的基本因素。

生产要素所有者的收入就是生产要素的价格，比如，劳动者的收入就是工资，即劳动的价格；资本所有者的收入就是利息，即资本的价格；土地所有者的收入就是地租，即土地的价格；企业家的收入就是利润，即企业家才能的价格。

在商品经济条件下，产品市场与生产要素市场是相互依存和相互制约的：厂商作为产品生产者需求要素而供给产品，与此相对应，生产要素的所有者则供给要素而需求产品。

生产要素的需求是指厂商在一定时期内，在每一个价格水平下愿意而且能够购买的生产要素数量。一般而言，一种生产要素价格越高，其需求量也就越少，因此，生产要素的需求曲线同任何商品的需求曲线一样，向右下方倾斜，当其价格上涨时，需求减少，反之需求增加。

生产要素供给是指拥有生产要素如劳动、土地、资本的所有者为从企业那里取得收入而将自己拥有的生产要素出售给企业。一般而言，一种生产要素价格越高，其供给量也就越大，因此，生产要素的供给曲线同任何商品的供给曲线一样，向右上方倾斜，当其价格上涨时,供给增加,反之供给减少。

洛伦兹曲线研究的是国民收入在国民之间的分配问题。洛伦兹曲线越弯曲,收入分配越不平均;洛伦兹曲线越直,收入分配越平均。

基尼系数,是衡量一个国家贫富差距的标准。数值越低,表明财富在社会成员之间的分配越均匀;数值越大,表明财富在社会成员之间的分配越不均匀。

为了正确协调平等与效率的关系,政府必须采取相应的政策来调整国民收入的差距,主要包括税收政策和社会福利政策。

思考与练习

一、单项选择题

1.企业对生产要素的需求是一种(　　)。

A.直接需求　　　　B.派生需求　　　　C.最终需求　　　　D.潜在需求

2.如果政府大力提倡用先进的机器来替代劳动,这将导致劳动的(　　)平移。

A.需求曲线向左　　B.需求曲线向右　　C.供给曲线向左　　D.供给曲线向右

3.正常利润是一种特殊的(　　)。

A.超额利润　　　　B.劳动　　　　　　C.会计成本　　　　D.工资

4.劳动的供给曲线是一条(　　)。

A.向右上方倾斜的曲线　　　　　　B.向后弯曲的曲线

C.向右下方倾斜的曲线　　　　　　D.与纵轴平行的曲线

5.由于工资上升,收入增加,劳动者相对更加富有而追求闲暇,从而会减少劳动的供给,这是(　　)。

A.替代效应　　　　B.替代　　　　　　C.收入效应　　　　D.收入

6.工资的上升所导致的替代效应是指(　　)。

A.工资的上升所导致的劳动者可以得到更多的收入

B.工作同样长的时间劳动者可以得到更多的收入

C.工人宁愿工作更长时间,用收入带来的享受替代闲暇带来的享受

D.以上均正确

7.土地的供给曲线是一条(　　)。

A.与横轴平行的线　　　　　　　　B.向右上方倾斜的线

C.向右下方倾斜的曲线　　　　　　D.与横轴垂直的线

8.如果收入是完全平均分配的,则洛伦兹曲线与(　　)。

A.横轴重合　　　　B.纵轴重合　　　　C.45°对角线重合　　D.无法确定

9.国际上,一般认为基尼系数为(　　)是收入差距的警戒线。

A.0.2　　　　　　　B.0.4　　　　　　　C.0.6　　　　　　　D.0.8

10.如果收入是完全平均分配的,那么基尼系数等于(　　)。

A.0　　　　　　　　B.0.4　　　　　　　C.0.5　　　　　　　D.1

11.洛伦兹曲线是用来表示社会(　　)的程度。

A.贫困　　　　　　B.保障　　　　　　C.收入分配不平等　D.收入透明

12.基尼系数减小,表明(　　)。

A. 洛仑兹曲线更加偏离 45°线　　　　　　B. 收入分配不平等增加

C. 收入分配不平等减少　　　　　　　　　　D. 收入分配不平等没有改变

13. 在市场经济体制下,下列不正确的是(　　　)。

A. 资本获得利润　　　B. 劳动获得工资　　　C. 资本获得利息　　　D. 土地获得地租

14. (　　　)是要通过给低收入者提供补助来实现收入分配的均等化。

A. 福利政策　　　　　B. 税收政策　　　　　C. 效率优先　　　　　D. 兼顾公平

15. 下列哪一项不属于税收政策(　　　)。

A. 个人所得税　　　　B. 财产税　　　　　　C. 失业保险　　　　　D. 消费税

二、多选题

1. 厂商对生产要素的需求是一种(　　　)。

A. 派生需求　　　　　B. 直接需求　　　　　C. 引致需求　　　　　D. 联合需求

2. 生产要素的供给者有可能是(　　　)。

A. 消费者　　　　　　B. 家庭　　　　　　　C. 厂商　　　　　　　D. 政府

3. 影响生产要素需求的因素主要有(　　　)。

A. 产品需求及价格　　　　　　　　　　　　B. 生产要素密集类型

C. 生产要素的替代性　　　　　　　　　　　D. 生产要素的需求弹性

4. 利润的主要来源有(　　　)。

A. 创新　　　　　　　B. 承担风险　　　　　C. 垄断　　　　　　　D. 机遇

5. 收入分配不平等的主要原因是(　　　)。

A. 历史原因　　　　　B. 个人工作能力　　　C. 制度　　　　　　　D. 个人勤奋程度

三、判断题

1. 从劳动供给方面说,劳动的供给曲线是一条向后弯曲的曲线。　　　　　　(　　　)

2. 劳动供给取决于工资变动所引起的替代效应。　　　　　　　　　　　　　(　　　)

3. 土地的供给曲线是一条与横轴平行的线。　　　　　　　　　　　　　　　(　　　)

4. 超额利润是对企业家才能这种特殊生产要素的报酬。　　　　　　　　　　(　　　)

5. 洛仑兹曲线越弯曲,收入分配越不平均。　　　　　　　　　　　　　　　(　　　)

四、名词解释

生产要素需求　生产要素供给　工资　利息　利润　地租　洛仑兹曲线　基尼系数

五、简答题

1. 简述生产要素包含的类型。

2. 简述洛仑兹曲线与收入分配之间的关系。

3. 简述税收政策的内容。

4. 简述福利政策的内容。

六、论述题

请画图解释劳动的供给曲线向后弯曲的原因。

第七章　市场失灵与政府干预

▶ **学习目标**

1. 理解市场失灵概念
2. 掌握市场失灵与政府干预的关系
3. 理解垄断与反垄断以及它们之间的关系
4. 掌握经济市场中外部性与市场失灵的关系
5. 理解公共物品以及与私人物品的区别

▶ **开篇案例**

板蓝根事件

　　医药行业的人士可能清楚记得,几年前的广州,市场曾出现每袋几毛钱的板蓝根暴涨到50元以上一袋,其他抗病毒的药品价格也跟着大幅上涨,远远偏离正常的市场价格;紧接着的北京,由于有了广州市场的前期教训,政府采取了一些措施,北京市场的药品零售价格虽然没有出现大幅上涨的现象,但药品流通的中间环节和以前是完全不同,变得异常热闹,正常情况下在批发价50%以下就可售出的一些药品,一下子要按批发价的90%以上甚至零售价卖给零售商(药店和医院),若直接卖给相关团体单位药品价格就高得没有谱了,中草药的价格也高得太离奇了。

　　分析:

　　根据经济学理论,市场失灵与政府干预在此案例中的表现。

第一节　市场失灵

一、市场失灵

　　市场失灵,是指在充分尊重市场机制作用的前提下,市场仍然无法有效配置资源和正常发挥作用的现象。传统狭义的市场失灵理论认为,垄断、公共物品、外部性和信息不完全或不对称的存在使得市场难以解决资源配置的效率问题,市场作为配置资源的一种手段,不能实现资源配置效率的最大化,这时市场就失灵。它对于非公共物品而言是由于市场的过于垄断和价格变化的扭曲,而对于公共物品而言由于信息不对称和外部性因素的影响等原因,导致资源配置无效或低效,从而不能实现资源配置零机会成本的资源配置状态。

（一）市场失灵的主要表现

1.收入与财富分配不公

这是因为市场机制遵循的是资本与效率的原则。从市场机制自身作用看，这是属于正常的经济现象，资本拥有越多在竞争中越有利，效率提高的可能性也越大，收入与财富向资本与效率也越集中；另一方面，资本家对其雇员的剥夺，使一些人更趋于贫困，造成了收入与财富分配的进一步拉大。这种拉大又会由于影响到消费水平而使市场相对缩小，进而影响到生产，制约社会经济资源的充分利用，使社会经济资源不能实现最大效用。

2.外部负效应问题

外部负效应是指某一主体在生产和消费活动的过程中，对其他主体造成的损害。外部负效应实际上是生产和消费过程中的成本外部化，但生产或消费单位为追求更多利润或利差，会放任外部负效应的产生与漫延。如化工厂，它的内在动因是赚钱，为了赚钱对企业来讲最好是让工厂排出的废水不加处理而进入下水道、河流、江湖等，这样就可减少治污成本，增加企业利润。从而对环境保护、其他企业的生产和居民的生活带来危害。社会若要治理，就会增加负担。

3.竞争和市场垄断的形成

竞争是市场经济中的动力机制。竞争是有条件的，一般来说竞争是在同一市场中的同类产品或可替代产品之间展开的。但一方面，由于分工的发展使产品之间的差异不断拉大，资本规模扩大和交易成本的增加，阻碍了资本的自由转移和自由竞争。另一方面，由于市场垄断的出现，减弱了竞争的程度，使竞争的作用下降。造成市场垄断的主要因素有：①技术进步；②市场扩大；③企业为获得规模效应而进行的兼并。由于生产者受市场机制追求最大化利润的驱使，往往会对这些公共资源出现掠夺式使用，而不能给资源以休养生息。例如，渔民捕鱼、牧民放牧。有时尽管使用者明白长远利益的保障需要公共资源的合理使用，但因市场机制自身不能提供制度规范，又担心其他使用者的过度使用，出现使用上的盲目竞争，而盲目的，竞争就会导致市场垄断，市场自然也因此失灵了。

4.失业问题

失业是市场机制作用的主要后果，一方面从微观看，当资本为追求规模经营，提高生产效率时，劳动力被机器排斥。另一方面从宏观看，市场经济运行的周期变化，对劳动力需求的不稳定性，也需要有产业后备军的存在，以满足生产高涨时对新增劳动力的需要。劳动者的失业从宏观与微观两个方面满足了市场机制运行的需要，但失业的存在不仅对社会与经济的稳定不利，而且也不符合资本追求日益扩张的市场与消费的需要。

5.区域经济不协调问题

市场机制的作用只会扩大地区之间的不平衡现象，一些经济条件优越，发展起点较高的地区，发展也越有利。随着这些地区经济的发展，劳动力素质，管理水平等也会相对较高，可以支付给被利用的资源要素的价格也高，也就越能吸引各种优质的资源，以发展当地经济。那些落后地区也会因经济发展所必需的优质要素资源的流失而越发落后，区域经济差距会拉大。再是因为不同地区有不同的利益，在不同地区使用自然资源过程中也会出现相互损害的问题，可以称之为区域经济发展中的负外部效应，如江河上游地区林木的过量开采，可能影响的是下游地区居民的安全和经济的发展。这种现象造成了区域间经济发展的不协调与危害。

6.公共物品供给不足

公共物品是指消费过程中具有非排他性和非竞争性的产品。所谓非排他性也就是一旦这类产品被生产出来,生产者不能排除别人不支付价格的消费。因为这种排他,一方面在技术上做不到,另一方面却使技术上能做到,但排他成本高于排他收益。所谓非竞争性是因为对生产者来说,多一个消费者,少一个消费者不会影响生产成本,即边际消费成本为零。而对正在消费的消费者来说,只要不产生拥挤也就不会影响自己的消费水平。这类产品如国防、公安、航标灯、路灯、电视信号接收等。所以这类产品又叫非盈利产品。从本质上讲,生产公共物品与市场机制的作用是矛盾的,生产者是不会主动生产公共物品的。而公共产品是全社会成员所必须消费的产品,它的满足状况也反映了一个国家的福利水平。这样一来公共产品生产的滞后与社会成员与经济发展需要之间的矛盾就十分尖锐。

公共产品是指消费过程中具有非排他性和非竞争性的产品。非排他性指的是一旦这类产品被生产出来,生产者不能排除别人不支付价格的消费。非竞争性是因为对生产者来说,多一个消费者,少一个消费者不会影响生产成本,即边际消费成本为零。从本质上讲,生产公共产品与市场机制的作用是矛盾的,生产者是不会主动生产公共产品的。因此,面对正在消费的消费者来说,只要不产生拥挤也就不会影响自己的消费水平,一旦市场失灵,公共产品供给必然不足。

(二)市场失灵形成的主要原因

1.公共物品

公共物品是与私人物品相对应的一个概念。划分这两类物品的依据是竞争性和排他性。一是私人物品,它是只能供个人享用的物品,例如住宅、服装、食品等等。二是公共物品,它是可供社会成员共同享用的物品,例如国防、警察、广播电视、灯塔、高速公路等。单纯地依靠市场调节,由私人物品生产公共物品通常不能使其产量达到合理的水平,往往会使公共物品的产量低于所需的数量。因此,公共物品的生产和消费问题不能由市场上的个体决策来解决,必须主要由政府来承担公共物品的任务。

2.不完全竞争

市场机制充分发挥作用的基本假定是市场是完全竞争的,即是说,不存在各种形式的垄断。但是市场存在的某种程度的不完全垄断和完全垄断可能使得资源的配置缺乏效率。因此,对这种情况的出现的纠正就需要依靠政府的力量。政府主要就是通过对市场结构和企业组织结构的干预来提高企业的经济效率。

3.外部性

它可以通过一个因素的改变就能造成其他因素的改变。例如,工厂废水的乱排放,对江河的水质有害,甚至危害人的身体健康。

4.非对称信息

它可以通过由于经济活动的参与人具有的信息是不同的,一些人可以利用信息优势进行欺诈,损害人与人的交易。当人们对欺诈的担心严惩影响交易活动时市场的作用就会丧失,市场配置资源的功能也就失灵了。

▶ **【案例 7-1】**

"从南京到北京,买的不如卖的精"

俗话说"从南京到北京,买的不如卖的精",这其中的道理就是信息不对称。中国古代有所谓"金玉其外,败絮其中"的故事,讲的是商人卖的货物表里不一,由此引申比喻某些人徒有其表。在商品中,有一大类商品是内外有别的,而且商品的内容很难在购买时加以检验。如瓶装的酒类,盒装的香烟,录音、录像带等。人们或者看不到商品包装内部的样子(如香烟、鸡蛋等),或者看得到、却无法用眼睛辨别产品质量的好坏(如录音、录像带)。显然,对于这类产品,买者和卖者了解的信息是不一样的。卖者比买者更清楚产品实际的质量情况。这时卖者很容易依仗买者对产品内部情况的不了解欺骗买者。如此看来,消费者的地位相当脆弱,对于掌握了"信息不对称"武器的骗子似乎毫无招架之术。为消除因信息不对称,造成的消费者对产品的不信任,精明的商家想了很多办法。在大商场某一生产鸭绒制品的公司开设了一个透明车间,当场为顾客填充鸭绒被,消除了生产者和消费者之间的信息不对称所导致的不信任。

讨论题:

1. 非对称信息的含义是什么?

2. 非对称信息为什么会造成市场失灵?

三、政府干预经历的主要阶段

市场经济运行中市场机制失灵的问题,是依靠市场的力量无法解决或解决不好的。但这些问题会直接关系到经济运行的稳定与成效。面对这样的问题,必然促使人们从市场以外视野寻找解决问题的途径。因此,政府的经济功能得到了重视及发挥,许多国家将此功能与市场机制结合起来,从而弥补市场机制的缺陷。从西方国家的历史看,政府干预主要经历了三个阶段。

第一阶段"夜警政府"阶段。亚当·斯密认为,市场价格机制犹如一只"看不见的手",指引着个人追求利益,在客观上也增进了社会效益,这时候,政府的职能定位是一个"守夜人",即是提供公共设施、保障安全,保护私产等。而随着竞争的发展,政府的经济职能发挥着维护市场秩序、保障公平竞争的作用。随着资本主义的发展,出现了垄断,打破了平衡的市场格局,仅仅依靠市场已无法实现资源的优化配置,因此,对政府经济职能提出了新的要求。

第二阶段"全能政府"阶段。20 世纪 30 年代,经济大危机深刻地揭示出市场的缺陷,于是政府被赋予了宏观经济调节或是宏观经济管理的职能,以弥补市场的"缺陷"。这一阶段政府的干预活动主要有:加强政府对经济的计划引导;运用货币政策刺激投资和消费,运用财政政策扩大政府开支,调节国民经济增长速度,物价水平和经济结构;实施收入分配政策,控制贫富差距,建立及完善社会保障制度。从 20 世纪 50 年代到 70 年代,资本主义进入高速增长时期,与政府职能转变有着直接的关系。但是,政府对市场过度的干预也导致了资源配置的低效率,20 世纪 70 年代,西方国家普遍出现了通货膨胀与失业率同时上升,经济增长停滞现象。

第三阶段"有效政府"阶段。20 世纪 80 年代开始,西方国家对政府进行一系列改革,寻求自由与政府干预之间的平衡,不再片面地强调市场或是政府占主导地位,二是注重两者之间的协调与合作。在这一阶段,政府职能是为市场创造各种基础条件,通过有效的政策支持市场的运作。主要有以下几种主要职能:一是提供公共产品和公共服务,这些是私人企业不宜承担或是无力承担的;二是维护市场秩序,确保公平竞争;三是实施宏观经济调节,保持宏观经济稳定;四是支持社会保障制度和提供一般福利设施。总之,市场经济中政府的经济职能集中到一点,即是为各行业创造一个稳定、公平、有效、有序的经济环境。

第二节　垄断与反垄断

一、垄断

(一)垄断定义

垄断的经济学含义是指垄断主体在市场运行过程中进行的排他性控制或对市场竞争进行实质性限制、妨碍公平竞争秩序的行为,或是少数企业凭借其雄厚的经济实力,对生产和市场进行垄断,并在一定的市场领域内从实质上限制竞争的一种市场状态。垄断的法律含义,是指垄断主体对市场的经济运行过程进行排他性控制或对市场竞争进行实质性限制,妨碍公共竞争秩序的行为或状态。垄断的两大特征:一是危害性,是指对市场的经济运行过程进行排他性控制,或对市场竞争进行实质性限制;二是违法性,是指该行为受到法律明确禁止。

(二)经济垄断的具体组织形式

依据经济垄断的具体组织形式,可以将垄断分为短期价格协定、卡特尔、辛迪加、托拉斯、康采恩和其他组织形式的垄断。短期价格协定是垄断组织的最简单形式,是指大企业之间通过口头或书面形式,规定在一定时间内共同控制某类商品价格,从而获取高额利润的垄断形式。这种垄断不具有长期性和稳定性。

卡特尔(Cartel)是指生产同类商品的企业,为了获取高额利润,在划分市场、规定商品产量、确定商品价格等一个或几个方面达成协议而形成的垄断性联合。卡特尔的各成员企业在生产、销售、财务和法律上均保持自身的独立。根据协议的内容,可以将卡特尔分为:规定销售条件的卡特尔、规定销售范围的卡特尔、限定产量的卡特尔、分配利润的卡特尔等。卡特尔成立时,一般都要签订正式的书面协议,并有成员企业选出委员会,监督协议的执行并保管和使用共同基金,其主要特点在于比短期价格协定的内容更广,也较为稳定。

辛迪加(Syndicat)是同一生产部门的企业为了获取高额垄断利润,通过签订协议,共同采购原料和销售商品,而形成的垄断性联合。参加辛迪加的企业在生产和法律上仍保持独立,但在购销领域已失去独立地位,所有购销业务均由辛迪加的总办事机构统一办理,参加辛迪加的企业不再与市场直接发生联系,很难脱离辛迪加的约束,因而它比卡特尔更集中,更具有稳定性。

托拉斯(Trust)是垄断组织的一种高级形式,通常指生产同类商品或在生产上有密切联系的企业,为了获取高额利润,从生产到销售全面合并,而形成的垄断联合。托拉斯的参加者本身虽然是独立的企业,但在法律上和产销上均失去独立性,由托拉斯董事会集中掌握全部业务和财务活动。原来的企业成为托拉斯的股东,按股权分配利润。托拉斯组织具有全部联合公司或集团公司的功能,因此它是一种比卡特尔和辛迪加更高级的垄断形式,具有相当的紧密性和稳定性。

康采恩(Konzern)是分属于不同部门的企业,以实力最为雄厚的企业为核心而结成的垄断联合,是一种高级而复杂的垄断组织。这种垄断组织的参加者并不限于某一行业或某一生产部门的企业,生产、服务、运输、金融等不同部门的企业均可成为该组织的成员。康采恩是比卡特尔、辛迪加和托拉斯更为高级的垄断组织形式,是工业垄断资本和银行垄断资本相融合的产物。

(三)垄断产生的原因

垄断是对某种生产要素的占有。这种生产要素成为生产之必备,它既包括有形的生产要素,诸如自然资源、劳动力、资本,等等,也包括一些无形的技术和知识产权等生产要素,像专利、商标权或品牌优势等无形产权,以及政府所给予一个企业的特许经营权、关税配额、进口许可证等特定的产业贸易政策所带来的好处等。谁获得了生产要素的垄断,必然会形成生产上的垄断。通俗点说,生产集中发展到一定阶段必然引起垄断。首先,生产日益集中使垄断成为可能。其次,生产集中也使垄断具有必要性和必然性:第一,生产集中,使企业规模扩大,大企业的生产能力迅速膨胀。为了保持与扩大利润,大企业之间有必要结成垄断组织,瓜分市场份额,以调节生产。第二,生产集中使大企业规模巨大,资本雄厚,这对中小企业进入大企业的生产经营领域构成较高的进入壁垒,自由竞争受到限制,逐步形成少数大企业寡头垄断的格局。第三,少数大企业之间势均力敌,为了避免过度竞争造成两败俱伤的灾难性后果,必然寻求某种妥协,达成垄断协定。

(四)垄断的分类

根据垄断者占有市场的情况,垄断可分为独占垄断、寡头垄断和联合垄断。独占垄断是指一家企业对整个行业的生产、销售和价格有完全的排他性的控制能力,即在该企业所在的行业内,不存在任何竞争;寡头垄断是指市场上只有为数不多的企业生产、销售某种特定的产品或者服务的状况。每个企业都在市场上占有一定的份额,对产品或服务的价格实施了排他性的控制,但它们之间又存在一定的竞争;联合垄断是指多个相互间有竞争关系并有相当经济实力的企业,通过一定的形式,联合控制某一产业的市场或销售的状态。

根据垄断产生的原因,可将垄断分为经济垄断、自然垄断、国家垄断、权利垄断和行政垄断。经济垄断是指市场主体凭借经济优势,排斥或限制竞争的行为,包括滥用经济优势和联合限制竞争两种形式。自然垄断产生于某一产品或服务由一个厂商提供比多个厂商共同提供产品或服务成本低的情形,我国的电力、电信、铁路、供气等行业都属于自然垄断行业。由于自然垄断的形成不是主要靠行政权力推动,也可以说自然垄断是一种特殊形式的经济垄断。国家垄断是指国家为了保障国家安全、增加国家财政收入或促进社会整体利益,依法对特定领域的商品或服务进行排他性控制。对于关系国计民生或国家安全的事业,许多国家都以特别法的形式明确规定,实行中央政府专营,例如,邮政、枪支弹药、黄金等产品与服务。为了增加财政收入国家也可能对特定领域实行专营,例如中国古代的"盐铁专卖",现代的烟草专卖等。权利垄断是知识产权法所赋予的垄断,包括商标权、专利权、著作权等。其权利人在一定时间内、在一定区域内享有一定排除人参与竞争的合法权利。行政垄断是指地方政府、政府的经济行业主管部门或其他政府职能部门凭借行政权力排斥、限制或妨碍市场竞争的行为，包括地区垄断、行业垄断、强制联合、行政强制交易行为等形式。在一般情况下，自然垄断、国家垄断和权利垄断属于合法垄断，而经济垄断和行政垄断属于非法垄断。

一般认为，垄断妨碍竞争，一方面垄断企业通过设置进入障碍，阻止潜在进入者的进入；另一方面，通过价格战消灭竞争对手，通过这些排他性控制限制了公平竞争。垄断者一般是高价限产，通过人为控制产品生产和供给数量，制造有利于自己的卖方市场状态，来维持大大高于竞争性市场的产品垄断价格达到攫取垄断利润的目的，这导致了消费者剩余的减少和社会福利的损失。

二、反垄断

反垄断是禁止垄断和贸易限制的行为。反垄断政策是最早的产业组织政策。产业组织政策分为促进竞争并抑制垄断的政策和规范竞争的政策两类。

反垄断政策措施主要是从干预市场结构和干预企业行为两方面来进行的。一是政府干预市场结构的措施。由于导致市场垄断的最主要因素是卖方集中度，产品差别化和进入障碍。因此，政府干预市场结构，抑制垄断弊病的相应措施是：

(1)降低买方集中度或制止集中度上升。

(2)降低进入障碍或制止其上升。

(3)降低产品差别化程度。

(4)政府干预企业行为的措施。

在国外，抑制垄断更常用的手段是干预市场行为。政府干预企业行为的内容包括：干预企业定价方式、干预企业非价格竞争、反对压制竞争对手的行为等。具体地说，其措施包括：

(1)禁止妨碍正常交易的契约与合谋。

(2)禁止对不同销售对象实行价格歧视。

(3)禁止签订排他性交易协议。

(4)禁止采取降价倾销的办法争夺市场，压制竞争对手。

(5)禁止采取不公正的竞争方法以及欺诈性行为来垄断市场。

(6)禁止企图垄断的联合。

我国主要的法律法规有：《反垄断法》《反不正当竞争法》《价格法》《招标投标法》《消费者权益保护法》《外国投资者并购境内企业暂行规定》《制止价格垄断行为暂行规定》等。

【案例 7-2】

铁路部门的垄断定价还能掌握多久

近20年的中国季节性大迁徙——"春运"，已成为中国特色。"春运"市场提供了世界上罕见的爆发性最大的商机。铁道部为了缓解春运的高峰，在春运期间上涨火车票的价格，有关人士解释，涨价是为了"削峰平谷"，以达到"均衡运输"的目的，但我们看到的是涨价后，铁路并没有减少乘客，达到"均衡运输"的目的。因为对于中国大多数老百姓而言，出门坐火车是首选交通工具,无论火车票涨不涨价,该回家的还得回家,涨价根本无法削峰平谷,只能是让铁路部门狠狠赚一笔。据北京一家报纸报道,节前15天,北京西站和北京东站客票收入增长了50%,收入近3亿,这只是15天取得的。春节给了铁路部门一个极为厚重的大礼包。有舆论指责,这是"垄断行业大发横财"。我们的政府意识到了这个问题,对垄断性企业的垄断利润进行干预,我们可喜的看到在2007年的春运铁道部已经明确春运期间火车票不涨价。

讨论题:

1.垄断的含义与形成的条件?

2.简述垄断存在的利弊?

第三节　外部性

外部性也称为外溢性、相邻效应,是指一个人的行为对旁观者福利的无补偿的影响。如果对旁观者的影响是不利的,就称为负外部性(negative externalities);如果这种影响是有利的,就称为正外部性(positive externalities)。外部性的影响会造成私人成本和社会成本之间,或私人收益和社会收益之间的不一致,这种成本和收益差别虽然会相互影响,却没有得到相应的补偿,因此容易造成市场失灵。外部性的影响方向和作用结果具有两面性,可以分为外部经济和外部不经济。那些能为社会和其他个人带来收益或能使社会和个人降低成本支出的外部性称为外部经济,它是对个人或社会有利的外部性;那些能够引起社会和其他个人成本增加或导致收益减少的外部性称为外部不经济,它是对个人或社会不利的。福利经济学认为,除非社会上的外部经济效果与外部不经济效果正好相互抵消,否则外部性的存在使得帕累托最优状态不可能达到,从而也不能达到个人和社会的最大福利。外部性理论可以为经济政策提供某些建议,它为政府对经济的干预提供了一种强有力的依据,政府可以根据外部性的影响方向与影响程度的不同制定相应的经济政策,并利用相应的经济手段消除外部性对成本和收益差别的影响,实现资源的最优配置和收入分配的公平合理。纠正的办法:(1)使用税收和津贴;(2)使用企业合并的方法;(3)规定财产权。

市场经济活动是以互惠的交易为基础,因此市场中人们的利益关系实质上是同金钱有联系的利益关系。例如,甲为乙提供了物品或服务,甲就有权向乙索取补偿。当人们从事这种需要支付或获取金钱的经济活动时,还可能对其他人产生一些其他的影响,这些影响对于他人可以是有益的,也可以是有害的。然而,无论有益还是有害,都不属于交易关系。这些处于交易关系之外的对他人的影响被称为外部影响,也被称为经济活动的外在性。再例如,建在河边的工厂排出的废水污染了河流,对他人造成了损害。工厂排废水是为了生产产品赚钱,工厂同购买它的产品的顾客之间的关系是金钱交换关系,但工厂由此造成的对他人的损害却可能无须向他人支付任何赔偿费。这种影响就是工厂生产的外部影响。当这种影响对他人有害时,就称之为外部不经济。当这种影响对他人有益时就称之为外部经济。比如你摆在阳台上的鲜花可能给路过这里的人带来外部经济。

【案例 7-3】

解决两个企业争端的办法

在一条河的上游和下游各有一个企业，上游企业排出的工业废水经过下游企业，造成下游企业的河水污染，为此两个企业经常争吵，上游与下游企业各自都强调自己的理由，怎样使上游企业可以排污，下游企业的河水不被污染呢？

讨论题：

1. 什么是外部性？

2. 解决外部性有什么办法？

第四节　公共物品

一、公共物品

(一)公共物品的特性和分类

1. 公共物品的特性

(1)非排他性。即对公共物品的消费来说，即使你没付费，也不会被排除在该物品的消费范围之外，其原因或许是排他是不可能的，或许排他的成本过于昂贵以至于排他是不划算的。如国防、蚊虫控制计划和疾病预防接种计划。

(2)非竞用性。是指某人消费这种产品不一定就会减少其他人对它的消费，如灯塔、广播、电视信号。

2. 社会产品的类型

(1)既有排他性又有竞用性的物品通常被称为私人物品。

(2)既无排他性又无竞用性的物品通常被称为公共物品。

(3)一种物品有竞用性但无排他性，通常称之为公共资源。如海鱼。

(4)一种物品虽有排他性但无竞用性，通常称之为自然垄断物品。例如，一个小镇的消防。

3. 观念澄清

具有完全的非竞用性与非排他性的物品，称之为纯公共物品，如国防、外交、法律、公安、交通安全、基础科学研究等。但是，生活中纯公共物品毕竟是极端的例子。公共物品的竞用性与排他性是相对的而非绝对的。具有如下特征的物品通常称之为准公共物品：第一，在一定范围内无竞用性，即增加消费者无须增加提供成本，但消费量达到一定程度后，消费则具有竞用性；第二，可以有效地做到排他。准公共物品有时也被称为"俱乐部物品"。医疗、教育、交通、邮电和其他基础设施，都是准公共物品，就像在日常生活中常见的电影院或俱乐部，不买票(会员资格也可理解为门票)就不能进去消费，可以做到排他、定价、收费，但是在所有位置坐满之前，增加若干观众并不影响其他观众，也无须增加电影院的成本。随着技术或其他条件的改变，产品的竞用性与排他性也会发生改变，例如，电视信号原来具有非竞用性和非排他性,现在,在技术上能够通过加密变成排他的,由此成了可以收费的准公共物品。

二、公共物品与搭便车

公共物品具有非排他性,而且当某消费者使用它以后,对于产品的耗损几乎等于零,所以在公共物品的消费中会出现搭便车行为。首先很大的利益诱使消费者搭便车的活动;其次因损失非常少而使得费用负担者不去与搭便车者计较。基于这些原因,使得公共物品建设的经费来源非常不稳定,导致公共物品的建造无法顺利进行,甚至无法建造。

三、政府对公共物品的提供

(1)政府不可以完全取代公共物品,尤其是准公共物品的"市场"的原因:①政府部门缺乏足够的利润动机,因此由政府部门来生产会造成投入—产出效率低下;②政府的生产、经营具有垄断性,导致政府经营的企业缺乏提高效率的压力;③据有关研究,政府部门有追求各自预算最大化的倾向,如果由政府部门来生产公共物品,在预算最大化的激励下,有可能导致公共物品的过度供给。

(2)对于准公共物品,政府通常安排给私人生产,采取的方式有如下几种:

①授权经营。如自来水公司、电话、电台、报纸、供电。

②资助。主要领域是科学技术研究、住宅、教育、卫生、保健、复员军人安置、图书馆、博物馆等,主要形式有优惠贷款、无偿赠款、减免税收、财政补助等。

③政府参股。主要应用于桥梁、水坝、发电站、高速公路、铁路、港口、电信系统等,主要方式有股权收购、国有企业经营权转让、收益风险债券、公共参与基金等。

④其他合同形式。主要适应于具有规模经济的自然垄断性产品,方式有 BOT 等。

⑤自愿社会服务。

(3)公共物品成本补偿的形式:①税收形式。纯公共物品适用这一形式,如国防、立法、新闻等。消费者无须直接支付费用,但以税收的形式间接支付。②价格形式。一部分准公共物品采用这种形式,如邮电、交通、供水、供电、供气等。③补贴加收费形式。一些政府管理的公共物品供应部门,出于公平、社会稳定等因素的考虑,往往采取一部分由政府补贴,另一部分以较低价格收费的形式补偿成本,如医疗、教育等。

本章小结

市场失灵是指市场无法有效率地分配商品和劳务的情况。对于非公共物品而言由于市场垄断和价格扭曲,或对于公共物品而言由于信息不对称和外部性等原因,导致资源配置无效或低效,从而不能实现资源配置零机会成本的资源配置状态。其主要通过收入与财富分配不公、外部负效应问题、竞争失败和市场垄断的形成、失业问题、区域经济不协调问题、公共产品供给不足、公共资源的过度使用等形式表现出来。然而,对于不同的经济环境,市场失灵的情况也不一样,即中西方市场失灵之间的差异。但对中国市场而言,对于市场失灵主要还是由政府直接干预,通过市场调节、宏观调控、法律和经济效益、行政计划等手段进行调控。

思考与练习

一、单项选择题

1. 依据垄断者占有市场的情况分类垄断不包括下列（　　　）

    A. 独占垄断　　　　　　B. 寡头垄断　　　　　C. 联合垄断　　　　　D. 行政垄断

2. 以下不属于市场失灵原因的是（　　　）。

    A. 垄断　　　　　　　　B. 公共物品　　　　　C. 信息完全　　　　　D. 外部性

3. 某人或某企业的经济活动会给社会上其他人带来损害，但该人或该企业却不必为这种损害进行补偿，称为（　　　）。

    A. 规模经济　　　　　　B. 规模不经济　　　　C. 外部经济　　　　　D. 外部不经济

4. 关于外部性，下列说法错误的是（　　　）。

    A. 外部性是指某个人或某个企业的经济活动对其他人或其他企业造成了影响，但却没有为此付出代价或得到收益

    B. 外部影响能促进市场机制有效地进行资源配置

    C. 外部性可以分为外部经济与外部不经济两种

    D. 由于存在外部性的影响，整个经济的资源配置也不可能达到帕累托最优状态

5. 具有有限的非竞争性和非排他性的物品是（　　　）。

    A. 私人物品　　　　　　B. 纯公共物品　　　　C. 准公共物品　　　　D. 公共物品

6. 买卖双方在不对称信息的情况下，出现质量差的商品往往将质量好的商品驱逐出市场的现象，此种现象称为（　　　）。

    A. 逆向选择　　　　　　B. 道德风险　　　　　C. 趋利行为　　　　　D. 违法行为

7. 以下不属于消除外部性的传统方法的是（　　　）。

    A. 补贴手段

    B. 税收手段

    C. 明晰产权

    D. 将相关企业合并从而使外部性内部化的手段

8. 某造纸厂在生产的过程中向附近的河流排放大量的污水因此导致附近的粮食产量大幅下降，但是该厂却又不对附近种粮食的居民进行相应的赔偿，这种现象通常被称之为（　　　）。

    A. 外部经济　　　　　　B. 外部不经济　　　　C. 生产外部性　　　　D. 消费外部性

二、多项选择题

1. 造成市场失灵的主要原因有（　　　）。

    A. 垄断　　　　　　　　B. 外部性　　　　　　C. 委托—代理人问题

    D. 通货膨胀　　　　　　E. 公共产品

2. 根据经济活动的主体不同，外部性可分为（　　　）。

    A. 消费的外部性　　　　B. 个人外部性　　　　C. 生产的外部性　　　　D. 外部不经济

    E. 集体外部性

3. 最典型的纯公共物品是（　　　）。

A. 国防　　　　　　　　B. 治安　　　　　　　　C. 教育　　　　　　　　D. 医疗卫生

E. 收费公路

4. 交易双方达成协议后,协议的一方利用信息的不对称,通过改变自己的行为,来损害对方的利益,这属于（　　　）。

A. 逆向选择　　　　　　B. 道德风险　　　　　　C. 败德行为　　　　　　D. 违法行为

E. 趋利行为

5. 政府对市场进行干预的目的主要是（　　　）。

A. 为了克服市场失灵　　　　　　　　　　B. 弥补市场机制的缺陷和不足

C. 优化资源配置　　　　　　　　　　　　D. 控制生产产品的总量

E. 控制市场价格

三、简答题

解释市场失灵的两个主要原因,并各举出一个例子。

第八章　国民收入核算与决定理论

学习目标

1.了解国民收入核算的基础指标和核算方法
2.理解国民收入核算中的恒等关系,并能简要说明国民收入决定的基本原理

开篇案例

汉朝的时候,在西南方有个名为夜郎的小国家,它虽然是一个独立的国家,可是国土很小,百姓也少,物产更是少得可怜。但是由于在邻近地区夜郎这个国家最大,从没离开过本国的夜郎国国王就以为自己统治的国家是全天下最大的国家。有一天,夜郎国国王与部下巡视国境的时候,国王指看前方问:"这里哪个国家最大呀?"部下们为了迎合国王的心意,于是就说:"当然是夜郎国最大。"走着走着,国王又抬起头来,望着前方的高山问:"天底下还有比这座山更高的山吗?"部下们回答说:"天底下没有比这座山更高的山了。"后来,他们来到河边,国王又问:"我认为这就是世界上最长的河流了。"部下们仍然异口同声回答说:"大王说得一点都没错。"从此以后,无知的国王就更相信夜郎是天底下最大的国家。有一次,汉朝派使者来到夜郎,骄傲又无知的国王因为不知道自己统治的国家只和汉朝的一个县差不多大,竟然不知天高地厚地问使者:"汉朝和我的国家哪个大?"

请思考:

比较一个国家的大小、强弱的依据是什么? 有哪些具体指标?

第一节　国民收入核算

【案例 8-1】

国民收入是如何计算的

世界上曾经存在着两种不同模式的国民经济核算体系:一种是"国民账户体系"(简称SNA),另一种是"物质产品平衡表体系"(简称 MPS)。MPS 主要是为适应计划经济体制而设计、产生和发展的,曾在计划经济国家中普遍使用。但随着原计划经济体逐步转向市场经济,MPS 现在基本被弃用。

当前世界各国普遍使用的是 SNA,其基础是联合国 1947 年公布的《国民收入的计量和社会核算表的编制》以及 1953 年公布的《国民核算表及补充表体系》(称旧 SNA)。SNA 以

国民收入生产、分配和使用过程为基础来描述国民经济运行。1968 年联合国公布了《国民账户核算体系》(the system of national accounts,缩写 SNA),简称新 SNA,并于 1970 年在世界各国推行实施,20 世纪 90 年代发展到 170 多个国家推行采用。1993 年联合国第 27 届统计委员会会议又通过了关于 SNA 的修改方案,在总结各国 SNA 实践和应用基础上,进一步改进和完善了国民经济核算体系。目前国际上基本全部实行 SNA 基础上的国民经济核算体系,国民经济核算体系实现了全球一体化。

我国原来实行的是计划经济条件下的 MPS。1992 年我国提出了国民经济核算体系的试行方案,并确定在 1992—1995 年期间分两步实施。这标志着我国国民经济核算体系工作正式步入国际一体化的 SNA 体系行列。1998 年国家统计局在总结多年实践的基础上,制定了新的国民经济核算体系,并于 1998 年在《中国统计年鉴》中正式定期公布国民经济核算体系统计数据。

SNA 体系中,广义的国民收入是由一系列的概念构成的,它一般被认为通常包括以下几个总量:国内生产总值、国民生产总值、国内生产净值、狭义的国民收入、个人收入和个人可支配收入。对于这些总量的核算构成了广义的国民收入核算。国民收入核算是宏观经济学研究的基础和前提。

一、国内生产总值

(一)GDP 的含义

在所有有关国民收入的概念中,国内生产总值通常被认为是最重要的一个概念,因为它最能够概括和反映一个国家或地区的经济运行情况。正因如此,一个国家政府的统计部门所做的国民经济统计通常也都是以对国内生产总值的统计为核心的。

国内生产总值(gross domestic product,GDP)指的是一个国家(或地区)在某一个时期内运用领域内生产要素所生产的所有最终产品和劳务的市场价值的总和。

在理解这一定义时,我们必须注意以下几个问题:

(1)GDP 是一个市场价值的概念。各种最终产品和劳务的价值都是用货币加以衡量的。所以统计 GDP 所用的最终市场价值就是用这些最终产品和劳务的单位价格乘以产量获得的。例如一个国家一年生产的汽车为 20 万辆,平均每辆售价 10 万元人民币,则该国一年所生产的汽车的市场价值为 200 亿元人民币,也就意味着该年度中该国的汽车产业为该国的 GDP 总量贡献了 200 亿元人民币的量。基于此,具体 GDP 的值会受到当年产品市场价格水平的影响,这一点,我们将会在后面进一步加以讨论。

(2)GDP 衡量的是最终产品和劳务的市场价值,而中间产品市场价值不计入 GDP,否则会造成重复计算。所谓最终产品是供人们最终直接消费的产品,而中间产品则是在以后的生产之中作为生产资料继续投入新产品生产的产品。例如面包是最终产品,应该被计入 GDP 的统计之中;而面包被生产之前用的面粉则是中间产品,不计入 GDP,因为面包的市场价值已经包括了面粉的市场价值。

但是在实际经济之中,有时候很难区分一种产品是属于最终产品还是中间产品。例如燃油可以作为中间产品用于冶金行业的生产燃料或者化工行业的生产原料,但是也可以作为最终产品用于人们生火、做饭、取暖。为了解决这个问题,在 GDP 的具体计算中采用了增值法,即只计算在生产各阶段上所增加的价值。具体如表 8-1 所述。

表 8-1　产品增值

不同阶段产品名称	产品市场价值	中间产品成本	增值
小麦	6	—	6
面粉	8	6	2
面包	12	8	4

表 8-1 中，由小麦到面粉，再到面包这个生产过程中，如果按照产品市场价值计算，面包作为最终产品的市场价值 12 应该作为统计数据计入 GDP，而小麦和面粉作为中间产品，其市场价值 6 和 8 则不应该计入。但是按照产品市场价值统计，必须能够明确区分小麦、面粉和面包，哪个是中间产品？哪个是最终产品？如果按照增值法计算，小麦、面粉和面包三种产品的增值之和也正好等于最终产品面包的市场价值 12，但是采用增值法却不用区分中间产品和最终产品。因此，也就不存在重复计算的问题。

（3）GDP 是指某一时期内生产的最终产品和劳务的市场价值，而不考虑这些最终产品是否已经售出，也不考虑以前生产尚未售出的存货。例如，某汽车厂商 2011 年生产一辆汽车时，这辆汽车的市场价值将计入 2011 年度的 GDP，而不管其能否在 2011 年度售出。而如果该厂商在 2011 年度售出了一辆二手车或者是 2010 年生产的新汽车，则该汽车不计入 2011 年度的 GDP，因为它已经在其生产的年度被统计过了。

（4）GDP 的统计不但包括有形的产品，还包括无形的劳务。在实际 GDP 统计之中，不但包括了面包、汽车等有形的看得见的产品的市场价值，还包括金融、医疗、教育甚至像理发等服务的市场价值。

（5）GDP 的统计只能包括参与市场交易的所有产品和劳务的市场价值，而对于不参与市场交易的产品和劳务则不包括。例如，你在超市中购买了一个面包，则该面包将会被计入 GDP 的统计之中，而如果你在家中自己加工一个面包，且用于了自己或家人的消费，则该面包将不会被计算入 GDP 的统计之中。

GDP 只是一个地域概念，而非国民概念。GDP 包括了本区域内所有经济单位生产的产品和劳务的市场价值，而不管这些经济单位的身份归属。例如，一个外资企业生产的产品将会被统计到所在国的 GDP 之中，而不会被统计到其投资国的 GDP 之中。反之，与之相对应的另一个概念是 GNP，我们将在后面加以讨论。

（二）GDP 与地下经济

GDP 的统计总是会忽略许多发生在地下经济中的交易。

中国的农村是一个广泛存在原始地下经济的区域。例如结婚，在经济不发达的农村地区你经常会看到婚宴是这样举行的：主人会把家里养的一头猪宰掉，然后请来一大帮亲戚朋友帮忙，做上一大桌丰盛的婚宴，然后消费掉。如果在经济发达的城市，这些丰盛的婚宴就会变成在酒店的消费，统计进入了 GDP。但是在农村由于这些属于自给自足，没有人会去统计自家的猪和亲戚朋友的劳动应该按照多少价值计入 GDP。

这种原始的地下经济不仅在农村，在城市也普遍存在。例如，你家房屋漏雨了，你会想到去找一个农民工帮你修缮一下，此时你可能要支付 50 元人民币作为报酬，但是这些针对劳动的支付没有人会去把它统计进入 GDP。中国农民工的数量据统计超过两亿，其中有相当一部分在从事短期临时性质的劳动。

按照广义的定义,地下经济,有时又被称作灰色经济、非正式经济或影子经济等,包括合法但没有报告或记录的交易。这是一张大网,包括清扫家庭的费用,与邻居一起修缮房屋的费用等等。但这却不是全部,例如,毒品交易、卖淫、赌博等这些非法交易单纯从经济的角度来分析,也符合 GDP 构成的要素。但是其交易金额根本无从估计,所以大家更关心地下交易中合法交易的规模。

经济的发达程度会影响到地下经济占 GDP 的比率。在发达的经济体中,由于社会分工细致,所以社会生产的产品和劳务更加容易在市场中流通,因此地下经济所占比重相对较小。而在一些经济不发达的地区,经济更加偏向于自给自足,以至社会生产的大部分产品和劳务根本不能出现在市场流通之中,因此,地下经济所占比重较大。这也是造成经济不发达地区和经济发达地区的人们感觉生活差距没有 GDP 统计数字那么大的重要原因。

表 8-2　地下经济的差异

国　别	地下经济占 GDP 的比率/％
玻利维亚	68
秘鲁	61
泰国	54
墨西哥	33
阿根廷	29
瑞典	18
英国	12
日本	11
瑞士	9
美国	8

资料来源:Friedrich Schneider. Figures are for 2002. 转引自:曼昆. 经济学原理[M]. 梁小民,译. 北京:机械工业出版社,2003.

二、国民收入核算中的其他总量

(一)国民生产总值

如前所述,GDP 只是一个地域概念,而非国民概念。而描述国民概念的是国民生产总值,即 GNP。国民生产总值(gross national product,GNP)是指一个国家(或地区)运用其所拥有的生产要素所生产的所有最终产品和劳务的市场价值的总和。

GNP 包含本国国民从国外取得的工资、投资收益、利息等收入,但同时也要扣除本国支付给国外的相应部分支出。GDP 则不考虑从国外获得的收入和对国外的相应支出。GNP 的概念弥补了 GDP 的不足之处,相对于 GDP 来说,GNP 更能反映一国的实际富裕程度。

(二)国内生产净值与国民生产净值

GDP 和 GNP 只考虑了相应经济单位在既定时期内生产的产品和服务,并未考虑同时期为生产这些产品和服务而产生的资本设备折旧。如果将 GDP 和 GNP 中扣除这些资本设备折旧,则构成了国内生产净值(net domestic product,NDP)和国民生产净值(net national product,NNP)。NDP 和 NNP 更接近于相应经济单位在既定时期内生产商品和服务的净值。

(三)国民收入

此处国民收入是狭义的国民收入概念,是指按生产要素报酬计算的国民收入,即工资、利息、租金和利润的总和。从国民生产净值中扣除企业间接税和企业转移支付,再加上政府补助金就得到这一狭义国民收入(national income,NI)。因为间接税和企业转移支付是计入产品价格的,但是却不参与要素分配,所以要扣除;而政府补助金却相反,不计入价格,但却成为要素收入,因此要加上。

(四)个人收入

个人收入(personal income,PI)是指个人实际得到的收入。国民收入中三个部分不构成个人收入,它们是公司未分配利润、公司所得税以及社会保险费;另一方面,人们还会从政府获得失业救济金、退休金等政府转移支付作为个人收入。因此,国民收入减去公司未分配利润、公司所得税和社会保险税,加上政府转移支付,就得到个人收入。

(五)个人可支配收入

个人可支配收入(disposable personal income,DPI)是指个人可随意用来消费或储蓄的收入数量。个人收入扣除个人所得税即为个人可支配收入。

三、名义国内生产总值与实际国内生产总值

如前所述,由于国内生产总值 GDP 是一个市场价值的概念,是用货币来计算的,因此,一国 GDP 数值的变动不仅取决于最终产品和劳务的数量,还取决于价格水平的变化。因此就产生了名义 GDP 和实际 GDP 两个不同的概念。

名义 GDP 是用当年的价格计算的全部最终产品和劳务的市场价值;而实际 GDP 是指用基年的价格水平计算的全部最终产品和劳务的市场价值。例如,假设某国某年生产的所有最终产品和劳务的数量分别为 $Q_1,Q_2,\cdots,Q_n$,当年各产品和劳务的价格水平分别为 P_1,$P_2,\cdots,P_n$。而这些产品和劳务在基年的价格分别为 $P_{b1},P_{b2},\cdots,P_{bn}$,则该年的名义 GDP 和实际 GDP 的计算分别为:

$$名义 GDP = Q_1 P_1 + Q_2 P_2 + \cdots + Q_n P_n \tag{8-1}$$
$$实际 GDP = Q_1 P_{b1} + Q_2 P_{b2} + \cdots + Q_n P_{bn} \tag{8-2}$$

实际 GDP 的计算可以消除价格变动的影响,使我们清楚了解到该时期相对于其他时期的产品和劳务产量的实际变化程度。名义 GDP 与实际 GDP 之比,又被称作国民生产总值折算数。即:

$$GDP 折算数 = \frac{名义 GDP}{实际 GDP} \tag{8-3}$$

国民生产总值折算数能够反映出本年的价格水平相对于基年的价格水平的变动幅度,因此国民生产总值折算数是反映通货膨胀的重要指标。这一点我们将在后面介绍。

四、人均 GDP

人均 GDP 是反映一个国家经济发达程度的重要指标。在衡量一个国家的经济发达程

度或比较不同国家的经济发展水平时,只用名义的 GDP 或者实际的 GDP 都是没有意义的。例如,中国 2006 年的名义 GDP 总量约为 26447 亿美元,高于约为 23770 亿美元的英国名义 GDP 总量,但是显然英国经济的发达程度要高于中国,这一点从人均 GDP 就能看得比较透彻。同年,英国的人均 GDP 为 39224 美元,而中国的人均 GDP 为 2016 美元。

人均 GDP 的计算方法是:

$$人均 GDP = \frac{GDP}{年平均总人口} = \frac{GDP}{(年初总人口 + 年末总人口)/2} \tag{8-4}$$

五、国内生产总值的核算方法

由于 GDP 是一个市场价值的概念,因此,我们可以从交易的不同角度来考虑计算。在交易的过程中,交易一方发生了支出,另一方相应产生了收入。如果从支出的角度来核算 GDP,我们叫作支出法;如果从收入的角度来核算,我们叫作收入法。

另外,我们还可以直接从生产的角度来核算 GDP,也就是由各个部门分别从收入或者支出角度统计自己所生产产品和劳务的市场价值,然后加总获得 GDP 的值。这种方法叫作生产法或者部门法。

(一)支出法

用支出法来核算 GDP,最重要的就是确定谁是最终产品和劳务的购买和使用者。在实际交易中,最终产品和劳务一部分主要由居民购买后用于了消费;另外还有一部分被购买后用于了再生产,我们称为投资;另外还有政府的采购以及外国人的购买,也就是出口。因此用支出法来核算 GDP,也就是计算该经济社会(国家或地区)在某一个时期内消费、投资、政府采购以及出口这几方面支出的总和。

消费支出(consumption)一般用 C 表示,是指居民私人的消费。它不同于我们平时所说的消费概念,不包括政府部门和企业的消费性开支,例如政府购买一辆汽车通常不被计入此处的消费支出,而被记入政府采购;而企业采购一辆汽车通常被记入投资支出。消费支出通常包括非耐用品支出(如食品和衣服等)、耐用品支出(如汽车和家电等)和劳务消费支出(如理发和医疗等)三部分。值得一提的是,家庭的教育支出通常也被统计在劳务消费支出之中,虽然有人认为其应该被归于投资支出之中。与此同时,建筑或购买新住房的支出却不被包括在消费支出之中,虽然有人认为其应该被包括其中。这只是统计的习惯所致。

投资支出(investment)一般用 I 表示,是指对于用于再生产的最终产品和劳务的采购支出。投资支出通常包括对企业的机器设备、存货的购买支出,以及对新建房屋的购买支出。新建住房的购买支出同时包含了企业厂房的购买和居民住房的购买,如前所述,这只是习惯所致。机器设备、厂房等资本物品为什么被认为是投资支出中的最终产品?不是和生产原料一样属于中间产品吗?这是由这些资本物品和中间产品的重大区别决定的,中间产品在生产的过程中被全部消耗掉,而资本物品则只是部分的被消耗。资本物品的损耗带来的价值减少叫折旧。折旧不但包括资本物品的物质磨损,还包括其他因素导致的价值减少,例如一台机器使用年限虽然未到,但是过时了,其价值会贬损。GDP 的计算不考虑折旧因素,GDP 扣除折旧之后为 NDP。

政府采购(government purchase)一般用 G 表示,包括中央和各级地方政府对物品和劳务的购买支出,例如政府开办学校、建设国防、修筑道路以及支付政府工作人员工资等等。

但是政府采购不等于政府的所有支出,例如政府向一位城市低保户支付最低生活保障金时,该项支付是政府的支出之一,但是却不属于政府采购的范围,因为政府并未向该低保户采购任何物品或劳务,这种政府支出叫作转移交付。转移支付改变了家庭收入,但是并未反映经济的生产。

净出口(net export)才是核算 GDP 时用的出口的概念,一般用 NX 表示。本国出口到他国的产品和劳务,虽然由他国支出消费,但却是本国生产,自然属于本国 GDP 的计算范围;但是本国从他国进口的产品和劳务虽由本国支出消费,却不属于本国生产,应该从本国的 GDP 中扣除,因此我们计算时只有用出口额减去进口额求得净出口才能正确核算 GDP。净出口有可能为正,也有可能为负。

综上所述,用支出法计算 GDP 的公式可以写为:
$$GDP = C + I + G + NX \tag{8-5}$$

(二)收入法

在市场交易中,产品或劳务销售之后所得收入将会被按照生产要素进行分配,成为工资、地租、利息和利润等要素收入。收入法核算 GDP 就是通过对要素收入的统计来核算 GDP,所以又被称作要素收入法或者要素支付法。当然,收入法核算 GDP 还要考虑间接税、未分配利润以及资本折旧等内容,所以一般包括以下项目:

1. 公司企业中的工资、利息和租金等生产要素的报酬

工资应当是税前全部工资,包括对所有工作的酬金、补助以及各项福利支付,还包括工资收入者缴纳的所得税和保险费用等。利息是指人们向企业提供资金借贷时在本期所获得的所有利息收入,例如银行存款利息和企业债券利息,但是政府公债利息和消费信贷利息不计算在内,而是被看作转移支付。租金则包括个人出租土地、房屋等给企业用于生产的租赁收入。

2. 非公司企业收入

它指各种类别的非公司型企业的纯收入,例如农民、医生、律师以及个体企业主等等的收入。他们被自己雇佣,使用自有资金和房屋,因此他们的工资、利息、租金以及利润等通常是混在一起作为非公司企业收入的。

3. 公司的税前利润

除了作为股东红利的公司已分配利润外,还包括公司所得税、公司为员工缴纳的保险费用支出,以及公司的未分配利润等。

4. 企业的转移支付以及企业间接税

前者是指公司对非营利组织的社会慈善捐款以及消费呆账,后者是指企业所缴纳的各种流转税、销售税或货物税。这些虽然不属于生产要素创造的收入,但是要通过产品加价转移给产品购买者,应看作生产成本计入 GDP。

5. 资本折旧

它虽不是要素收入,但是由于在支出法中计入了 GDP,故而此处也计入。

综上所述,用收入法计算 GDP 的公式可以写为:
$$GDP = 工资 + 利息 + 租金 + 利润 + 间接税 + 企业转移支付 + 折旧 \tag{8-6}$$

(三)生产法

生产法又叫部门法。从生产的角度来看,GDP 是该经济体中各个生产部门所生产的所

有产品和劳务的市场价值,即各部门的 GDP 贡献值的总和。因此,不论各个部门采用支出法或收入法,只要计算出它们的 GDP 贡献值,然后加总就可以计算出 GDP。为了避免重复计算,各部门在计算其贡献值时,采用增值法。而对于无法计算增值的部门,例如政府部门,则按照该部门员工的收入来计算,以工资代表他们所提供的劳务价值。各国在核算时采用的部门分类不尽相同,但是大多数都是按照一、二、三产业进行大类划分,然后再进行具体细分。

支出法、收入法和生产法在 GDP 的核算中各有不同的作用,支出法可以反映产品和劳务的消费方向,收入法可以反映社会收入的分配方向,而生产法则可以反映 GDP 的部门构成。从理论上讲,无论是采用支出法、收入法或生产法,GDP 核算的结果应该是一致的,但在实际核算中往往存在误差而导致结果不一致。国民经济核算体系以支出法为基本核算方法,即以支出法计算出的结果作为 GDP 的标准值。如果采用收入法或生产法核算出的结果与此不一致,就要通过误差调整项来调整,以达到一致。

第二节　简单的国民收入核算决定理论

【案例 8-2】

18 世纪初,有一个名叫曼德维尔的荷兰医生写了《蜜蜂的寓言》一书,讲的是一个蜜蜂王国的兴衰史。最初,一群蜜蜂为了追求奢华的生活,大肆挥霍,结果这个蜂群很快兴旺发达起来。后来它们放弃了奢侈的生活,崇尚节俭,结果整个社会衰落,最终被对手打败而逃散。这本书的副标题是"私人的罪过,公众的利益",意思是浪费是"私人的罪过",但可以刺激经济,成为"公众的利益"。这部作品在当时被法庭判为"有碍公众视听的败类作品",但是200 多年后,英国经济学家凯恩斯从中受到启发,提出了经济学著名的理论"节俭悖论"。

一、国民收入决定理论的基础

国民收入是宏观经济概念,同微观经济学的概念截然不同。但是其基础却又是微观的,因为宏观经济体是由诸多微观经济体构成的。因此,我们可以假设一个只有一个微观经济单位的宏观经济体,据此来研究国民收入的决定。

假设一个社会只有一个馅饼店构成,而且人们只对馅饼有需求,此时这个社会的 GDP 就是这个店的馅饼产量。决定馅饼产量的因素有哪些呢? 首先是生产能力,这取决于馅饼店员工、设备以及原料的量,即总供给(AS)。其次,其产量还取决于社会有效总需求,因为社会只由一个馅饼店构成,社会有效总需求(AD)即馅饼店员工对馅饼的消费需求。假设每天最多生产 1000 个馅饼,当员工总需求为 1200 个的时候,此时馅饼产量取决于总供给,即只能生产 1000 个,此时国民收入为 1200 个馅饼;当员工总需求为 800 个的时候,这时虽然馅饼店有能力生产 1000 个馅饼,但是生产出来却有 200 个消费不了,因此,其产量取决于总需求,即此时国民收入为 800 个馅饼。

我们可以利用这个例子来理解潜在的国民收入和均衡的国民收入的概念。当生产 1000个馅饼的时候,馅饼店的生产潜力得到了最大的发挥,这时的国民收入叫作潜在的国民收入;潜在的国民收入又叫作充分就业状态下的国民收入,是指利用社会上一切可利用的经济资源(劳动、资本、土地等)所能够生产的产品和劳务的最大量,也就是该经济体的经济潜力充分利用或发挥时所能达到的最大产出量。

当生产 800 个馅饼时,虽然生产潜力没有得到最大限度发挥,但是此时总需求和总供给实现了均衡,这时的国民收入叫作均衡的国民收入。所以均衡的国民收入是总需求与总供给相等时的国民收入,此时产量处于均衡状态,相对稳定。国民收入决定理论就是要说明总需求和总供给如何决定均衡的国民收入水平,以及均衡的国民收入水平是如何变动的。

短缺经济之下的传统古典经济学曾认为只有总供给才是影响国民收入的唯一因素,但这一观点在 1929 年爆发的世界经济危机中被推翻。宏观经济学创始人英国经济学家凯恩斯通过分析,建立了以需求为中心的国民收入理论。这也就是经济学上所谓的"凯恩斯革命"。实际上,总供给对国民收入的影响是建立在长期分析的基础上的,而总需求对国民经济的影响是建立在短期分析的基础上的。凯恩斯在评论古典经济学时说道:"长期是对当前事物的误导。要说长期,我们都会死。如果在暴风雨的季节,有人只能告诉我们,暴风雨在长期中会过去,海洋必将回归平静,那么经济学家给自己的任务就太过于容易而无用了。"凯恩斯将人们对国民收入决定理论的研究视角由总供给转移到了总需求上,我们的分析也将从总需求对国民收入决定的影响开始。

二、简单的国民收入决定模型

简单的国民收入决定模型是凯恩斯最初创立的。其立足于短期分析,主要研究产品市场均衡条件下消费对于国民收入决定的影响。该模型认为虽然基于总需求等于总供给时的国民收入称为均衡的国民收入的设定,总需求与总供给共同决定国民收入水平,但是短期内总供给不变,所以国民收入水平由总需求决定。

简单国民收入决定模型有三个重要的基本假设:第一,潜在的国民收入水平不变。也就是说经济中的生产能力是不变的,意味着所拥有的生产要素不变,同时技术水平也是不变的,不涉及长期中的经济增长问题。第二,各种生产资源没有得到充分利用。所以总供给总能够适应总需求而无限扩大,也就是说假设总供给对国民收入没有影响。第三,价格水平不发生变化。即不考虑价格水平的决定及其对国民收入水平的影响。

以上假设就使得不论总需求是多少,社会总能够以不变的价格提供相应的总供给,意味着社会总需求变动时,只会引起产量变动,而不会引起价格变动。这在西方经济学中有时被称为凯恩斯定律。由于凯恩斯在写《就业、利息和货币通论》时,面对的是 20 世纪 30 年代的大萧条,工人大批失业,资源大量闲置,社会需求增加时,只会使闲置的资源得到利用,使生产增加,而不会使资源价格上升,从而产品成本和价格保持不变,所以凯恩斯定律只适应于短期分析。简单的国民收入决定模型和后面我们要讲的 IS-LM 模型都属于短期需求分析,这两者都适应以上三个基本假设。

那么简单国民收入决定模型和 IS-LM 模型的区别在哪儿呢? 前者只考虑产品市场的均衡和变动,而不考虑由于利率变化引致货币市场的变化而对国民收入产生的影响。所以简单的国民收入决定模型还有一个重要的假设:就是假设利率水平不变,即不考虑利息率变化对国民收入的影响。此时,社会的投资水平是固定的。

（一）总需求的构成与简单国民收入模型的进一步假设

总需求是整个社会对产品和劳务需求的总和。根据前面对经济循环运行的分析，我们容易理解总需求来自于居民、企业、政府和国外四部门中的消费、投资、政府支出和出口这四个方面的需求。

消费是指居民对产品和劳务的需求或支出，包括耐用消费品支出、非耐用消费品支出、房租支出，以及对其他劳务的支出。根据西方经济学家的长期统计研究资料分析，在总需求中消费的需求是最为稳定的。影响消费的因素有很多，如消费者的收入水平、商品的价格水平、消费者自身的偏好、风俗习惯等，在这些因素中，具有决定性作用的是收入水平。

投资是指厂商对投资品的需求或支出，包括企业固定投资，例如厂房、设备等固定资产的投资；存货投资，例如用于原材料、半成品以及未销售的成品的投资；以及居民住房投资。实际的投资在经济中波动很大。但是在简单的国民收入决定模型中，我们假设投资水平固定，即不随利率和产量变动。

政府支出是政府对各种产品和劳务的需求，或者说是政府购买产品和劳务的支出。现代经济中，政府利用财政政策来干预经济，所以政府支出不仅包括政府本身雇佣人员和办公费用的支出，而且还包括政府对一些大型基础设施的投资支出，因此，政府支出在总需求中的比例一直在提高。

出口在分析国民收入决定时是指净出口，即出口与进口之差。

为了进一步简化分析，我们假设不存在政府和出口，只有居民和企业，也就是消费行为和储蓄行为都发生在居民中，生产和投资行为都发生在企业部门，而且如前所述投资水平还是固定的。这样实际上我们只研究存在两部门时的国民收入的决定。

（二）总需求与均衡的国民收入决定

由前面的分析我们得知，总需求和总供给决定了均衡的国民收入。当我们不考虑总供给因素时，均衡的国民收入水平就是由总需求决定的。这一点可以用图 8-1 来说明。

在图 8-1 中，横轴代表国民收入 Y，纵轴代表总需求 AD，我们用一条从原点出发的倾斜 45° 的斜线代表总供给和总需求相等。根据均衡国民收入的概念，这就意味着在斜线上的任何一点所对应的国民收入 Y 是

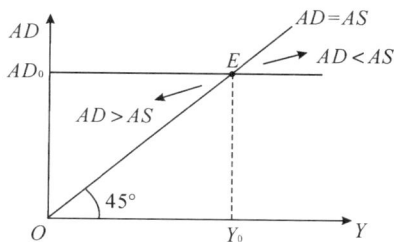

图 8-1　不考虑总供给的均衡国民收入

相应总需求 AD 下的均衡国民收入。如果此时的 AD 是一个固定的值 AD_0，那么 AD_0 与斜线的交点 E 所对应横轴上的 Y_0 就是此时的均衡国民收入水平。在 Y_0 左边的区域，AD 大于 AS，所以国民收入水平会随着 AD 向 Y_0 方向增加，而在左边的区域，AD 小于 45°，所以国民收入水平会随着 AD 向 Y_0 方向减少。

（三）消费与均衡国民收入的决定

简单国民收入决定模型既然研究产品市场均衡条件下消费对于国民收入决定的影响，那么我们就需要先了解消费函数和与其相关的储蓄函数。

消费函数（consumption function）是用来描述消费与收入之间依存关系的函数。在其他条件不变的情况下，消费随着收入的增加而增加，但是随着人们收入的增加，增量收入中用

于消费的比重将逐渐递减,也就是说随着人们收入的增加,消费以递减的速度增加。消费函数可以表示为:

$$C=C(Y)=a+bY \tag{8-7}$$

式 8-7 中,C 代表消费;Y 代表收入;a 是收入为零时的消费,称为自发消费,是指一个人的基本生活消费;b 的经济含义指增加的每单位收入中用于消费部分的比率,bY 是随着收入变化而变化的消费量,bY 被称为引致消费。

由此引入两个表示消费与收入关系的概念,即平均消费倾向(APC)和边际消费倾向(MPC)。平均消费倾向是指消费在收入中所占的比例,其计算公式如下:

$$APC=\frac{C}{y} \tag{8-8}$$

边际消费倾向是指增加的每单位收入中用于消费部分的比率,也即是消费函数中的系数 b。由定义可知,边际消费倾向 b 的取值范围在 0 与 1 之间。其计算公式如下:

$$MPC=\frac{\Delta C}{\Delta y} \tag{8-9}$$

储蓄是指收入中未被消费的部分,在其他条件不变的情况下,储蓄随着收入增加而增加,并且随着收入的增加,增量收入中用于储蓄的比重逐渐递增,也就是说随着收入的增加,储蓄以递减的速度增加。储蓄函数是用来描述储蓄与收入之间依存关系的函数,其表达式如下:

$$\begin{aligned} S=S(Y)&=Y-C \\ &=Y-(a+bY) \\ &=-a+(1-b)Y \end{aligned} \tag{8-10}$$

式 8-10 中,S 代表储蓄;Y 代表收入;其中 $-a$ 为自发储蓄;当收入为零时,自发储蓄为负。$(1-b)$ 的经济含义指增加的每单位收入中用于储蓄部分的比率,$(1-b)Y$ 是随着收入变化而变化的储蓄量,$(1-b)Y$ 也被称为引致储蓄。

由此引入两个表示储蓄与收入关系的概念,即平均储蓄倾向(APS)和边际储蓄倾向(MPS)。平均储蓄倾向是指储蓄在收入中所占的比例,其计算公式如下:

$$APS=\frac{S}{y} \tag{8-11}$$

边际储蓄倾向是指增加的每单位收入中用于储蓄部分的比率,也即是储蓄函数中的系数 $(1-b)$。由定义可知,边际储蓄倾向 $(1-b)$ 的取值范围也在 0 与 1 之间。其计算公式如下:

$$MPS=\frac{\Delta S}{\Delta y} \tag{8-12}$$

由于全部的收入分为消费和储蓄,所以

$$APC+APS=1 \tag{8-13}$$

同样,全部增加的收入分为增加的消费和增加的储蓄,所以:

$$MPC+MPS=b+(1-b)=1 \tag{8-14}$$

了解了以上概念之后,我们再来做国民收入决定的进一步分析。由于总需求包括消费和投资,消费又分为自发消费和引致消费,且假设投资不变,则总需求公式变为:

$$AD=C+I=a+bY+I=(a+I)+bY \tag{8-15}$$

其中$(a+I)$又被称作自发总需求,我们认为它不随收入变化而变化。这时均衡的国民收入如图 8-2 所示。

此时的 AD_0 不再是一个固定值,而是一条随收入变化而变化的斜线,其截距为$(a+I)$,斜率为边际消费倾向 b。AD_0 与斜线的交点 E 所对应横轴上的 Y_0 仍然是此时的均衡国民收入水平。这时的国民收入 Y 可以表示为:

$$Y=AS=AD \tag{8-16}$$

而 8-15 中,$AD=(a+I)+bY$

所以　　　$Y=(a+I)+bY$ 　　　　　　　　(8-17)

这样就可以解出:

$$Y_0=\frac{a+I}{1-b} \tag{8-18}$$

上式说明了简单国民收入决定模型中均衡的国民收入 Y_0 的决定。

在该模型中,由于式 8-17,$Y=(a+I)+bY$,

而收入 Y 又分为消费$(a+bY)$和储蓄 S,所以,

$$(a+bY)+S=(a+I)+bY \tag{8-19}$$

$$S=I \tag{8-20}$$

由此可以得出,简单国民收入模型的前提是产品市场的均衡,即储蓄等于投资。这一点也可以用来解释均衡国民收入的实现,当社会实际产量小于均衡水平时,表明 $I>S$,社会生产供不应求,企业存货减少,企业就会扩大生产,使国民收入增加到均衡水平;反之,若社会实际产量大于均衡水平时,表明 $I<S$,社会生产供过于求,企业存货增多,企业就会减少生产,使国民收入水平减少到均衡水平。

简单国民收入决定模型可以用来反映在短期内消费的变化对国民收入水平的影响,如图 8-2 所示。

在图 8-2 中,当自发消费增加时,引致自发总需求$(a+I)$增加,所以斜线 AD_0 将向上移动至 AD_1,此时对应的均衡国民收入增加为 Y_1;反之,自发消费减少时,引致自发总需求减少,所以斜线 AD_0 将向下移动至 AD_2,此时对应的均衡国民收入减少为 Y_2。由此可见,在短期内消费与国民收入水平呈同方向变化。

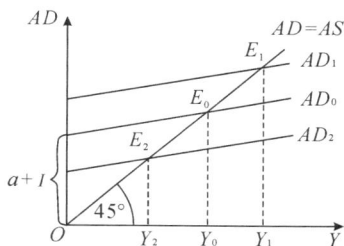

图 8-2　简单国民收入决定

简单国民收入决定理论是宏观经济财政政策的理论基础。当政府采用积极的财政政策时,政府采取措施鼓励消费,从而实现提高国民收入水平的目的;当政府采用紧缩的财政政策时,政府采取措施抑制消费,从而实现减缓国民收入过快增长的目的。

(四)乘数理论

根据简单国民收入决定模型,我们知道当自发消费变化时,会导致自发总需求变化,进而导致均衡的国民收入水平呈现同方向变化,但是均衡的国民收入水平的变化量是多少呢?

根据国民收入决定公式,增加的总需求与增加的国民收入相等,即:

$$\Delta Y=(\Delta a+I)+b\Delta Y \tag{8-21}$$

所以

$$\Delta Y = \frac{1}{1-b}(\Delta a + I) \tag{8-22}$$

由于假设投资水平不变,所以自发消费的变化量为 Δa,即为自发总需求的变化量。因此可得,

$$\Delta Y = \frac{1}{1-b}\Delta a \tag{8-23}$$

从以上公式可以看出,国民收入水平的变化量是自发消费变化量的 $\frac{1}{1-b}$ 倍,由于边际消费倾向 b 小于1,所以 $\frac{1}{1-b}$ 大于1,因此国民收入水平变化量相对于自发消费变化量成乘数倍变化。

实际上前面的分析中引致国民收入水平发生变化的直接因素是自发总需求,只是没有考虑投资、政府支出以及出口的变化,所以自发消费才替代了自发总需求。因此不难理解,如果自发投资、政府支出以及出口发生了相应变化,自然也会引致国民收入水平的类似变化。这就是所谓的乘数效应。

乘数是自发总需求的变化引起的国民收入变化的倍数,或者说是国民收入变化量与引致这种变化的自发总需求变量之间的比率。

乘数理论反映的是国民经济各部门之间存在的密切关系。某一部门的自发总需求变化,不仅会使本部门收入同向变化,而且会发生连锁反应,从而使其他部门的需求和收入也同向变化,最终使国民收入的变化量数倍于最初自发总需求的变化。

正是由于存在着乘数效应,所以政府宏观经济政策调控才能够放大性地发挥作用。但是应当注意,乘数发生作用是有一定条件的,那就是社会资源没有得到充分利用。如果社会资源已经实现充分利用,或者是说某些例如能源、原料或交通等的关键部门存在着制约其他资源利用的"瓶颈状态",乘数将无法发挥作用。

第三节　IS-LM 模型

如前所述,简单的国民收入决定模型是在假设宏观经济中只存在产品市场而没有货币市场的前提条件下得到的。现实经济中,产品市场和货币市场同时对国民收入决定产生影响,下面我们介绍的即是一个将产品市场和货币市场联系起来讨论国民收入决定的模型,简称为 IS-LM 模型。

IS-LM 模型是用来说明产品市场和货币市场同时达到均衡时国民收入和利息率之间关系的模型。请注意此处的利息率是指的实际利率,而非名义利率。名义利率是指货币市场上资金提供者或使用者现金收取或支付的利率。但是产品市场的通货膨胀率会影响资金的实际借贷成本,理性的借贷者必然会加以考虑。所以实际利率是指名义利率扣除通货膨胀率后的利率。IS-LM 模型中涉及的利率均为实际利率。

IS-LM 模型的基本假设和简单的国民收入决定模型是基本一致的,只有一点不同,那就是投资水平不再是固定的,而是受到利率的影响会发生相应的变化。该模型考察的是一个没有进出口的三部门经济体系,其核心思想是产品市场与货币市场互相影响,两个市场共

同决定均衡的国民收入。模型中的 I 是指投资，S 是指储蓄，L 是指货币需求，M 是指货币供给。IS 曲线描述了产品市场的均衡，LM 曲线描述了货币市场的均衡。在一个包括产品市场和货币市场的现实宏观经济体系中，只要有一个市场没有实现均衡，国民收入就不会稳定，只有产品市场和货币市场同时实现均衡时的国民收入才是均衡的国民收入。

（一）产品市场均衡与 IS 曲线

所谓产品市场均衡，也就是指产品市场上总需求等于总产出的状态。此时，根据我们前面的分析可知 $I＝S$。那么此时的国民收入和利息率之间的关系如何呢？IS 曲线正是反映此时的国民收入和利息率之间关系的。它们的关系如图 8-3 所示呈现反方向变动。

在图 8-3 中，横轴 Y 代表国民收入，纵轴 i 代表利息率，在 IS 曲线上的任意一点都是 $I＝S$，也就是实现了产品市场的均衡。此时 IS 曲线向右下方倾斜，说明利息率与国民收入呈反方向变动，即利息率增高则国民收入减少，利息率降低国民收入会增加。

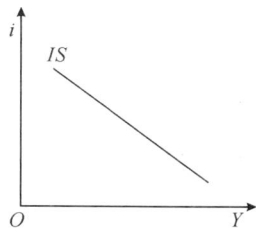

图 8-3　IS 曲线

产品市场上的利息率和国民收入的反方向变化关系是由于利息率和投资的关系决定的。根据前面的设定，总需求来自消费和投资两个领域。消费不会受到利息率变化的直接影响，但是投资却会受到影响，此时的投资水平不再是固定的，而是与利息率呈反方向变动。

在现实经济中，投资一般都要用贷款来实现，而贷款必须付出利息以作为货币的使用成本。如果利润率固定，当利息率提高时，投资的利息成本增加，投资需求自然减少，因而导致总需求减少，而总需求又决定了国民收入，所以国民收入随之减少；反之，当利息率降低时，投资者的利息成本降低，投资需求增加，因而导致总需求增加，所以国民收入随之增加。

我们也可以用投资函数来说明这一点。这里将投资也分为两部分，一部分是不随利息率变化自发投资，另一部分则取决于利率，与利息率成反方向变化，称为引致投资。则有：

$$I＝e-di \tag{8-24}$$

式 8-24 中 I 来代表总投资，e 代表自发投资，i 为利息率，而 d 为利息率变化对投资影响的系数，此处设定为一个常数。这样总需求的公式就可以写为：

$$Y＝AD＝C+I$$
$$＝a+bY+e-di \tag{8-25}$$

可得

$$Y＝\frac{(a+e)-di}{1-b} \tag{8-26}$$

式 8-26 中 $(a+e)$ 合称为自发总需求，b 为边际消费倾向，其取值范围为 $0＜b＜1$，因此我们得 IS 曲线的斜率为负，所以国民收入 Y 与利息率 i 之间呈现如图 8-3 所示的反方向变化。

另外，自发总需求的变化，例如自发投资或者自发消费的变化，会使得 IS 曲线发生平行移动。当自发总需求增加时，IS 曲线会向右上方移动；而自发总需求减少时，IS 曲线会向左下方移动，如图 8-4 所示。

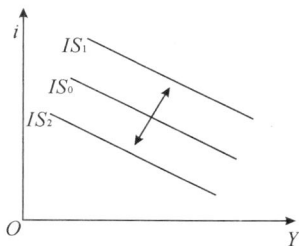

图 8-4　IS 曲线的移动

（二）货币市场均衡与 LM 曲线

货币市场均衡反映的是货币的供给与货币的需求相等的状态。货币的供给和需求共同决定了货币的实际利率。

货币的供给一般由国家货币当局（中央银行）加以控制，是一个外生变量。所以我们主要讨论货币的需求。

货币需求是由人们对货币的流动性偏好引起的，因此，货币需求又被称作流动性偏好。与其他资产相比，货币具有很强的流动性，即货币很容易与其他资产进行交换。正是货币的这种流动性，使人们对货币产生了偏好。流动偏好的动机主要有三种：一是交易动机；二是预防性动机；三是投机动机。

交易动机是指个人和企业为了进行正常的交易活动而需要货币的动机，由此产生的货币需求叫作货币的交易需求。预防性动机又叫谨慎动机，是指人们为预防意外支出而需要持有一部分货币的动机，由此产生的货币需求叫作货币的预防需求。货币的交易需求和预防需求都取决于国民收入，其在短期内是相对稳定的。为简化分析，我们用字母 L_1 来代表这两种货币需求，它可以表示为：

$$L_1 = L_1(Y) \tag{8-27}$$

投机动机是指人们为了抓住各种投机机会（一般指购买有价证券）而需要持有一部分货币的动机，由此产生的货币需求叫作货币的投机需求。投机需求取决于投机的收益与成本，其成本就是利息。因此货币的投机需求和利息率成反方向变化。我们用 L_2 来表示投机需求，则有：

$$L_2 = L_2(i) \tag{8-28}$$

由于货币的均衡反映的是货币的供给与货币的需求相等的状态。我们用 M 表示货币的供给，L 表示货币的需求。则有：

$$M = L = L_1(Y) + L_2(i) \tag{8-29}$$

从式 8-29 可以看出，当货币供给在短期内保持稳定不变时，如果货币的交易需求和预防需求（L_1）增加，为了保证货币市场均衡，则货币的投机需求（L_2）必然减少。即 L_1 与 L_2 呈反方向变化。而 L_1 的增加又是国民收入增加的结果，L_2 的减少又是利息率上升的结果。因此，当货币市场实现均衡时，国民收入与利息率之间必然呈现同方向变化。我们用一条 LM 曲线来表示货币市场处于均衡状态时，国民收入和利息率之间的关系即如图 8-5 所示。

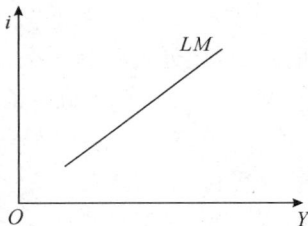

图 8-5　LM 曲线

在图 8-5 中，横轴 Y 和纵轴 i 依然代表国民收入和利息率，在 LM 曲线上的任意一点都是 $L=M$，也就是实现了货币市场的均衡。此时 LM 曲线向右上方倾斜，说明利息率与国民收入呈同方向变动，即利息率增高则国民收入减少，利息率降低国民收入会增加。

由于 LM 曲线是由货币的供给和需求来决定的，所以货币的供给量、货币的投机需求、交易需求和预防需求的变化都会导致 LM 曲线如图 8-6 所示的移动。

当货币供给增加时，既定收入对应的市场均衡利率下降，所以 IM 曲线向右下方移动；反之，货币供给量减少时，LM 曲线向左上方移动。当货币的投机需求增加时，如果其他情况不变则会使 LM 曲线向左上方移动，原因是同一利率水平上投机需求增加，交易与预防需求自然减少,从而要求国民收入水平下降。反之,货币投机需求减少时,LM 曲线将向右下方移动。而货币的交易与预防需求增加会使 LM 曲线向右下方移动,反之则向左上方移动。

以上变动因素中,货币的供给量是由国家货币当局控制的一个因素,可以通过这种调节来调节利率和国民收入,这正是政府宏观货币政策的内容。

(三)产品与货币市场同时均衡与 IS-LM 模型

如果将 IS 曲线和 LM 曲线同时放入一个坐标系,就构成了 IS-LM 模型。IS-LM 模型反映了产品市场和货币市场同时达到均衡时国民收入和利息率的决定,如图 8-6 所示。

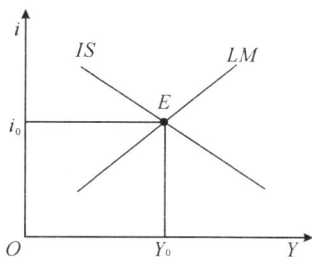

图 8-6　LM 曲线的移动 1　　　　　图 8-7　LM 曲线的移动 2

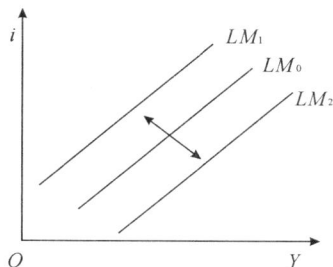

在图 8-7 中,IS 曲线上任意一点都表示产品市场的均衡,即 $I=S$;LM 曲线上任意一点都表示货币市场的均衡,即 $L=M$。两条曲线相交于 E 点,在 E 点上则实现了两种市场的同时均衡,这决定了均衡的利息率水平 i_0 和国民收入水平 Y_0。而且也只有在利息率为 i_0 和国民收入为 Y_0 时,这两个市场才能同时达到均衡。

由于物品市场的自发总需求发生变化会使 IS 曲线发生平行移动,而货币的供给和需求发生变化则会使 LM 曲线发生平行移动,这就使得交点 E 会随之发生变化,进而影响国民收入和利息率。这就给宏观经济政策调控经济提供了理论支持。

当自发总需求增加时,IS 曲线会随之向右上方移动,如果 LM 曲线不变,则会导致均衡的利息率和国民收入都出现增长;反之,自发总需求减少,IS 曲线向左下方移动,如果 LM 曲线不变,则会导致均衡的利息率和国民收入都减少,如图 8-8 所示。

三部门经济中,政府财政支出由政府政策决定,在经济分析中可以看作一种自发性支出,构成自发总需求的一部分。因此,政府可以利用财政政策影响自发总需求的变化,进而达到实现调控经济的目的。

当货币的供给量增加时,LM 曲线将向右下方移动,如果 IS 曲线不动,则会使均衡的利息率下降,而国民收入增加;反之,自发总需求减少,LM 曲线将向左上方移动,如果 IS 曲线不动,则会使均衡的利息率升高,国民收入减少,如图 8-9 所示。

货币的供应量由政府的货币当局的货币政策控制,所以政府就可以利用货币政策实现对货币供应量的调节,进而实现对经济的调控目标。

总之,模型分析了储蓄、投资、货币需求与货币供给对于国民收入和利率的影响。这一模型不仅精炼地概括了凯恩斯主义的总需求分析,而且可以用来分析财政政策和货币政策对于国民收入和利息率的影响,然后用来指导财政政策和货币政策的实施。因此,这一模型被称为凯恩斯宏观经济学的核心。

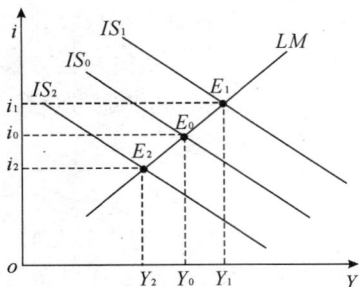

图 8-8　自发总需求变化产生的影响

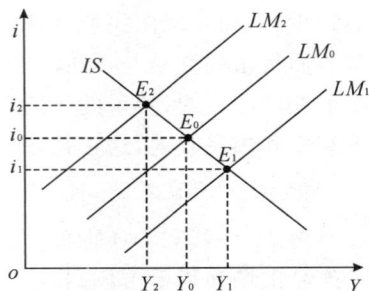

图 8-9　货币供应量变化产生的影响

第四节　总需求—总供给模型

在前面的简单国民收入决定模型和 *IS-LM* 模型中,我们假设价格水平固定不变以及总供给可以随着总需求无限伸缩。这只是在短期内需求不足时的状况,所以以上的分析结果可用来解决像 1929 年大危机时的经济萧条问题。在其他状况下,价格水平是变动的,总供给也不是无限的,所以我们必须用新的模型来分析经济的变化,于是我们提出总需求—总供给模型。在总需求—总供给模型中,我们将考虑价格的变动因素和总供给的变动因素,把总需求分析与总供给分析结合起来,说明总需求与总供给如何决定国民收入和价格水平。

一、总需求曲线

总需求是经济社会在每一价格水平上,产品和劳务的需求总量。总需求由消费需求、投资需求、政府需求和出口需求构成。我们用总需求曲线来表示物品市场和货币市场同时达到均衡时总需求和价格水平之间的关系。

为了与后面总供给分析的一致性,其中总需求通常用产量(国民收入)来表示。总需求曲线在坐标系中向右下方倾斜,如图 8-10 所示。

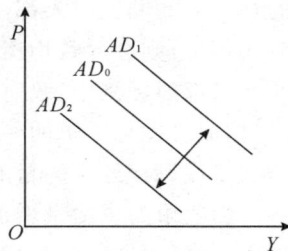

图 8-10　总需求曲线的移动

总需求曲线向右下方倾斜有以下几方面的原因:首先,价格水平上升时,人们就需要更多的货币用于交易活动。如果货币供给没有增加,当货币的交易需求增加时,利率必然上升,这会使投资水平下降,进而使国民收入下降;其次,价格总水平上升,以货币表现的资产(如现金和存款)的购买力下降,人们的实际财富减少,导致人们的消费和投资支出下降,进而使国民收入下降;第三,价格总水平增加,导致人们的名义收入水平增加,这会使人们进入更高的纳税等级,从而使税收负担加重,可支配收入降低,人们的消费和投资因而下降,进而使国民收入下降;第四,国内物价水平上升,本国公民更愿意购买国外产品,而外国对本国产品需求成少,导致净出口减少,进而导致国民收入下降。

需要注意的是,价格水平变化虽然使得国民收入出现同方向变化,但是往往国民收入的变化幅度远小于价格水平的变化幅度,所以总需求曲线一般是相对缺乏弹性或者说是陡峭的。

某些因素的变动会引起总需求曲线的移动,例如自发总需求的变动。当自发总需求增加时,总需求曲线向右上方移动,表明在价格水平既定的条件下,自发总需求由于其他原因增加了;反之,当自发总需求减少时,总需求曲线向左下方移动,表明价格水平既定时,自发总需求由于其他原因减少了,如图8-10所示。

二、总供给曲线

总供给是经济社会的总产出水平,它描述经济社会的基本资源用于生产时可能有的产出水平。总供给一般是由劳动、资本以及技术水平三方面决定的。我们用总供给曲线表示物品市场和货币市场同时达到平衡时,总供给和价格水平之间的关系。它反映在一定价格水平时,社会所有厂商愿意提供的产品和劳务的总和。

总供给取决于资源的利用情况。在不同资源利用情况下,总供给曲线,即总供给与价格水平之间的关系是不同的,如图8-11所示。

在图8-11中,a与b之间是一条与横轴平行的直线,这意味着在价格水平没有变化的条件下,国民收入水平可以自由伸缩,这是因为在这个区间没有实现充分就业、资源还没有得到充分利用。这条水平的总供给曲线是未充分就业时的总供给曲线。这个区间满足简单的国民收入决定模型和 IS-LM 模型分析的情况,正是凯恩斯需求理论分析的供给区间,所以被称为"凯恩斯区间"或"凯恩斯主义总供给曲线",这是一种超短期的情况。

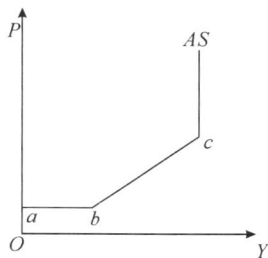

图 8-11　总供给曲线

b与c之间是一条向右上方倾斜的曲线。它表示总供给和价格水平成同方向变化,也就是随着国民收入的增加,价格水平呈现上升趋势。这是在充分就业前或资源接近充分利用情况下,产量增加使得生产要素价格上升,成本增加,最终使得价格水平上升。这种情况是短期的,又是经常出现的,所以被称作"短期总供给曲线"或"正常的总供给曲线"。

在c点以上,总供给曲线是一条垂直于横轴的直线,表明无论价格如何变化,总供给无法实现继续增加,这是因为资源已经得到充分利用,即实现了经济中的充分就业。这是一种长期的趋势,所以,被称作"长期总供给曲线"。请注意,此处所谓的"长期"也是一个相对的概念,如果从一个更长的时期来看,充分就业时的总供给也有可能因为新资源的发掘、人口的增长或者技术的进步而发生变化,这就成了经济增长所要研究的问题。

在资源既定的条件下,即潜在的国民收入水平不变的条件下,凯恩斯主义总供给曲线和长期总供给曲线是不变的;但是短期总供给曲线是可以随着一些经济要素的变化而变动的。

例如当由于技术进步等因素引起总供给增加时,将会导致短期总供给曲线向右下方移动;而由于资源减少引起总供给减少时,将会导致总供给曲线向左上方移动,如图8-12所示。

三、总需求—总供给模型及总需求曲线变动的影响

把总需求曲线和总供给曲线结合到一个坐标系中,就构成了总需求—总供给模型。该模型可以用来说明国民收入和价格水平之间的关系。总需求曲线与总供给曲线的交点对应着均衡的国民收入水平和均衡的价格水平,如图8-13所示。

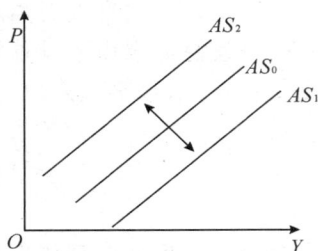

图 8-12　短期总供给曲线的移动

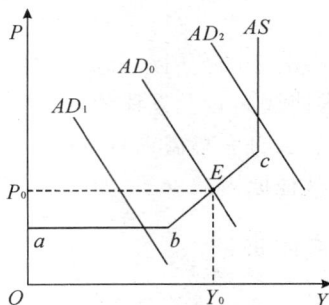

图 8-13　总需求—总供给模型及总需求曲线变动的影响

在图 8-13 中，总需求曲线 AD_0 和总供给曲线相交于 E 点，决定了此时的国民收入水平 Y_0 和价格水平 P_0，此时的总供给曲线处于短期总供给曲线范围内，如果总需求增加，则会引起国民收入水平和价格水平同时上升；如果总需求减少，则国民收入和价格水平同时下降。如果总需求曲线和总供给曲线交于凯恩斯主义总供给曲线范围内（如 AD_1），总需求的变化将不会引致价格的变化，而只会使国民收入发生同方向的变化；如果总需求曲线和总供给曲线交于长期总供给曲线范围内（如 AD_2），总需求的变化将不会对国民收入产生影响，而只会影响价格水平的变化。

四、短期总供给曲线变动对国民收入和价格水平的影响

当总供给曲线处于凯恩斯区间时，由于价格水平不会变化，总供给可以自由伸缩，所以此时的总供给曲线不会出现移动；同样在长期总供给曲线区域，由于社会产出（国民收入）是有限的，价格可以自由收缩，此时的总供给曲线也是不能移动的。唯有总供给在短期总供给曲线区间时，如果总需求不变，总供给增加会导致总供给曲线向右下方移动，即国民收入增加，同时价格水平下降；而总供给减少会导致总供给曲线向左上方移动，即国民收入减少，同时价格水平上升，如图 8-14 所示。

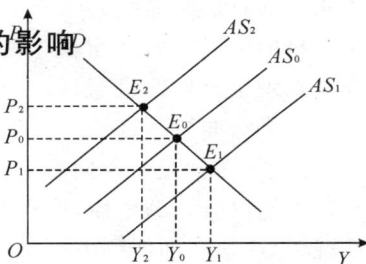

图 8-14　短期总供给变动的影响

总供给—总需求模型可用于解释经济的萧条、高涨、滞涨等短期经济波动的原因，还可以表现长期充分就业的国民收入和价格水平的变动趋势。所以该模型是分析宏观经济情况与政策的一种很有用的工具。

国民收入决定理论是宏观经济学的核心。它为分析各种宏观经济问题提供了一种重要的工具。后面对于失业、通货膨胀、经济周期、经济增长等问题的分析都是建立在国民收入决定理论之上的，都是国民收入决定理论在实际经济问题上的运用。

本章小结

国民生产总值是指一个国家（或地区）所拥有的生产要素在一定时期内（通常为一年）所生产的所有最终产品与服务的市场价值总和。国内生产总值的计算，一般采用生产法、支出法和收入法。

国内生产总值是指在一个国家领土内某一时期（通常为一年）内所生产的所有最终产品

和所提供服务的价值总和。国民收入是指一个国家一年内用于生产的各种生产要素(指劳动、资本、土地、企业家才能等)所得到的全部收入,即工资、利润、利息和地租的总和。个人收入等于国民收入减去非个人接受的部分,再加上并非由于提供生产性劳务而获得的其他个人收入。个人可支配收入是指一个国家一年内个人可以支配的全部收入。

把 IS 曲线和 LM 曲线放在同一图上,可以说明商品市场和货币市场同时均衡时,国民收入与利息率的决定。

总需求—总供给模型是把总需求曲线与总供给曲线结合起来说明国民收入与价格水平的决定。

思考与练习

一、单项选择题

1. GDP 一般包括(　　)。
A. 当年生产的物质产品和劳务　　　　　B. 上年的存货
C. 本国公民创造的全部价值　　　　　　D. 当年销售掉的全部最终产品和劳务

2. 下列哪一项计入 GDP(　　)。
A. 购买一辆二手车　　　　　　　　　　B. 购买普通股票
C. 汽车制造厂买进 10 块钢板　　　　　　D. 银行向某企业收取一笔贷款利息

3. 实际国内生产总值的变化仅仅是(　　)。
A. 由价格的变化引起的　　　　　　　　B. 由产量变化引起的
C. 由生产要素的变化引起的　　　　　　D. 由计算方法的变化引起的

4. 按百分比计算,如果名义 GDP 上升(　　)价格上升的幅度,则实际 GDP 将(　　)。
A. 小于,下降　　　　B. 超过,不变　　　　C. 小于,不变　　　　D. 超过,下降

5. 某国的 GDP 大于 GNP,说明该国居民从外国获得的收入(　　)外国居民从该国获得的收入。
A. 大于　　　　　　B. 小于　　　　　　C. 等于　　　　　　D. 无法判断

6. GDP 与 GNP 的区别在于(　　)。
A. 是否包括中间产品　　　　　　　　　B. 是否包括劳务
C. 是否用现值计算　　　　　　　　　　D. 是否为国土原则

7. 从短期看,当居民的可支配收入等于 0 时,消费支出可能(　　)。
A. 等于 0　　　　　　B. 大于 0　　　　　　C. 小于 0　　　　　　D. 以上都有可能

8. IS 曲线表示(　　)。
A. 收入增加使利率下降　　　　　　　　B. 收入增加使利率上升
C. 利率下降使收入增加　　　　　　　　D. 利率下降使收入减少

9. 在 IS 曲线和 LM 曲线相交时,表示产品市场(　　)。
A. 同一利息率水平下的收入增加　　　　B. 利息率不变收入减少
C. 同一收入水平下的利息率提高　　　　D. 收入不变利息率下降

10. LM 曲线上每一点都表示使(　　)。
A. 货币供给等于货币需求的收入和利率的组合
B. 货币供给大于货币需求的收入和利率的组合

C.产品需求等于产品供给的收入和利率的组合

D.产品需求大于产品供给的收入和利率的组合

二、分析思考题

1.生产一个面包和生产一杯牛奶,哪一个对 GDP 的贡献更大?

2.如果一个地区拆迁了一批未到使用期限的住宅用于建同样大小新住宅对 GDP 有何影响? 对 NDP 呢?

3.根据你的了解,分析当前中国的 GDP 和 GNP 哪个大? 日本的呢?

4.三公消费,指政府部门人员在因公出国(境)经费、公务车购置及运行费、公务招待费产生的消费,三公消费过高早已成为一种普遍的现象,并引起社会广泛关注。随着中央各部委公开三公消费统计数据,社会对限制三公消费的呼声越来越高。

然而从本章学习内容来看,限制三公消费对 GDP 会产生什么影响? 除了对 GDP 产生影响还可能会产生什么经济影响? 那我们还要限制三公消费吗?

5.请调查在历次经济危机期间,世界各国所采取的刺激经济增长的措施有哪些?

第九章　失业与通货膨胀理论

▶ 学习目标

1. 理解失业、充分就业以及通货膨胀的基本概念
2. 熟悉通货膨胀的类别、成因与治理
3. 学会利用失业与通货膨胀理论分析经济问题
4. 能够正确解读宏观经济政策

▶ 开篇案例

官方公布的中国的失业率 2015 年、2016 年都不高于 4.5%

长期以来，中国政府公布的城市登记失业率都不高于 4.5%。

中国是世界第一人口大国，失业问题一直是悬在中国人头上的一把剑。20 世纪 60 年代中国就存在严重的就业困难，当时城市年轻人大量上山下乡，能招工、参军就是好出路了。改革开放以后，中国进入世界工厂的辉煌时期，也还存在大量失业人口，比如农村过剩劳动力高达 1 亿多。

目前中国失业大军由四个层次的失业者构成：

一是农村过剩劳动力，随着世界工厂的倒闭，大批农民工返乡，失业现象严重；

二是外资白领，随着大量外资撤出中国，不少原来薪资优渥的白领失去工作；

三是失业大学生，由于学校里要求大学生提供就业证明才发放毕业证，学生被迫想方设法让父母或者亲戚单位提供假的就业证明，学校提供的就业率已完全失去了意义；

四是城市中那些初、高中毕业后长期在家待业的青年，这些人，中国媒体将其称之为"啃老族"。

失业与通货膨胀并称为两大宏观经济问题，一直是经济学家疲于对付的经济顽疾。失业是市场经济的伴生物，在自给自足的自然经济中，人们无所谓就业，也就无所谓失业。失业现象最早产生于西方市场经济国家，并引起经济学家的关注，进而上升为失业理论。通货膨胀常常成为人们谴责的对象，因为通货膨胀率超过收入增长率时，人们的生活水平就会下降。

本章重点介绍失业理论、通货膨胀理论以及两者之间的关系。

第一节　失业理论

失业是最直接地影响人们生活的宏观经济问题。对于人们来说,是否就业直接关系到自身的生活水平以及社会地位,同时对社会的安定以及国家经济发展都有着关键影响。因此,解决好人民的就业也成为各国政府制定宏观经济政策时首要考虑的问题之一。

一、失业与失业率

失业是指有劳动能力、愿意接受现行工资水平但仍然找不到工作的现象。

在一定年龄范围内,有工作能力、愿意工作、正在找工作但仍没有工作的人,被称为失业者。在一定年龄范围外,已退休的、丧失工作能力的、在校学习的以及不愿意寻找工作的自愿失业者都不计入失业人数。

失业率是衡量一个国家或地区在一定时期内失业状况的基本指标。

失业率是失业人数与全社会劳动力总数的比值。用公式表示为:

$$失业率＝失业人数/劳动力总数×100\% \tag{9-1}$$

式 9-1 中,失业人数是指属于失业定义范围内的人数,劳动力总数是就业人数与失业人数之和。

二、失业的类型

根据失业产生的原因,通常可以将失业划分两个大类,自然失业与周期性失业。

(一)自然失业

自然失业是指实现充分就业时仍然存在的失业。自然失业由经济中某些难克服的原因如劳动力的正常流动等引起。自然失业是必然的,因为任何经济系统都处于动态变化之中,人员的流动和产业的兴衰不会停止,任何时候总有一部分劳动者处于失业状态。

自然失业按其产生的具体原因不同,分为摩擦性失业、结构性失业、季节性失业和古典失业。

1.摩擦性失业

摩擦性失业是指从一个工作转换到另一个工作的过渡之中所产生的失业。在一个动态经济中,各行业、各部门和各地区之间劳动需求是经常变动的,劳动者在交换工作时往往需要一个过程,处于这种正常流动过程中的失业我们称之为自然失业。

即使在充分就业状态下,由于人们从学校毕业或搬到新城市而寻找工作,或是从一个低薪酬的工作换到另一个高薪酬的工作,总会存在或短或长时间的工作周转。就单个劳动者而言,摩擦性失业是暂时的;就整个经济而言,摩擦性失业是长期存在的。

2.结构性失业

结构性失业是指因技术进步或者市场需求发生变化而引起的经济结构变化所造成的失业。随着科学技术的发展,某些部门衰落或淘汰消失,而某些部门大量出现,这样由旧部门排挤出来的劳动者要经过一段时期的培训和学习,才能适应新的工作,如果不接受培训或者学习,就有可能找不到工作,此外,由于人们生活水平的不断提高,消费者需求不断发生变化,从而导致市场需求发生变化,为了适应新的市场需求,企业就必须对自身产业结构或产品结构做出调整,在调整期,必然导致某些行业的劳动者失业。

3. 季节性失业

季节性失业是指由于某些行业生产的时间性或季节性变动所引起的失业。某些行业的生产具有季节性,生产繁忙的季节对劳动力的需求大,生产淡季对劳动力的需求少,这样就会引起具有季节性变化特点的失业。在农业、旅游业、建筑业中,这种类型的失业最为显著。这些行业生产的时间性或季节性是客观条件或自然条件决定的,很难改变。因此,这种失业也是正常的。

4. 古典失业

古典失业是指由于工资刚性所引起的失业。工资是劳动的价格。根据古典经济学家的假设,如果工资如同一般商品的价格一样随行就市灵活调整,则通过市场调节,劳动达到供求均衡,实现人人都有工作,但是工资具有其特殊性,由于长期形成的社会习惯,人们普遍期望工资不断上升,而不愿接收工资下降,并且工会的存在及最低工资法限制了工资的下降,从而使工资具有能升不降的特性,即工资刚性。工资刚性的存在,表明如果工资高于均衡水平,会使得劳动的供给量增加,但同时,厂商对劳动的需求量减少,最终导致劳动力供过于求,出现失业。

(二)周期性失业

周期性失业是指因经济的短期波动而造成的失业,又称为需求不足的失业。在经济的繁荣阶段,企业产量增加,整个经济对劳动的需求大幅上升,劳动者就业率高;相反地,在经济的萧条阶段,大量企业倒闭,产量减少,整个经济对劳动的需求减少,出现失业。周期性失业与经济周期的波动相一致,故成为周期性失业。

凯恩斯认为,就业水平取决于国内生产总值,国内生产总值在短期内取决于总需求。当总需求不足,国内生产总值达不到充分就业水平时,这种失业就必然产生。

(三)自愿失业与非自愿失业

自愿失业是指劳动者因不愿意在现行工资水平下工作而造成的失业,如自动离职的摩擦性失业。

非自愿失业是指劳动者愿意在现行工资水平下工作却找不到工作而造成的失业,如结构性失业、周期性失业。一般认为,自愿失业无法通过经济政策来调整,而非自愿型失业则可通过经济政策来消除,经济学家更为关心的是如何着力解决非自愿性的失业。

(四)充分就业

充分就业是指在现有工作条件和工资水平下,所有愿意工作的人都参加了工作的就业量。充分就业并非人人都有工作,而是消灭了周期性失业时的非自愿性失业状态。

充分就业与自然失业的存在并不矛盾甚至可以并存,实现了充分就业时的失业率称为自然失业率或充分就业的失业率。自然失业率的高低取决于劳动力市场的完善程度、经济状况等各种因素。自然失业率由各国政府根据实际情况确定,各国在各个时期所确定的自然失业率都不同。

【案例 9-1】

A集团宣告破产

A 企业于 2016 年 2 月 1 日宣告破产,旗下两百多家门店悉数关闭,老板失联,员工失业。探究该公司倒闭的原因,公司领导高层认为,主要与公司的资金运作模式有关,公司的主要运营资金来源于银行的贷款与供应商的授信,依靠借贷维持运营的成本是高昂的,每年高达一个亿的利息对于一个民营企业来说无疑是沉重的负担,其次依靠借贷维持运营的风险也是巨大的,一旦资金链断裂,破产便难以避免。

思考题:

1.分析上述案例中所涉及的失业属于什么类型的失业,并说明其理由。

2.在市场经济中,失业现象能否被消灭?

三、失业的影响

(一)失业的有利影响

在市场经济条件下,失业是劳动力的流动,有利于资源的优化配置,失业是对劳动者的一种外在压力,能够促使劳动者不断提升自身素质和技能,失业同时也为社会提供劳动力储备。

(二)失业的不利影响

失业会造成人力资源的闲置和浪费,失业期间人们生活水平降低,社会存在不安定因素,政府的财政收入减少,社会福利支出增加,财政困难。

(三)奥肯定率

失业所造成的最大经济损失就是国民收入的减少。美国经济学家阿瑟·奥肯提出的著名的奥肯定律,说明了失业率与实际国内生产总值增长率之间的关系。这一定律表明,失业率每增加 1%,则实际国内生产总值减少 2.5%;反之,失业率每减少 1%,则实际国内生产总值增加 2.5%。

理解奥肯定律应注意以下三个方面:

(1)奥肯定律表明了失业率与实际国内生产总值增长率之间呈反方向变动。

(2)失业率与实际国内生产总值增长率直接 1:2.5 的关系是根据统计资料得出的平均数,在不同国家或同一国家的不同时期并不相同。

(3)奥肯定律主要适用于没有实现充分就业的情况。在实现了充分就业的情况下,自然失业率与实际国民收入增长率的相关性就要弱得多,一般估算在 1:0.76 左右。

四、失业的治理对策

失业的类型及失业原因的不同,所采取的治理对策也不相同,下面就自然失业与周期性失业的治理对策做简要介绍。

(一)自然失业的治理对策

自然失业是经济难以避免的一种失业状态,有针对性的治理对策可有效减少自然失业。

（1）对于摩擦性失业，政府可提供就业信息、实施信息公开化、反对就业歧视、消除劳动力流动壁垒等对策。

（2）对于结构性失业，则采取人力政策、提供职业训练、降低教育成本、鼓励劳动力流动等对策。

（3）对于季节性失业，可采取拓宽多元化就业渠道、强化和完善社会保障体系等对策。

（4）对于古典性失业，可采取引入就业竞争机制、树立公正市场秩序、消除劳动市场垄断等对策。

（二）周期性失业的治理对策

对于需求不足引起的周期性失业，一般采取扩张性财政政策和货币政策刺激总需求，增加就业。经济萧条时，可通过增加政府采购、政府转移性支付和公共工程，或者降低税率、减少税收以扩大市场中的货币供应量和降低利率等手段来刺激消费和投资需求，最终增加总需求，达到增加国民收入和提高就业率的目的。需注意的是，采取扩张性财政政策和货币政策刺激总需求时，可能会引起通货膨胀率上升和汇率的下跌。

周期性失业的治理还可采取组织创新、结构调整、放松管制、减免税收等供给管理政策。

第二节　通货膨胀理论

【案例 9-2】

不可思议的餐费

"什么？餐费为什么会这么贵呢？这比菜单上的价格要贵很多呀，你算了很多税进去吗？""哪里，这根本没有算税，您在点菜后，菜价就涨了，难道我们的服务员没有告诉您吗？"在餐厅里，就餐的客人和餐厅老板争执了起来："难道就在我吃饭的中间这点时间，价格就调整了？""事实确实如此，因为通货膨胀，我们没有别的办法，只有随时调整价格。"

这真是一件不可思议的事情，物价上涨得如此之快，难道会快到点菜时的价格跟结账时的价格不同？万幸的是这不是发生在我们国家的事情，这是 1982 年某外国人到玻利维亚旅行时发生的事情。该外国人将此事记录下来刊登在《纽约时代》的专栏中。如果您不相信，我们来看下历史统计资料，当年的玻利维亚一年间的通货膨胀率达到了 24000%，也就是说物价以每天 65.8% 的速度上涨，假定每天营业 10 个小时，那么每小时的物价就以接近 7% 的速度上涨。照此，点菜的时候跟结账的时候价格怎能一样呢？

（资料来源：郑甲泳.10 不如 9 大［M］.徐涛，译.北京：电子工业出版社，2006.）

一、通货膨胀的概念

通货膨胀是指在纸币流通条件下，因货币供给大于货币实际需求，导致货币贬值，从而引起的一段时间内物价水平持续而普遍上涨的经济现象。

理解这一概念时，需要注意以下几个方面：

（1）通货膨胀的物价是普遍上涨的。反映通货膨胀的物价水平是各种物品的平均价格水平,不是指某一种或某几种物品的价格,而是所有商品和劳务的总物价水平。

(2)通货膨胀的物价上涨是有幅度的。如果每年的物价水平尽管是持续上涨,但上涨幅度很小,那就不能称之为通货膨胀,究竟物价上涨多少才能算是通货膨胀,这要根据各国的具体情况而定。

(3)物价是持续上涨的。如果物价仅仅是季节性的、偶然性的、暂时性的上涨,都不是通货膨胀。

二、通货膨胀的衡量

物价指数是衡量通货膨胀程度的基本指标。通货膨胀率是一定时期内物价指数的变动率。通货膨胀率的计算公式为:

$$通货膨胀率 = \{(现期物价指数 - 基期物价指数)/基期物价指数\} \times 100\% \quad (9\text{-}2)$$

式 9-2 中,基期就是选定某年的物价水平作为一个参照,这样就可以把其他各期的物价水平通过与基期水平作对比,从而衡量现今的通货膨胀水平。

例如,2015 年 10 月我国消费者物价指数为 101.3%,如该数据以 2014 年为基期,那么基期物价指数为 100%,则相应的 2015 年通货膨胀率为(101.3% - 100%)/100% × 100% = 1.3%。

一般来说,通货膨胀通过物价指数来间接表示。物价指数是综合反映物价变动趋势和程度的相对数,常用的物价指数主要有消费者物价指数(CPI)、生产者物价指数(PPI)和国内生产总值缩减指数。

(一)消费者物价指数

消费者物价指数(CPI)是衡量一定时期居民个人所购买的商品和劳务零售价格变化的指标。消费者物价指数反映消费环节的价格水平。世界各国都倾向于根据本国居民的消费习惯,选定一些有代表性的生活必需品和服务项目,并以这种方法计算出来的物价指数来判断本国是否发生了通货膨胀。因此,它是当今世界使用广泛的物价指数,我国目前也使用它来衡量通货膨胀状况。我国目前的 CPI 指数涵盖我国城乡居民生活消费的食品、烟酒及用品、衣着、家庭设备用品及维修服务、医疗保健和个人用品、交通和通信、娱乐教育文化用品及服务、居住等 8 大类,262 个基本分类的商品与服务价格。

$$CPI = (一组固定商品按当期价格计算的价值/一组固定商品按基期价格计算$$
$$的价值) \times 100\% \quad (9\text{-}3)$$

(二)生产者物价指数

生产者物价指数(PPI)是衡量一定时期生产资料与消费资料批发价格变化的指标。生产者物价指数反映生产环节的价格水平。我国工业生产者价格指数包括工业生产者出厂价格指数和工业生产者购进价格指数。工业生产者出厂价格指数反映工业企业产品第一次出售时的出厂价格的变化趋势和变动幅度;工业生产者购进价格指数反映工业企业作为中间投入产品的购进价格的变化趋势和变动幅度。

(三)国内生产总值缩减指数

国内生产总值缩减指数是衡量一国在一定时期内所生产的最终产品和劳务的价格总水平变化程度的指标,是名义国内生产总值的比率。

$$国内生产总值缩减指数 = 名义\ GDP/实际\ GDP \times 100\% \quad (9\text{-}4)$$

以上三种类型的物价指数由于观察角度不同、统计范围不同,所计算得到的通货膨胀率数值也有所不同,但其变动趋势基本相同。国内生产总值缩减指数由于反映了国内生产的所有商品和劳务的价格,统计范围全面,并且各种商品和劳务的结构即权重随着时间的推移而自动变化,从而比前两种指数更为全面、客观与准确。

三、通货膨胀的类型

按照不同的划分标准,可以把通货膨胀划分为不同类型。

(一)按照物价上涨的速度和趋势划分

1. 温和的通货膨胀

温和的通货膨胀也称为爬行的通货膨胀,是指年通货膨胀率在10%以内的通货膨胀。此种通货膨胀下,通货膨胀率低,可预测,物价水平稍有上升。凯恩斯主义理论认为,温和的通货膨胀虽然使物价水平有所上升,但能增加社会需求,促进资源的有效利用,增加就业,对社会经济的发展是有利的。

2. 奔腾的通货膨胀

奔腾的通货膨胀也称为加速的通货膨胀,是指年通货膨胀率介于10%—100%的通货膨胀。此种通货膨胀下,通货膨胀率较高,物价上升速度快、涨幅大,货币的实际购买力急剧下降,人们更愿意囤积商品而不愿意持有货币,经济运行混乱,政府需采取有力措施加以控制,以免造成社会动荡。

3. 恶性通货膨胀

恶性通货膨胀也称为超速的通货膨胀,是指年通货膨胀率在100%以上的通货膨胀。在此种通货膨胀下,通货膨胀率非常高而且完全失控,物价持续上涨,金融体系与经济体系陷入崩溃,出现严重经济危机,导致社会动乱甚至政权的更迭。

(二)按照通货膨胀对商品价格影响的差别划分

1. 平衡式的通货膨胀

是指各种商品的价格以相同比例上升的通货膨胀。

2. 非平衡式的通货膨胀

是指各种商品的价格上涨幅度不同的通货膨胀。

(三)按照人们对通货膨胀的预期程度划分

1. 可预期的通货膨胀

又称为惯性通货膨胀,是指一国政府、厂商和居民对未来某时期的通货膨胀可以在一定程度加以预期到的通货膨胀。

2. 不可预期的通货膨胀

是指物价上涨的速度超出人们的预料,或者人们对未来的物价变化趋势无法预测的通货膨胀。

【案例 9-3】

恶性通货膨胀

德国 20 世纪 20 年代初,物价曾每 29 小时增加 1 倍;20 世纪 40 年代初的希腊被德国占领时,物价每 28 小时上升 1 倍;1993 年 10 月至 1994 年 1 月,南斯拉夫的通货膨胀就曾达到每 16 小时增加 1 倍;乌克兰、秘鲁、墨西哥、阿根廷、巴西等,也在 20 世纪 80 年代或 90 年代经历过恶性通货膨胀。

思考题:

为什么会出现通货膨胀?

四、通货膨胀的成因

通货膨胀的成因有很多,主要介绍以下几种。

(一)需求拉动的通货膨胀

需求拉动的通货膨胀是单纯从需求角度来解释通货膨胀形成的原因,认为通货膨胀的原因在于总需求过度增长。当总供给相对稳定时,总需求过度增长,必然造成总需求大于总供给,商品供不应求,结果物价上涨,最终导致通货膨胀。

在总需求—总供给模型中,需求拉动的通货膨胀表现为总需求曲线 AD 右移造成的价格上升,如图 9-1 所示。

在图 9-1 中,横轴 Y 代表国民收入,纵轴 P 代表物价水平。当经济未实现充分就业时,总需求曲线 AD_1 与总供给曲线 AS 相交于点 E_1,决定均衡国民收入为 Y_1,价格水平为 P_1。随着总需求的增加,总需求曲线 AD_1 向右平移至 AD_2,与总供给曲线 AS 相交于新的均衡点 E_2,均衡国民收入由 Y_1 上升至 Y_2,价格水平由 P_1 上升至 P_2,总需求增加在引起价格水平上升的同时,也引起收入的增加,此种状态被称为半通货膨胀。

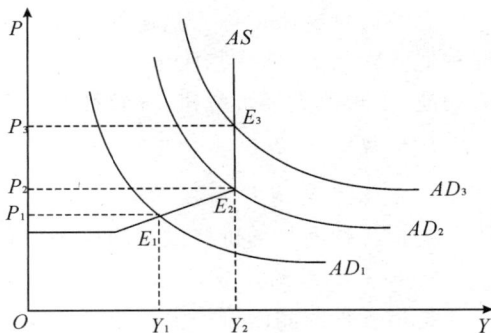

图 9-1 需求拉动的通货膨胀

当经济处于充分就业状态即均衡点 E_2 时,随着总需求的继续增加,总需求曲线由 AD_2 向右平移至 AD_3,与 AS 相交于 E_3,此时,国民收入不变,而价格水平由 P_2 上升至 P_3,总需求增加的唯一结果是引起了价格水平的上升,此状态被称为完全通货膨胀,凯恩斯称之为"真正的通货膨胀"。

(二)成本推动的通货膨胀

成本推动的通货膨胀是从总供给的角度来分析通货膨胀的成因,从总供给的角度来看,引起通货膨胀的原因在于成本的增加。当总需求不变的情况下,由于生产要素价格(包括工资、租金、利率等)上涨,致使产品成本上升,而使总供给减少,进而引起物价水平的上涨。

在总需求—总供给模型中,成本推动的通货膨胀表现为总供给曲线向左上方平移造成的价格上升,如图 9-2 所示。

在图 9-2 中,横轴 Y 代表国民收入,纵轴 P 代表物价水平。初始的短期总供给曲线 SAS_0 与长期总供给曲线 LAS 及总供给曲线 AD 相交于点 E_0,此时的收入 Y_0 为充分就业时的收入,价格水平为 P_0。当短期总供给减少时,短期总供给曲线由 SAS_0 向左上方平移至 SAS_1,与总需求曲线 AD 相交于点 E_1,价格水平由 P_0 上升到 P_1,即发生通货膨胀。

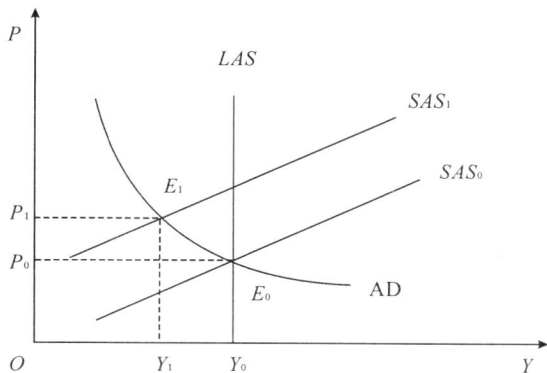

图 9-2　成本推动的通货膨胀

引起成本增加的原因并不完全相同,因此,成本推动的通货膨胀又可根据其引起的原因的不同分为以下几种:

1. 工资成本推动的通货膨胀

大多西方经济学家认为,工资是成本中的主要部分,工资的提高会使生产成本增加,从而使物价水平上升。由于存在工会卖方垄断的情况,工会利用其垄断地位要求雇主提高工资,雇主迫于压力提高工资后,就把提高的工资加入到产品成本当中,提高产品价格,从而引起通货膨胀。

2. 利润推动的通货膨胀

利润推动的通货膨胀又称价格推动的通货膨胀,是指垄断厂商为了增加利润而提高价格所引起的通货膨胀。在不完全竞争的市场上,具有垄断地位的厂商可以操控产品价格,因此为了获取更高的利润,提高产品价格,引发通货膨胀。

3. 进口成本推动的通货膨胀

进口成本推动的通货膨胀是指在开放经济中随着重要进口原材料价格的提高而带来的国内生产成本上升引起的通货膨胀。某些行业所需的原材料大部分来自进口,并且这些进口原材料在这些行业中占有较大的比例,因此,一旦这些原材料由于资源枯竭、环境保护政策等原因造成的价格上升,必将增加产品成本,从而引起这些行业产品价格的提高,进而形成通货膨胀。

(三)供求混合推动的通货膨胀

供求混合型通货膨胀是指由需求拉动和成本推动共同作用而引起的通货膨胀。西方经济学家认为,在现实经济中,纯粹由需求拉动或者成本推动所引起的通货膨胀是不常见的,更多的是总供给与总需求共同作用的结果。假设通货膨胀由需求拉动开始,过度的需求必然导致物价总水平的上升,物价水平的上升带动工资上涨,而工资上涨则导致成本推动的通货膨胀;反之,如果通货膨胀由成本推动开始,工资上涨导致人们收入增加,消费上升,带动总需求增加,从而形成需求拉动的通货膨胀。因此,纯粹需求拉动的通货膨胀是不存在的,纯粹的成本推动也不可能产生持续的通货膨胀,更多存在的是由需求与供给同时发生作用的混合型通货膨胀。

如图 9-3 所示,用以说明供求混合推动的通货膨胀。在图 9-3 中,总供给曲线 AS_0 移动到 AS_1,会使物价水平由 P_0 上升到 P_1,这是成本推动引起的通货膨胀。但如果仅仅是成本推动,由于价格上升为 P_1 时,产量会由 Y_0 下降到 Y_1,此时由于国民收入下降,经济衰退,很有可能结束通货膨胀。只有成本推动的同时,总需求也由 AD_0 增加为 AD_1,才能使产量水平恢复到 Y_0,而此时,价格水平由 P_1 上升为 P_2。此时,在国民收入不变的情况下,物价出现上涨,即通货膨胀。

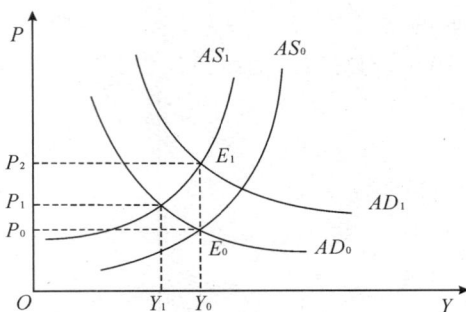

图 9-3 供求混合推动的通货膨胀

(四)结构性通货膨胀

结构性通货膨胀是指由于社会经济中各部门经济结构因素变动导致各经济部门之间发展不平衡而引起的通货膨胀。这种理论从各生产部门之间劳动生产率的差异、劳动市场的结构特征和各生产部门之间收入水平的赶超速度等角度分析了由于经济结构特点而引起的通货膨胀。

以各生产部门之间劳动生产率的差异所引起的通货膨胀为例,在一国的经济体系中,各经济部门发展速度不同,其劳动生产率也有所差异。那些劳动生产率增长较快的部门,货币工资的增长率相应较高,而那些劳动生产率增长较慢的部门,货币工资的增长率按理来说也会比较低,但是由于效仿作用,劳动生产率增长较慢的部门货币工资增长率也比较高,并与前者相似,从而引起这些部门产品平均成本及价格上升,使整个社会的货币工资增长率超过劳动生产率增长,最终造成由工资成本推动的通货膨胀。

五、通货膨胀对经济的影响

(一)影响收入和财富的再分配

通货膨胀对收入和财富再分配的影响主要表现在以下几个方面:

第一,那些名义收入增长快于物价水平上升的人会从通货膨胀中收益,表现为实际收入的增加;

第二,通货膨胀对固定收入者不利,他们的货币收入不能随物价的上涨而及时调整,表现为实际收入的减少;

第三,通货膨胀在债权人与债务人之间发生收入再分配的作用,使债务人收益;

第四,引起财富的再分配效应。

(二)影响资源的重新配置

在市场经济中,价格对资源配置具有重要的调节作用。如果价格水平的上升是不平衡的,各种商品和劳务的价格发生了相对变化就会引起资源的重新配置。那些价格上涨快于成本上升的行业得到扩张,而价格上涨慢于成本上升的行业将萎缩。在发生通货膨胀时,各行业产品和劳务的价格与成本上升往往具有盲目性,因而会扰乱市场价格体系,引起资源配置的失调,降低经济运行效率。

(三)影响产出和就业水平

一般来说,在短期内由于不可预期的需求拉动的通货膨胀会使产品价格的上涨快于货币工资率的上涨,而实际工资率有所下降,从而促使企业增加对工人的雇佣来扩大产出以谋取利润,进而使得就业和产出增加。但在长期内,当通货膨胀是可预期时,通货膨胀使就业和产出增加的效果就会消失,通货膨胀就不会对就业和产出造成直接的影响。

> **资料**

44 年前存入银行 1200 元　如今取出 2684.04 元

台海网 9 月 20 日讯"真的太感谢你们了,为了存单忙前忙后。"昨日,成功提取出存款的陈女士喜笑颜开,向银行工作人员表达感激之情。

厦门市民陈女士持一张存有 1200 元的老存单,取款时似乎遇到了"历史难题"。近日,在中国人民银行厦门市中心支行的组织协调下,经过银行系统的不懈努力,终于在农业银行厦门灌口支行找到了底单,并成功连本带息取出了 2684.04 元。

1200 元历经 44 年得到 1400 余元的利息。那么 44 年前 1200 元和现在的 2684.04 元在购买力上有着什么样的区别?

20 世纪 70 年代是计划经济时代,普通职工工资为每月 20 多元钱。当年,好一点的大米约 2 角 6 分钱 1 千克,猪肉 1 元 4 角钱 1 千克。当年家里若有 12 口人,一天只需要 1 元钱左右的伙食费。也就是说,这 1200 元,在当年堪称一笔"巨款"。有人提出,"甚至可以盖两栋楼房",只可惜,44 年的利息终究敌不过经济发展和收入增长,如今,这 2600 多元只相当于一名基层工人一个月的收入。

第三节　失业与通货膨胀的关系

失业与通货膨胀是困扰各国政府的两大经济难题,基于不同时期的研究,各经济学家对两者之间的关系得出了不同的结论。

一、凯恩斯观点

凯恩斯认为,失业与通货膨胀不会并存。在未充分就业的情况下,总需求的增加只会使国民收入增加,而不会引起物价水平上升,即不会出现通货膨胀;在充分就业的情况下,总需求的增加无法使国民收入增加,而只会引起物价水平上升,即出现需求拉动的通货膨胀。因此,发生通货膨胀时,一定已经实现了充分就业,即不存在失业。

二、菲利普斯的观点

菲利普斯提出的菲利普斯曲线表示失业率和与通货膨胀之间存在负相关或交替关系。菲利普斯曲线表明在经济繁荣阶段,失业率低,而工资与物价水平高,则通货膨胀率高;

在经济的萧条阶段,失业率高,而工资和物价水平低,则通货膨胀率低。失业率与通货膨胀率反方向变动的原因是:在经济繁荣阶段,厂商的产量高,对用工的需求大,因此失业率低,由于劳动力的需求大于供给导致工资上升,通货膨胀率相应上升;在经济萧条阶段,厂商的产量低,对用工的需求小,因此失业率高,由于劳动力的供给大于需求导致工资下降,通货膨胀率相应下降。

如图 9-4 所示,横轴表示失业率,纵轴表示通货膨胀率,PC 表示菲利普斯曲线,菲利普斯曲线是一条向右下方倾斜的曲线。

菲利普斯曲线为政策选择提供了一定依据,但是这也意味着政策选择的两难,选择低失业率的政策目标要付出高通货膨胀的代价,而选择低通货膨胀率的政策目标则要付出高失业率的代价。

三、弗里德曼的观点

弗里德曼认为在长期内通货膨胀与失业不存在交替变化关系,他提出了短期菲利普斯曲线和长期菲利普斯曲线的概念。

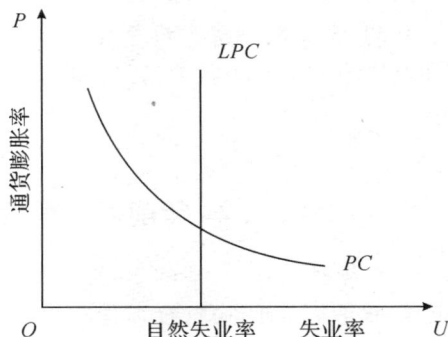

图 9-4 菲利普斯曲线

在短期内,人们来不及调整通货膨胀预期,由于工资是按预期通货膨胀率制定的,因此在实际通货膨胀率高于预期通货膨胀率时,人们的实际工资会下降,从而使厂商利润增加,刺激生产投资,增加就业,从而失业率下降。因此,菲利普斯曲线在短期内是可能存在的,政府运用扩张性政策可以减少失业,即宏观经济政策的短期有效性。

在长期中,人们将根据实际发生的情况不断调整自己对通货膨胀的预期,人们预期的通货膨胀率与实际发生的通货膨胀率迟早会一致,这时,人们要求增加名义工资,那么实际工资则保持不变,因此通货膨胀就不会起到减少失业的作用。长期菲利普斯曲线是一条垂直于横轴的垂线,如图 9-4 中的 LPC 曲线,长期菲利普斯曲线表明无论通货膨胀如何变动,失业率总是固定在自然失业率的水平上,即通货膨胀率与失业率之间不存在交替变化关系,因此,扩张性财政政策和货币政策并不能减少失业,即宏观经济政策在长期是无效的。

四、理性预期学派的观点

理性预期学派认为无论在短期还是长期中,失业与通货膨胀并不存在交替变化的关系。理性学派所采用的预期概念不是适应性预期,而是理性预期,理性预期是合乎理性的预期,其特征是预期值与以后发生的实际值是一致的。在这种情况下,短期中就不可能存在预期的通货膨胀率低于以后实际发生的通货膨胀率的现象,即无论在短期还是长期,预期的通货膨胀率与实际的通货膨胀率总是一致,从而也就无法通过采取宏观经济政策以提高通货膨胀率的方式来降低失业率,因此,无论是长期还是短期,宏观经济政策都是无效的。

本章小结

失业是指有劳动能力、愿意接受现行工资水平但仍然找不到工作的现象。失业率是衡量一个国家或地区在一定时期内失业状况的基本指标。

自然失业是指实现充分就业时仍然存在的失业。自然失业按其产生的具体原因不同，分为摩擦性失业、结构性失业、季节性失业和古典失业。周期性失业是指因经济的短期波动而造成的失业，又称为需求不足的失业。

自愿失业是指劳动者因不愿意在现行工资水平下工作而造成的失业，如自动离职的摩擦性失业。非自愿失业是指劳动者愿意在现行工资水平下工作却找不到工作而造成的失业，如结构性失业、周期性失业。

奥肯定律说明了失业率与实际国内生产总值增长率之间的关系。这一定律表明，失业率每增加1%，则实际国内生产总值减少2.5%；反之，失业率每减少1%，则实际国内生产总值增加2.5%。

通货膨胀是指在纸币流通条件下，因货币供给大于货币实际需求，导致货币贬值，从而引起的一段时间内物价水平持续而普遍上涨的经济现象。物价指数是衡量通货膨胀程度的基本指标。通货膨胀率是一定时期内物价指数的变动率。常用的物价指数主要有消费者物价指数(CPI)、生产者物价指数(PPI)和国内生产总值缩减指数。

凯恩斯认为，失业与通货膨胀不会并存。菲利普斯提出的菲利普斯曲线表示失业率和与通货膨胀之间存在负相关或交替关系。弗里德曼认为在长期内通货膨胀与失业不存在交替变化关系，他提出了短期菲利普斯曲线和长期菲利普斯曲线的概念。理性预期学派认为无论在短期还是长期中，失业与通货膨胀并不存在交替变化的关系。

思考与练习

一、单项选择题

1.由于企业经营不善破产而形成的失业属于（　　）。

A.周期性失业　　　　B.结构性失业　　　　C.自愿失业　　　　D.摩擦性失业

2.引起周期性失业的原因是（　　）。

A.工资刚性　　　　　　　　　　B.总需求不足

C.劳动力的流动　　　　　　　　D.经济结构的调整

3.假设某国的总人口为3000万，就业人口为1800万，失业人口为200万，那么失业率为（　　）。

A.10%　　　　　　　B.5%　　　　　　　C.7%　　　　　　　D.9%

4.说明失业率与国内生产总值增长率之间关系的是（　　）。

A.拉弗曲线　　　　　B.菲利普斯曲线　　　C.奥肯定率　　　　D.学习曲线

5.一般用（　　）来衡量通货膨胀水平。

A.劳动生产率　　　　B.物价指数变动率　　C.商品与劳务的价格　D.经济增长率

6.当工资增长幅度快于通货膨胀率时，人们的实际购买力（　　）。

A.增加　　　　　　　　　　　　B.减少

C.不变　　　　　　　　　　　　D.以上三个都不对

7.如果人们对某种商品的抢购导致其价格上升，是因为（　　）。

A.该商品的实际价值上升了　　　B.需求大于供给

C.发生了通货膨胀　　　　　　　D.商家谋取暴利的结果

8.下列选项中,(　　)是引起成本推动的通货膨胀的原因。

A.银行贷款扩张　　　　　　　　　　　B.预算赤字

C.石油价格上涨　　　　　　　　　　　D.投资增加

9.若根据短期菲利普斯曲线,短期内降低通货膨胀率的方法是(　　)。

A.减少货币供应量　　　　　　　　　　B.降低失业率

C.提高失业率　　　　　　　　　　　　D.提高自然失业率

10.从理论上讲,要降低通货膨胀率,可以(　　)。

A.减少货币供应　　　　　　　　　　　B.增加就业

C.增加货币供应　　　　　　　　　　　D.减少就业

二、多项选择题

1.下列选项中,(　　)属于自然失业。

A.周期性失业　　　　B.结构性失业　　　　C.摩擦性失业　　　　D.古典失业

2.下列选项中,可能引起结构性失业的有(　　)。

A.经济结构变化　　　B.季节因素　　　　　C.雇主歧视雇工　　　D.信息不对称

3.下列选项中,(　　)是物价指数。

A.CPI　　　　　　　　B.PPI　　　　　　　　C.GDP　　　　　　　　D.GDP 缩减指数

4.下列选项中,可能会在通货膨胀中利益受损的是(　　)。

A.债权人　　　　　　B.固定收入者　　　　C.货币持有者　　　　D.政府

5.恶性通货膨胀可能引发的结果是(　　)。

A.金融体系崩溃　　　B.经济体系崩溃　　　C.严重经济危机　　　D.政权更迭

三、判断题

1.充分就业不存在失业率。　　　　　　　　　　　　　　　　　　　　(　　)

2.因季节性因素引起的失业属于季节性失业。　　　　　　　　　　　　(　　)

3.周期性失业又称为需求不足的失业。　　　　　　　　　　　　　　　(　　)

4.房东因租房的租客增加普遍而持续地提高房租,这属于需求拉动的通货膨胀。

(　　)

5.凯恩斯认为失业率和与通货膨胀之间存在负相关或交替关系。　　　　(　　)

四、名词解释

自然失业　周期性失业　通货膨胀　通货膨胀率

五、简答题

1.简述失业的类型。

2.简述通货膨胀的成因。

第十章 经济周期与经济增长

▶学习目标

1. 掌握经济周期与经济增长的概念
2. 了解经济周期的类型
3. 理解经济周期与经济增长的影响因素
4. 能初步运用经济理论判断经济形势,分析现实经济问题

▶开篇案例

20 世纪 30 年代初的经济灾难称为大萧条,而且是美国历史上最严重的经济衰退。从 1929 年到 1933 年,实际 GDP 减少了 27%,失业从 3% 增加到 25%。同时,在这四年中。物价水平下降了 22%。在这一时期,许多其他国家也经历了类似的产量与物价下降。经济史学家一直在争论大萧条的原因,但大多数解释集中在总需求的大幅度减少上。

许多经济学家主要抱怨货币供给的减少:从 1929 年到 1933 年,货币供给减少了 28%。另一些经济学家提出了总需求崩溃的其他理由。例如,在这一时期股票价格下降了 90% 左右,减少了家庭财富,从而也减少了消费者支出。此外,银行的问题也阻止了一些企业获得它们想为投资项目进行筹资,而且,这就压抑了投资支出。当然,在大萧条时期,所有这些因素共同发生作用紧缩了总需求。

第二个重大时期 20 世纪 40 年代初的经济繁荣是容易解释的。这次事件显而易见的原因是二战。

随着美国在海外进行战争,联邦政府不得不把更多资源用于军事。从 1939 年到 1944 年,政府的物品与劳务购买几乎增加了 5 倍。总需求这种巨大扩张几乎使经济中物品与劳务的生产翻了一番,并使物价水平上升了 20%。失业从 1939 年的 17% 下降到 1944 年的 1%,这是美国历史上最低的失业水平。

问题:

1. 什么是经济周期?
2. 经济周期性波动的主要原因?

第一节 经济周期理论

一、什么是经济周期

经济周期又称商业周期或商业循环,一般是指经济活动沿着经济发展的总体趋势所经历的有规律的扩张和收缩,是国民总产出、总收入和总就业的波动,是国民收入或总体经济活动扩张与紧缩的交替或周期性波动变化。

现代宏观经济学中,经济周期发生在实际 GDP 相对于潜在 GDP 上升(扩张)或下降(收缩或衰退)的时候。每一个经济周期都可以分为上升和下降两个阶段。上升阶段也称为繁荣期,最高点称为顶峰。然而,顶峰也是经济由盛转衰的转折点,此后经济就进入下降阶段,即衰退。衰退严重则经济进入萧条期,衰退的最低点称为谷底。当然,谷底也是经济由衰转盛的一个转折点,此后经济进入上升阶段。经济从一个顶峰到另一个顶峰,或者从一个谷底到另一个谷底,就是一次完整的经济周期。现代经济学关于经济周期的定义,建立在经济增长率变化的基础上,指的是增长率上升和下降的交替过程。

一个典型的经济周期通常细分为四个阶段和两个转折点,四个阶段是衰退、萧条、复苏、繁荣,衰退与萧条阶段属于收缩,复苏与繁荣阶段则为扩张,其中衰退是从繁荣到萧条的过渡阶段,复苏是从萧条到繁荣的过渡阶段。两个转折点是顶峰和谷底,顶峰和谷底分别是整个经济周期的最高点和最低点,是收缩阶段与扩张阶段的转折点。以横轴 T 表示时间,纵轴 Y 表示国民收入,虚线 N 表示经济活动的正常水平,实线 AE 表示经济活动的实际水平。

如图 10-1 所示,A 点、E 点是顶峰,C 点是谷底,AB 段是衰退阶段,BC 段是萧条阶段,CD 段是复苏阶段,DE 段是繁荣阶段。经济活动水平的变化过程为顶峰—衰退—萧条—谷底—复苏—繁荣—顶峰……如此周而复始,从一个顶峰到下一个顶峰之间(或者从一个谷底到另一个谷底之间)即为一个经济周期。

从图 10-1 中不难看出,衰退与繁荣阶段的经济活动水平高于正常水平,但衰退处于收缩阶段,经济下行,而繁荣处于扩张阶段,经济上行;萧条与复苏阶段的经济活动水平低于正常水平,但萧条处于收缩阶段,经济下滑严重,而复苏处于扩张阶段,经济形势向好。

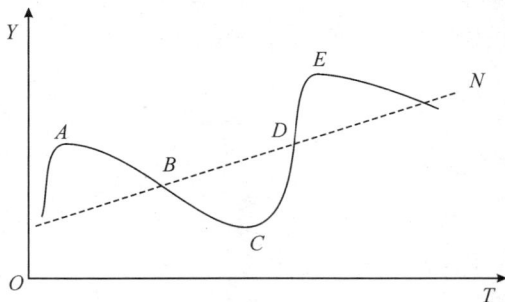

图 10-1 经济周期阶段

二、经济周期的类型

(一)短周期

是 1923 年英国经济学家基钦提出的一种为期 3—4 年的经济周期。基钦认为经济周期实际上有主要周期与次要周期两种。主要周期即中周期,次要周期为 3—4 年一次的短周期。这种短周期就称基钦周期。

(二)中周期

法国经济学家朱格拉于 1862 年出版的《法国、英国及美国的商业危机及其周期》一书中,提出了资本主义经济存在着 9—10 年的周期波动,一般称为"朱格拉周期"。这属于中等长度的周期,故称中周期。

(三)长周期

长周期,即"康德拉季耶夫周期",是 1925 年俄国经济学家康德拉季耶夫提出的一种为期 50—60 年的经济周期。该周期理论认为,从 18 世纪末期以后,经历了三个长周期。第一个长周期从 1789 年到 1849 年,上升部分为 25 年,下降部分 35 年,共 60 年。第二个长周期从 1849 年到 1896 年,上升部分为 24 年,下降部分为 23 年,共 47 年。第三个长周期从 1896 年起,上升部分为 24 年,1920 年以后进入下降期。

(四)建筑周期

建筑周期,即"库兹涅茨周期",是 1930 年美国经济学家库兹涅茨提出的一种为期 15—25 年,平均长度为 20 年左右的经济周期。由于该周期主要是以建筑业的兴旺和衰落这一周期性波动现象为标志加以划分的,所以也被称为"建筑周期"。

(五)综合周期

综合周期,又称"熊彼特周期"。1936 年,熊彼特以他的"创新理论"为基础,对各种周期理论进行了综合分析后提出的。熊彼特认为,每一个长周期包括 6 个中周期,每一个中周期包括三个短周期。短周期约为 40 个月,中周期约为 9—10 年,长周期为 48—60 年。他以重大的创新为标志,划分了三个长周期。第一个长周期从 18 世纪 80 年代到 1842 年,是"产业革命时期";第二个长周期从 1842 年到 1897 年,是"蒸汽和钢铁时期";第三个长周期从 1897 年以后,是"电气、化学和汽车时期"。在每个长周期中仍有中等创新所引起的波动,这就形成若干个中周期。在每个中周期中还有小创新所引起的波动,形成若干个短周期。

三、经济周期的成因

(一)内因论

内因论认为,周期源于经济体系内部即收入、成本、投资在市场机制作用下的必然现象。

1.有效需求不足理论

(1)有效需求是指商品的总供给和总需求达到均衡时的社会总需求,包括消费需求和投资需求。凯恩斯认为,有效需求不足导致经济萧条,政府干预可摆脱经济萧条。

(2)需求不足的原因。

第一,边际效用消费倾向递减,是指随着人们收入的增加,最末一个货币收入单位中用于消费的比例在减少。凯恩斯认为：①在人们收入增加的时候，消费也随之增加，但消费增加的比例不如收入增加的比例大。在收入减少的时候，消费也随之减少，但也不如收入减少的那么厉害。富人的边际消费倾向通常低于穷人的边际消费倾向。这是因为穷人的消费是最基本的消费，穷人之所以穷，是因为在穷人的收入中基本生活资料占了相当大的比重，而富人之所以富，在于富人早已超越了基本需求层次，基本生活资料在其收入中所占比例不大。②边际消费倾向取决于收入的性质。消费者很大程度上都着眼于长期收入前景来选择他们的消费水平。长期前景被称为永久性收入或生命周期收入，它指的是个人在好的或坏的年景下平均得到的收入水平。如果收入的变动是暂时的，那么，收入增加的相当部分就会被储藏起来。收入不稳定的个人通常具有较低的边际消费倾向。③人们对未来收入的预期对边际消费倾向影响甚大。边际消费倾向的降低，使得经济更为萧条。

第二，资本边际效率递减规律，是指人们预期从投资中获得的利润率（即预期利润率）将因增添的资产设备成本提高和生产出来的资本数量的扩大而趋于下降。凯恩斯在用边际消费倾向规律说明消费不足之后，接着用资本边际效率崩溃去说明投资不足。

第三，灵活偏好规律，又称流动偏好，是指人们愿意保持更多的货币，而不愿意保持其他的资本形态的心理法规。凯恩斯认为，灵活偏好是对消费不足和投资不足的反映，具体而言是由以下的动机决定的：①交易动机，指为了日常生活的方便所产生的持有货币的愿望；②谨慎动机，指应付各种不测所产生的持有现金的愿望；③投机动机，指由于利息率的不确定，人们愿意持有现金寻找更好的获利机会。这三种动机，尤其是谨慎动机，说明面对诸多不确定性时，人们通常不敢轻易使用自己的存款。

2. 纯货币理论

该理论主要由英国经济学家霍特里在 1913—1933 年的一系列著作中提出的。纯货币理论认为货币供应量和货币流通度直接决定了名义国民收入的波动，而且经济波动完全是由于银行体系交替地扩张和紧缩信用所造成的，尤其以短期利率起着重要的作用。

3. 投资过度理论

投资过度理论把经济的周期性循环归因于投资过度。由于投资过多，与消费品生产相对比，资本品生产发展过快。资本品生产的过度发展促使经济进入繁荣阶段，但资本品过度生产从而导致的过剩又会促进经济进入萧条阶段。

4. 心理理论

心理理论和投资过度理论是紧密相连的。该理论认为经济的循环周期取决于投资，而投资大小主要取决于业主对未来的预期。而预期却是一种心理现象，而心理现象又具有不确定性的特点。因此，经济波动的最终原因取决于人们对未来的预期。当预期乐观时，增加投资，经济步入复苏与繁荣，当预期悲观时，减少投资，经济则陷入衰退与萧条。随着人们情绪的变化，经济也就周期性地发生波动。

（二）外因论

1. 创新理论

创新理论是奥地利经济学家 J. 熊彼特提出用以解释经济波动与发展的一个概念。所谓创新是指一种新的生产函数，或者说是生产要素的一种"新组合"。生产要素新组合的出现会刺激经济的发展与繁荣。当新组合出现时，老的生产要素组合仍然在市场上存在。新老组合的共存必然给新组合的创新者提供获利条件。而一旦使用新组合的技术扩散，被大多数企业获得,最后的阶段——停滞阶段也就临近了。在停滞阶段,因为没有新的技术创新出现,因而很难刺激大规模投资,从而难以摆脱萧条。这种情况直到新的创新出现才被打破,才会有新的繁荣的出现。

2. 政治性理论

外因经济周期的一个主要例证就是政治性周期。政治性周期理论把经济周期性循环的原因归之为政府的周期性的决策(主要是为了循环解决通货膨胀和失业问题)。政治性周期的产生有三个基本条件:①凯恩斯国民收入决定理论为政策制定者提供了刺激经济的工具。②选民喜欢高经济增长、低失业以及低通货膨胀的时期。③政治家喜欢连选连任。

3. 太阳黑子理论

太阳黑子理论把经济的周期性波动归因于太阳黑子的周期性变化。因为据说太阳黑子的周期性变化会影响气候的周期变化,而这又会影响农业收成,而农业收成的丰歉又会影响整个经济。太阳黑子的出现是有规律的,大约每十年左右出现一次,因而经济周期大约也是每十年一次。该理论由英国经济学家杰文斯(W. S. Jevons)于 1875 年提出的。

第二节　经济增长理论

▶【案例 10-1】

世界经济增长

2001 年 7 月在意大利首都罗马举行的西方七国财政部长会议对未来世界经济增长持乐观态度。

据意大利国家电视台报道,来自德国、法国、英国、日本、加拿大、美国和意大利的财政部长或经济部长 7 月在罗马举行的会议认为,未来世界经济增长速度或许将比人们原先估计的要略慢些,但它总体增长的态势是显而易见的。

关于当年西方七国自身的经济增长情况,与会者认为,在西方七国中,当年美国经济增幅将明显减小,而今年欧盟经济增长将高于美国,这是最近十年来欧盟经济增长首次超过美国。但与会者同时也指出,在欧盟内部,各成员国当年经济增长的情况也不尽相同,德国今年经济增幅将小于欧盟成员国平均数。当年日本经济能否增长,与会者在讨论时未给予积极或乐观的评价。

问题:

1. 什么是经济增长? 经济增长该如何衡量?

2. 促进经济增长的因素主要有哪些?

一、什么是经济增长

经济增长指一个国家或地区生产的物质产品和服务的持续增加,它意味着经济规模和生产能力的扩大,可以反映一个国家或地区经济实力的增长。现在我国主要是用国内生产总值、国民生产总值来测量经济增长。为了消除价格变动的影响,反映实际的经济增长,应该使用不变价格计算。度量经济增长除了测算增长总量和总量增长率之外,还应计算人均占有量,如按人口平均的国内生产总值或国民生产总值及其增长率。拉动国民经济增长有三大要素,分别是投资、出口和消费。

美国经济学家库兹涅茨给经济增长下了一个经典的定义:"一个国家的经济增长,可以定义为给居民提供种类日益繁多的经济产品的能力长期上升,这种不断增长的能力是建立在先进技术以及所需要的制度和思想意识之相应的调整的基础上的。"

可以从三个方面理解这个定义:①经济增长集中表现为经济实力的增长,而这种实力的增长就是商品和劳务总量的增加,即 GDP 的增加;②技术进步是经济增长的必要条件,科学技术是生产力已成共识;③制度和意识相应调整是经济增长的充分条件,只有社会制度和意识形态适应经济增长的需要,技术进步才能发挥作用,经济增长才是可能的。

库兹涅茨从其定义出发,总结了经济增长的 6 个特征:

(1)按人口计算的产量的高增长率和人口的高增长率。经济增长最显著的特点就在于产量增长率、人口增长率、人均产量增长率三个增长率都相当高。

(2)生产率的增长率也是很快的。生产率提高正是技术进步的标志。

(3)经济结构的变革速度是高的。在经济增长过程中,从农业转移到非农业,从工业转移到服务业,市场单位生产规模的变化,劳动力职业状况的变化,消费结构的变化等,这些变革的速度都是快的。

(4)社会结构与意识形态结构迅速改革。如城市化、教育与宗教的分离等。

(5)增长在世界范围内迅速扩大。发达国家凭借其实力优势,通过各种手段向世界各地扩张,在争夺其他国家市场和原料的过程中,使经济增长在全球扩散。

(6)世界增长是不平衡的。目前全球还有大部分国家处于落后的状态,发达国家和落后国家之间人均产出水平有很大差异,全球贫富差距仍在不断扩大。

经济增长与经济发展是两个相互区别而又相互联系的概念。一般认为,经济增长是一个量的概念,是指实际 GDP(或人均 GDP)的持续增加,经济增长的程度用实际 GDP 增长率来衡量;而经济发展则是一个比较复杂的质的概念。经济发展不仅包括经济增长,而且还包括国民生活质量和整个社会经济结构、制度及意识形态的进步,是反映一个经济社会总体发展水平的综合性概念。经济增长是经济发展的基础和手段,国民生活水平的提高、经济结构和社会意识形态的进步在很大程度上依赖于经济增长,经济发展是经济增长的目的和结果。

二、经济增长的制约因素

(一)资源约束

包括自然资源、劳动力质量、资本等方面。

1.自然资源

自然资源主要包括土地、河流、森林和矿藏等。丰富的自然资源有利于一个国家经济的持续增长,这在一个国家经济发展的初期尤其重要,对于发展中国家来说,在经济发展初期需要经历缓慢而艰辛的资本积累过程,而优越的自然资源则有利于大幅缩短资本积累过程,为经济起飞打下基础。如石油资源丰富的阿拉伯、卡特尔等国家。

2.劳动力质量

劳动力的质量表现为劳动者的品德素养、职业技能、文化素养和健康程度。劳动力质量的提高主要来源于人力资本投资。一般而言,在经济发展的初期阶段,人口增长迅速,经济增长所需的劳动增加主要依靠劳动力数量的增加,如人口大国印度、中国等;当经济发展到一定阶段之后,人口增长率下降,劳动时间缩短,此时就要通过提高劳动力质量来弥补劳动数量不足,如欧美等发达国家。

3. 资本

资本可分为实物资本和货币资本。在经济增长分析中,涉及的是实物资本,即厂房、机器、生产设备等存量。资本积累是经济增长的基础,亚当·斯密认为资本的增加是国民财富增加的源泉。现代经济学认为,人均资本量提高是人均产量提高的前提。资本积累的增加,使人均资本量提高,每个劳动者使用的工具和机器设备越先进,其产量就越高。

(二)技术约束

技术水平直接影响生产效率。技术进步在经济增长中的作用是提高生产效率,使同样的生产要素投入量能提供更多更好的产品。

(三)体制约束

体制规定了人们的劳动方式、劳动组织、物质和商品流通、收入分配等内容,规定了人们经济行为的边界。

现实经济总是在一定的体制框架下运行,经济体制不仅为经济增长提供平台和保障,也是促进经济增长的重要力量。一些劳动、自然资源、资本及技术相近的国家,经济发展状况却大相径庭,其原因就在于体制的差异。我国 30 多年来经济持续快速增长的事实表明,经济体制是影响经济增长的重要因素。

三、经济增长模型

1. 哈罗德—多马模型

凯恩斯提出了通过增加投资来扩大总需求的理论。20 世纪 40 年代末期,哈罗德和多马分别根据凯恩斯的思想提出了经济增长模型,这一模型的提出对发展中国家产生了很大影响,标志着现代经济增长理论的产生。

(1)前提假设

①假设全社会只有一种产品,既是资本品又是消费品。即假定社会只存在一个生产部门、一种生产技术。

②假定只有两种生产要素:资本和劳动。两者按照一个固定的比例投入生产,不能相互替代。

③假定规模收益不变,即单位产品的成本与生产规模无关。

④假定不存在技术进步,因而资本—产出比 C 不变。

(2)中心内容

哈罗德—多马模型的中心内容是要说明:经济稳定增长所需要的条件和产生经济波动的原因,以及如何调节经济实现长期的均衡增长。为此,哈罗德提出了有保证的增长率、实际增长率和自然增长率三个概念。

在宏观经济学理论中,哈罗德—多马模型是现代发展经济学最早的数理模型,为后续经济增长模型奠定了研究基础。

2. 新古典增长理论

主要是指美国经济学家索洛所提出的经济增长的理论。索洛以柯布-道格拉斯生产函数为基础,推导出一个新的增长模型。这个模型假定:第一,资本-产出比率是可变的;资本和劳动可以互相替代;第二,市场是完全竞争的,价格机制发挥主要调节作用;第三,不考虑技术进步,技术变化不影响资本-产出比率,因而规模收益不变。

本章小结

经济周期是指总体经济活动的扩张和收缩交替反复出现的过程。一个典型的经济周期通常细分为四个阶段和两个转折点,四个阶段是衰退、萧条、复苏、繁荣,两个转折点是顶峰和谷底。经济周期的成因大体可分为内因论和外因论。内因论认为经济周期主要是由经济体系内部的因素引发,主要有有效需求不足理论、纯货币理论、投资过度理论、心理理论等;外因论则认为经济周期根源在于经济体系之外的某些因素变动,主要有创新理论、政治性理论、太阳黑子理论等。

经济增长指一个国家或地区生产的物质产品和服务的持续增加,它意味着经济规模和生产能力的扩大,可以反映一个国家或地区经济实力的增长。经济增长与经济发展是两个相互区别而又相互联系的概念。一般认为,经济增长是一个量的概念,而经济发展则是一个比较复杂的质的概念。经济增长是经济发展的基础和手段,经济发展是经济增长的目的和结果。影响经济增长的主要因素有劳动、资本和自然资源的投入,技术进步和体制变迁。

思考与练习

一、单项选择题

1. 经济周期的四个阶段依次为(　　)。

A. 繁荣、萧条、衰退、复苏　　　　　　　　B. 衰退、萧条、复苏、繁荣

C. 萧条、衰退、复苏、繁荣　　　　　　　　D. 复苏、萧条、衰退、繁荣

2. 中周期的一般长度约为(　　)。

A. 3-4 年　　　　　B. 9-10 年　　　　　C. 15-25 年　　　　　D. 48-60 年

3. 50-60 年一次的经济周期称为(　　)。

A. 基钦周期　　　　B. 朱格拉周期　　　　C. 康德拉季耶夫周期　　D. 库兹涅茨周期

4. 下列选项中,(　　)不是经济增长的因素。

A. 资本增加　　　　B. 劳动增加　　　　C. 技术进步　　　　D. 消费增加

5. 现代社会决定经济增长的核心因素是(　　)。

A. 劳动的数量　　　B. 人力资本　　　　C. 自然资源　　　　D. 管理效率

6. 经济增长的标志是(　　)。

A. 社会福利水平提高　　　　　　　　　　B. 城镇化步伐加快

C. 工资水平提高　　　　　　　　　　　　D. 社会生产能力不断提高

7. 衡量经济增长的速度一般用(　　)。

A. 国内生产总值　　B. 国民生产总值　　C. 国民产出指数　　D. 经济增长率

8.经济周期中的顶峰是(　　　)。

A.繁荣阶段过渡到衰退阶段的转折点　　　　B.繁荣阶段过渡到危机阶段的转折点

C.危机阶段过渡到复苏阶段的转折点　　　　D.危机阶段过渡到繁荣阶段的转折点

9.经济周期中的两个主要阶段是(　　　)。

A.繁荣和衰退　　　　　B.衰退和复苏　　　　C.繁荣和危机　　　　D.危机与复苏

10.经济增长的最基本特征是(　　　)。

A.国民生产总值的增加　　　　　　　　B.技术进步

C.制度与意识的相应调整　　　　　　　　D.以上三个都是

二、多项选择题

1.经济周期繁荣阶段的特征是(　　　)。

A.生产迅速增加　　　　　　　　　B.投资增加

C.价格水平上升　　　　　　　　　D.失业严重

2.按照一个经济周期时间的长短,经济周期分为(　　　)。

A.短周期　　　　　　　B.中周期　　　　　　　C.长周期　　　　　　　D.建筑周期

3.经济增长的源泉是(　　　)。

A.资本　　　　　　　　B.劳动　　　　　　　C.战争　　　　　　　D.技术进步

4.哈罗德模型的假设包括(　　　)。

A.社会只生产一种产品　　　　　　　　B.生产中只使用劳动和资本两种生产要素

C.规模收益不变　　　　　　　　D.不考虑技术进步

5.哈罗德模型提出的三个增长率的概念是(　　　)。

A.实际增长率　　　　　B.技术进步增长率　　　　C.有保证的增长率　　　　D.自然增长率

三、判断题

1.经济周期的中心是国民收入的变动趋势。　　　　　　　　　　　　　　　　(　　　)

2.经济增长的充分条件是技术进步。　　　　　　　　　　　　　　　　　　(　　　)

3.经济增长和经济发展研究同样的问题。　　　　　　　　　　　　　　　　(　　　)

4.只要有技术进步,经济就可以实现持续增长。　　　　　　　　　　　　　　(　　　)

5.哈罗德模型和多马模型是基本相似的。　　　　　　　　　　　　　　　　(　　　)

四、简答题

1.什么是经济周期? 经济周期包括哪几个阶段?

2.如何理解经济增长的概念? 影响经济增长的因素有哪些?

第十一章　宏观经济政策

▶学习目标

1.掌握宏观经济政策的概念及目标
2.掌握财政政策及货币政策的基本内容及运用策略
3.能正确地解读我国的宏观经济政策
4.能初步运用所学理论判断经济形势,分析现实经济问题

▶开篇案例

政府的钱从哪里来,又到哪里去?

政府的钱从哪里来,又到哪里去? 这就是我们要探讨的财政收入和财政支出。为了更好地发挥政府作用,使钱来得合理、用得恰当,政府就必须制定合适的财政政策。

在美国流行着这样的说法:"每个人有两件事情不可避免,一件是死亡,另一件就是纳税。"政府的钱是从这里来的,税收是财政收入的主要来源,除此还有债务收入、企业收入和其他收入。

无论是发达国家还是不发达国家,政府财政收入主要是从税收中来。税收的特点是强制性,而且是无偿的。我国现在税收管理体制分为国家税和地方税两部分,国税归中央政府所有,地税归地方政府所有。税收是一个政府赖以生存的经济基础,没有税收收入,政府难以维持运转。所以纳税是每一个公民的义务,如果大家都不纳税的话,政府就无法运转了。

有了收入就要进行支出。比如我们公立学校的教师的收入,是从政府的税收中来的,是大家缴的税款养活了教师。大家缴税给政府,政府把这笔钱从财政部拨出一部分给教育部,教育部拨给全国的学校,学校再用来给教师发工资。我们有几百万的军队,有国家的公检法机构,有教育、体育、文化、科技部等,还有庞大的公务员队伍,这些都需要财政去养活,都是政府发给工资。这些支出叫作财政的经常性支出,就是每个月都要支出,决不能停发;否则就没人给政府干活,政府机构也就无法运转。

讨论题:

1.财政政策的主要内容什么?
2.财政收入的主要来源是什么?
3.财政支出的主要内容是什么?

第一节　宏观经济政策概述

宏观经济政策是指国家或政府有意识有计划地运用一定的政策工具,调节控制宏观经济的运行,以达到一定的政策目标。

一、宏观经济政策的目标

宏观经济政策应该同时达到以下四个目标:

(一)充分就业

这是宏观经济政策的首要目标。就业是民生之本,是民众生存和改善生活的基本前提与基本途径。充分就业的概念是英国经济学家凯恩斯在《就业、利息和货币通论》一书中提出的,是指在某一工资水平之下,所有愿意接受工作的人,都获得了就业机会。充分就业并不等于全部就业,而是仍然存在一定的失业,这个失业率控制在大众所能接受的范围之内,一般为5%左右。但所有的失业均属于摩擦性的和结构性的,而且失业的间隔期很短。通常把失业率等于自然失业率时的就业水平称为充分就业。

(二)物价稳定

物价稳定是指物价总水平的稳定。一般用价格指数来衡量一般价格水平的变化。价格稳定不是指每种商品价格的固定不变,也不是指价格总水平的固定不变,而是指价格指数的相对稳定。价格指数又分为消费物价指数,批发物价指数和国民生产总值折算指数三种。物价稳定并不是通货膨胀率为零,而是允许保持一个低而稳定的通货膨胀率,一般年通货膨胀率在1%—3%之间,所谓稳定,就是指在相当时期内能使通货膨胀率维持在大致相等的水平上。这种通货膨胀率能为社会所接受,对经济也不会产生不利的影响。

(三)经济增长

经济增长通常是指在一个较长的时间跨度上,一个国家人均产出(或人均收入)水平的持续增加。经济增长通常用一定时期内实际国民生产总值年均增长率来衡量。经济增长会增加社会福利,但并不是增长率越高越好。这是因为经济增长一方面要受到各种资源条件的限制,不可能无限地增长,尤其对于经济已相当发达的国家来说更是如此。另一方面,经济增长也要付出代价,如造成环境污染,引起各种社会问题等。因此,经济增长就是实现与本国具体情况相符的适度增长率。

(四)国际收支平衡

国际收支(balance of payments)是指一定时期内一个经济体(通常指一个国家或者地区)与世界其他经济体之间发生的各项经济活动的货币价值之和。它有狭义与广义两个层面的含义。狭义的国际收支是指一个国家或者地区在一定时期内,由于经济、文化等各种对外经济交往而发生的,必须立即结清的外汇收入与支出。广义的国际收支是指一个国家或者地区内居民与非居民之间发生的所有经济活动的货币价值之和。当一国国际收入等于国际支出时,称为国际收支平衡。一国国际收支的状况主要取决于该国进出口贸易和资本流入流出状况。

二、宏观经济政策工具

(一)需求管理

需求管理是指通过调节总需求来达到一定政策目标的宏观经济政策工具,包括财政政策与货币政策。

凯尔斯主义理论认为,在短期内,在总供给既定条件下,决定就业和物价的关键是总需求。需求管理通过调节总需求,实现总需求等于总供给,达到既无失业又无通货膨胀的目标。当总需求小于总供给时,整个经济因需求不足而产生失业,政府应采取扩张性政策工具,刺激总需求增长,实现充分就业;当总需求大于总供给时,整个经济会因需求过度而出现通货膨胀,政府应采取紧缩性政策工具,抑制总需求,消除通货膨胀。

(二)供给管理

供给管理是指通过调节总供给来达到一定政策目标的宏观经济政策工具。总供给表示一国所有厂商在一定时期内,在每一价格水平下愿意而且能够提供的商品和劳务总量。供给即生产。在短期内影响供给的主要因素是生产成本,特别是生产成本中的工资成本;在长期内影响供给的主要因素是生产能力,即经济潜力的增长。因此,供给管理包括控制工资与物价的收入政策、指数化政策、人力政策和经济增长政策。

(1)收入政策。工资上涨是成本推动型通货膨胀的主要原因。收入政策是指通过限制工资收入增长率从而限制物价上涨率的政策。

(2)指数化政策。指数化政策是指定期的根据通货膨胀率来调整各种收入的名义价值,以使其实际价值保持不变。

(3)人力政策。亦称为就业政策,是一种旨在改善劳动市场结构,以减少失业的政策。

(4)经济增长政策。

(三)对外经济管理

对外经济管理是指通过对国际贸易、国际资本流动、劳务的国际输出和输入等进行管理和调节,以实现国际收支平衡。对外经济管理包括对外贸易政策和对外金融政策。对外贸易政策包括关税政策、非关税政策和鼓励出口政策;对外金融政策包括外汇管理政策和国际收支调节政策。

第二节　财政政策

财政政策是国家干预经济的主要政策之一。它是为促进就业水平提高,减轻经济波动,防止通货膨胀,实现稳定增长而对政府财政支出、税收和借债水平所进行的选择,或对政府财政收入和支出水平所做的决策。

一、财政政策工具

财政政策工具也称财政政策手段,是指国家为实现一定财政政策目标而采取的各种财政手段和措施,它主要包括财政收入(主要是税收)、财政支出及财政预算。

(一)财政收入

财政收入是指政府为履行其职能、实施公共政策和提供公共服务与服务需要而筹集的一切资金的总和。财政收入表现为政府部门在一定时期内(一般为一个财政年度)所取得的货币收入。财政收入是衡量一国政府财力的重要指标。财政收入主要来源于税收和公债。

1.税收

税收是以实现国家公共财政职能为目的,基于政治权力和法律规定,强制、无偿取得的财政收入。税收具有无偿性、强制性和固定性的形式特征。税收是政府组织财政收入的基本手段,是政府财政收入中最主要的组成部分,是调节经济的重要杠杆。

▶【案例 11-1】

税收不是越高越好

拉弗曲线的产生是在 1974 年某一天。经济学家阿瑟·拉弗和一些著名的记者与政治家在华盛顿的一家餐馆里吃饭。他拿来一块餐巾并在上面画上了一个图来说明税率如何影响税收收入。然后拉弗提出,美国已处于这条曲线向下的一边上。他认为,税率如此之高,以至于降低税率实际上会增加税收收入。

很少有经济学家认真地考虑拉弗的建议。就经济理论而言,降低税率可以增加税收收入的思想可能是正确的,但值得怀疑的是实际上并非这样。还没有证据可以证明拉弗的观点。

当里根 1980 年当选总统时,他进行的减税就是这个政纲的一部分。他总是说:"第二次世界大战期间我拍过电影赚过大钱。"在那时,战时的附加所得税达 90%。"你只能拍四部电影就达到最高税率那一档了。"他继续说,"因此,我们拍完四部电影就停止工作,并到乡下度假。"高税率引起少工作,低税率引起多工作。他的经历证明了拉弗曲线是正确的。

里根认为,税收如此之高,以至于不鼓励人们努力工作。他认为,减税将给人们适当的工作激励,这种激励又会提高经济福利,或许甚至可以增加税收。由于降低税率是要鼓励人们增加他们供给的劳动数量,所以拉弗和里根的观点就以供给学派经济学而闻名。

讨论题:

1.拉弗曲线说明了什么问题?

2.举例说明为什么税收不是越高越好?

2.公债

公债是指政府凭借信用,通过发行债券或借款的方式而取得的收入,是政府财政收入的另一来源,具有有偿性和自愿性的特点。公债是弥补赤字、解决财政困难的有效手段,是筹集建设资金的较好方法。公债是政府调控经济的重要政策工具,政府发行公债能扩大财政资金的来源,筹集重点建设资金,调节积累与消费比例,调节投资结构与产业结构,优化经济结构,增加财政收入和支出,刺激总需求。

此外,政府取得财政收入的来源还有国有资产收益、收费收入以及其他收入等。国有资产收益是指国家凭借对国有资产的所有权,从国有资产经营收入中所获得的经济利益。主要包括上缴利润、租金、股息、红利等。收费收入是指国家政府机关或事业单位在提供公共服务、实施行政管理或提供特定公共设施的使用时,向受益人收取一定的费用。主要包括规费、使用费、环境保护费和纠纷调解费。规费指政府部门为公民个人或单位提供某些特定服务或实施特定行政管理所收取的工本费和手续费。如工商执照费、商标注册费、户口证书费、结婚证书费、商品检验费等。使用费指政府部门对其供应的公共设施或国有资源按一定标准收取的费用。如高速公路使用费、沙石费等。环境保护费是政府为了维护、治理和保护人类社会的自然环境而对有污染、损害、侵蚀环境行为的单位和个人所收取的费用。纠纷调解费是国家机关在处理公民、法人和其他组织间民事或经济纠纷时,为调解当事人之间权利义务关系而收取的费用。收费收入具有有偿性和不确定性的特点,是政府财政收入的辅助形式。其他收入是指上述收入之外的收入,如捐赠收入等。

(二)财政支出

财政支出指整个国家中各级政府支出的总和,由许多具体的支出项目构成,主要可分为政府购买和转移支付两大类。

1. 政府购买

政府购买是指政府对商品和劳务的购买。如军需品、机关公务用品、政府雇员报酬、公共项目工程、科学、教育、文化、卫生等的支出都属于政府购买。

政府购买是一种实质性的支出,有着商品和劳务的实际交易,因而直接形成社会需求和购买力,是国民收入的一个组成部分。

2. 转移支付

政府支出中的另一个部分是转移支付。政府转移支付是指政府单方面的、无偿的资金支付,包括社会保障和社会福利支出、政府对农业或部分企业的补贴、公债利息、捐赠支出等。

转移支付是一种货币性支出,是政府对现有收入的再分配,社会总收入并没有增加,但有利于实现社会公平。由于转移支付不直接构成对商品和劳务的需求,形成的是潜在购买力,因而对总需求的影响是间接的。

(三)财政预算

财政预算,也称为公共财政预算,是由政府编制,经立法机关审批,反映政府一个财政年度内收支状况的计划,是政府组织和规范财政分配活动的重要工具。在现代社会,它还是政府调节经济的重要杠杆。

财政预算通过调整收支规模和收支差额发挥调节作用,收支规模决定政府投资和消费的规模,总而影响社会总需求和社会总供给;收支差额一般分为赤字预算、盈余预算和平衡预算,它们分别体现着扩张性财政政策、紧缩性财政政策和中性财政政策。总之,在市场经济条件下,当市场难以保持自身均衡发展时,政府可以根据经济运行情况,选择适当的预算总量或结构政策,用预算手段调节国民收入的分配和再分配;调整经济结构,平衡社会总需求与总供给的关系,促进经济平稳增长。

二、财政政策的运用

根据对总需求的调节方向不同,财政政策可分为扩张性的财政政策、紧缩性的财政政策和中性财政政策。财政政策运用的一般原则为"逆经济风向行事",即在经济萧条时期,采用扩张性财政政策;在经济繁荣时期,采用紧缩性财政政策。

(一)扩张性财政政策

扩张性财政政策亦称为积极财政政策,主要是通过减税、扩大政府财政支出进而扩大财政赤字,增加和刺激社会总需求的一种财政分配方式。

1.减税

减税可以增加个人可支配收入,从而促进消费增加;减税可降低企业成本,增加企业利润,从而促进投资增加,因此,减税能刺激总需求的增加。

2.扩大政府财政支出

扩大政府财政支出的途径有增加政府购买、增加政府转移支付、实行赤字预算、发行公债等。政府购买是总需求的构成部分,增加政府购买能够增加总需求,同时能刺激企业投资;增加政府转移支付既能促进个人消费增加,也可促进企业投资,因此扩大政府财政支出能刺激总需求增加。

在经济萧条时期,总需求不足,经济中存在大量失业,政府就要通过扩张性的财政政策来刺激总需求,达到充分就业、稳定经济增长的目标。

▶【案例 11-2】

我国出现赤字怎么办

当政府财政收入少而支出多的时候,就会出现财政赤字。国际上衡量财政赤字有两条警戒线标准:第一条警戒线是:财政赤字占 GDP 的比重不能超过 3%。一旦超过,就会出现财政风险。例如,我国 GDP 的总量在 2001 年是 10 万亿人民币,10 万亿的 3% 是 3000 亿。如果我国的赤字大于 3000 亿,它就超出了警戒线。我国 2002 年财政赤字是 3098 亿,只超一点,风险还不是很大,但如果再多就有一定的风险了。第二条警戒线是:政府的财政赤字不能超出财政总支出的 15%。我们说了,政府的钱不够花,可以去借债,但不能借债太多,一国政府的财政赤字不能超出这个百分比,如果超出说明赤字太大了。

当政府出现了财政赤字,怎么来弥补呢?有两种解决办法:第一是透支,第二是发行国债。什么是透支?就是财政部在银行里有一个账户,支出超出了账户上的存款,在账户上出现了"红字"即负数,这叫透支。但是用透支的方法解决财政赤字是不可以轻易使用的。因为政府透支的钱实际上相当于我们储户在银行的存款,尽管我们储户的存折上一分钱都不少,但在实际上却有了一个洞,如果我们去银行支取自己的存款,银行没钱,只能印钞票,这就意味着一国通货膨胀开始了。对于老百姓来说等他们把钱取出来时,钱已经贬值,买不到原来那么多的商品了。因此当一国财政有困难找银行去透支,实际上就是变相把老百姓的钱悄悄塞进政府的口袋里。

第二种就是发行国债。目前我国和世界其他各国都这么做。发行国债就是让人们自愿来买。发行的时候告诉大家发多少,期限有多长,利息是多少。这种方法比透支好,因为大家自愿买国债是用自己没有花的钱,没有增加货币总量。政府出售国债获得的资金,用于基本建设投资,加大政府支出拉动经济增长,再从经济增长中获得更多的税收,增强了还债能力,政府不用多印钞票,也就不会造成通货膨胀。

国债有内债与外债、短期与长期之分。我国的外债发行的是长期国债,内债基本上为短期、中期和长期。在 20 世纪 80 年代初,我国每年发国债的规模是 50 亿元人民币。20 年过去了,现在每年发债规模已经上升到 3000 亿—4000 亿,而且继续呈上升趋势。因为过去发行的长期国债陆续到期,因此现在发的国债不仅要弥补当年的财政赤字,还要加上到期还本付息的部分,就是借新债还旧债。

虽然我们国债赤字不少,但是政府靠国债给我们留下了 25000 亿的优质资产,为我们铺设了高速公路,提供向三峡工程等基础设施和很多的公共物品,为中国经济的起飞打下了基础。

讨论题:

1. 什么是财政赤字?

2. 弥补财政赤字的主要方法是什么?

（二）紧缩性财政政策

紧缩性财政政策是指通过增加财政收入或减少财政支出以抑制社会总需求增长的政策。其具体措施为增税和减少政府财政支出。

1. 增税

增税降低个人收入水平,从而减少消费;增税增加企业的成本,减少企业利润,从而减少投资,因此,增税会抑制总需求。

2. 减少政府财政支出

减少政府财政支出的途径有减少政府购买、减少政府转移支付、实行盈余预算等。减少政府财政支出可抑制总需求。

在经济繁荣时期,总需求大于总供给,经济中存在通货膨胀,政府采取紧缩性财政政策来抑制总需求,达到稳定物价的目标。

（三）中性财政政策

中性财政政策是指财政收支保持平衡,不对社会总需求产生扩张或紧缩的财政政策。一般而言,这种政策可以理解为收支平衡政策,按这一政策的要求,不宜有大量的结余,也不允许有大量的赤字。

三、自动稳定器

自动稳定器亦称内在稳定器,是指经济系统本身存在的一种减少各种干扰对国民收入冲击的机制,它能够在经济繁荣时期自动抑制总需求扩张,在经济衰退时期自动减缓总需求下降,无须政府采取任何行动。具有自动稳定器作用的因素主要包括个人和公司所得税、失业救济金和其他社会福利支出、农产品价格维持制度等。

（一）个人和公司所得税

当经济衰退时,国民产出水平下降,个人收入减少;在税率不变的情况下,政府税收会自动减少,留给人们的可支配收入也会自动地减少一些,从而使消费和需求也自动地少下降一些。反之,当经济繁荣时,失业率下降,人们收入自动增加,税收会随个人收入增加而自动增加,可支配收入也就会自动地少增加一些,从而使消费和需求自动地少增加一些。

（二）政府转移支付

政府转移支付,它包括政府的失业救济和其他社会福利支出。当经济出现衰退与萧条时,失业增加,符合救济条件的人数增多,失业救济和其他社会福利支出就会相应增加,这样就可以抑制人们收入特别是可支配收入的下降,进而抑制消费需求的下降。当经济繁荣时,失业人数减少,失业救济和其他福利费支出也会自然减少,从而抑制可支配收入和消费的增长。

（三）农产品价格维持制度

经济萧条时,国民收入下降,农产品价格下降,政府依照农产品价格维持制度,按支持价格收购农产品,可使农民收入和消费维持在一定水平上。经济繁荣时,国民收入水平上升,农产品价格上升,这时政府减少对农产品的收购并抛售农产品,限制农产品价格上升,也就抑制了农民收入的增长,从而也就减少了总需求的增加量。

总之,政府税收和转移支付的自动变化、农产品价格维持制度对宏观经济活动都能起到稳定作用。它们都是财政制度的内在稳定器和对经济波动的第一道防线。

第三节　货币政策

【案例 11-3】

"钱从这里滚出去"

中央银行用什么办法把钱投放到市场上,又是用什么办法把钱抽走。在美联储格林斯潘的办公桌上放着这样一块牌子,上面写着"钱从这里滚出去",这非常形象地说明了中央银行控制着货币的供给。中央银行主要用以下"三大法宝"控制货币的多少。

公开市场业务就是中央银行在金融市场上买进或卖出有价证券以调节货币供给量。比如,有些企业手中有一笔闲钱,既不想投资,也不想扩大再生产,更不想进股市,担心风险太大。于是企业决定买债券,因为债券利息高于银行利息,风险又小于股票。中央银行发现经济过冷,就买进,买进有价证券实际上就是发行货币,从而增加货币供给量,鼓励人们去消费、去投资等刺激经济的回升。中央银行发现经济过热就卖出,卖出有价证券实际就是中央银行回笼货币,减少市场货币流通量,人们消费和投资的钱就少,经济就会适度降温。公开市场业务能够灵活而有效地调节货币量,针对市场资金多余和短缺的具体时间和领域进行操作。

贴现是商业银行向中央银行贷款的方式。比如说,一个人手中有一张 1 万元的国债,还没到期,但他现在急需要一笔钱,于是他把这 1 万元的国债拿到银行去换成现金。这时银行收取一些手续费。这就是贴现,贴现的期限一般较短,为一天到两周。商业银行收下 1 万元的国债,暂时还不需要钱时,他就可以放在手里,等到期时兑现,赚取利息。如果商业银行也急需现金它就可以到中央银行去贴现贷款。中央银行收下 1 万元的国债后,按照中央银行规定的贴现率给该商业银行。这个贴现率在我国叫作再贴现率。中央银行降低贴现率或放松贴现条件,这样商业银行可以得到更多的资金,就可以增加它对客户的放款,放款的增加又可以通过银行创造货币的机制增加流通中的货币供给量,降低利息率。相反,中央银行提高贴现率或严格贴现条件,使商业银行资金短缺,这样就不得不减少对客户的放款或收回贷款,贷款的减少也可以通过银行创造货币的机制减少流通中的货币供给量,提高利息率。

准备金率是商业银行吸收的存款中用做准备金的比率,准备金包括库存现金和在中央银行的存款。通俗地说,当人们把 1000 元钱存进银行,银行就必须把一笔钱放在中央银行。假如准备金率是 10%,商业银行只能往外贷款 900 元。中央银行变动准备率则可以通过准备金的影响来调节货币供给量。假定商业银行的准备率正好达到了法定要求,这时,中央银行降低准备率就会使商业银行产生超额准备金,这部分超额准备金可以作为贷款放出,从而又通过银行创造货币的机制增加货币供给量,降低利息率。相反,中央银行提高准备率就会使商业银行原有的准备金低于法定要求,于是商业银行不得不收回贷款,从而又通过银行创造货币的机制减少货币供给量,提高利息率。

讨论题:

1.什么是货币政策? 货币政策的主要工具是什么?

2.在不同时期如何运用货币政策?

货币政策是指中央银行为实现既定的目标,运用各种工具调节货币供应量来调节市场利率,通过市场利率的变化来影响民间的资本投资,影响总需求来影响宏观经济运行的各种方针措施。与财政政策一样,货币政策是国家干预经济的另一重要政策,是需求管理的重要工具。

一、货币政策基础知识

(一)货币

货币是人们普遍接受的充当交换媒介的特殊商品。马克思认为,货币是充当一般等价物的特殊商品,是商品交换发展和价值形态发展的必然产物。在发达的商品经济中,货币执行着价值尺度、流通手段、支付手段、贮藏手段和世界货币五种职能。货币主要包括以下几种类型:

1.现金

现金亦称通货,包括纸币和铸币。其中,纸币是一种法定货币,称为法币。法币是政府强制流通的货币。纸币发行的基本权力为政府所有,具体由中央银行掌握。硬币是一种小面额的辅币。它是铜质的、铝制的或是镍质等金属铸造而成。

2.存款货币

存款货币是指可以随时提取的商业银行的活期存款,它也称为需求存款。由于活期存款可以随时转换成现金,所以银行的活期存款和通货没有区别。它也是一种货币。

3.准货币

准货币是指能够执行价值储藏职能,并且易于转换成交换媒介,但本身还不是交换媒介的资产。例如,股票和债券等金融资产就是准货币。

4.货币替代物

货币替代物是指能够暂时执行交换媒介职能,但不能执行价值储藏职能的东西。例如,信用卡就是一种货币替代物。

(二)货币供应量

货币供应量是指一国在某一时点上为社会经济运转服务的货币存量,它由包括中央银行在内的金融机构供应的存款货币和现金货币两部分构成。中央银行一般根据宏观监测和宏观调控的需要,根据流动性的大小将货币供应量划分为不同的层次。我国现行货币统计制度将货币供应量划分为三个层次。

1. 流通中现金(M_0)

指单位库存现金和居民手持现金之和,其中"单位"指银行体系以外的企业、机关、团体、部队、学校等单位。

2. 狭义货币供应量(M_1)

指 M0 加上单位在银行的可开支票进行支付的活期存款。

3. 广义货币供应量(M_2)

指 M_1 加上单位在银行的定期存款和城乡居民个人在银行的各项储蓄存款以及证券公司的客户保证金。其中,中国人民银行从 2001 年 7 月起,将证券公司客户保证金计入广义货币供应量 M_2。

一般来说,由于各国银行业务名称不尽相同,同一名称的业务内容也不尽相同,货币供应量统计口径不尽相同,只有 M_0 和 M_1 大体相同。在我国,M_0 为流通中的现金,M_1 由 M_0 和单位活期存款构成,M_2 由 M_1、单位活期存款、个人存款和其他存款构成。

二、货币政策工具

货币政策工具是中央银行为达到货币政策目标而采取的手段。中国的货币政策工具主要有存款准备金制度、再贴现政策与公开市场操作,被称为中央银行的"三大法宝"。主要是从总量上对货币供应量和信贷规模进行调节。

(一)存款准备金制度

存款准备金制度是指中央银行依据法律所赋予的权力,要求商业银行和其他金融机构按规定的比率在其吸收的存款总额中提取一定的金额缴存中央银行,并借以间接地对社会货币供应量进行控制的制度。提取的金额被称为存款准备金,准备金占存款总额的比率称为存款准备率或存款准备金率。

存款准备金制度由两部分组成:一是法定准备金;二是超额准备金。法定准备金是指以法律形式规定的缴存中央银行的存款准备金,其运作的原理是中国人民银行通过调整商业银行上缴的存款准备金的比率,借以扩张或收缩商业银行的信贷能力,从而达到既定的货币政策目标。比如提高法定准备金比率,由一定的货币基数所支持的存贷款规模就会减少,从而使流通中的货币供应量减少;反之,则会使货币供应量增加。超额准备金是银行为应付可能的提款所安排的除法定准备金之外的准备金,它是商业银行在中央银行的一部分资产。我国的超额准备金包括两个部分:一是存入中央银行的准备金;二是商业银行营运资金中的现金准备。前者主要用于银行间的结算和清算,以及用于补充现金准备,而后者是用于满足客户的现金需要。

(二)再贴现政策

贴现是指票据持有人在票据到期日前,为融通资金而向银行或其他金融机构贴付一定利息的票据转让行为。通过贴现,持票人得到低于票面金额的资金,贴现银行及其他金融机构获得票据的所有权。再贴现是商业银行及其他金融机构将买入的未到期的贴现票据向中央银行办理的再次贴现。从形式上看,再贴现与贴现并无区别,都是一种票据和信用相结合的融资方式,但从职能上看,再贴现是中央银行执行货币政策的重要手段之一。

所谓再贴现政策,就是中央银行通过制定或调整再贴现利率来干预和影响市场利率及货币市场的供应和需求,从而调节市场货币供应量的一种金融政策。再贴现政策分为两种。一种是长期的再贴现政策,这又包括两种:一是"抑制政策",即中央银行较长期地采取再贴现率高于市场利率的政策,提高再贴现成本,从而抑制资金需求,收缩银根,减少市场的货币供应量;二是"扶持政策",即中央银行较长期地采取再贴现率低于市场利率的政策,以放宽贴现条件,降低再贴现成本,从而刺激资金需求,放松银根,增加市场的货币供应量。另一种是短期的再贴现政策,即中央银行根据市场的资金供求状况,随时制定高于或低地市场利率的再贴现率,以影响商业银行借入资金的成本和超额准备金,影响市场利率,从而调节市场的资金供求。

再贴现政策的作用过程实际上就是通过变更再贴现率来影响商业银行的准备金及社会的资金供求的过程。当中央银行提高再贴现率,使之高于市场利率时,商业银行向中央银行借款或再贴现的资金成本上升,这就必然减少向中央银行借款或再贴现,这使商业银行的准备金相应缩减。如果准备金不足,商业银行就只能收缩对客户的贷款和投资规模,从而也就缩减了市场的货币供应量。随着市场货币供应量的缩减,银根紧俏,市场利率也相应上升,社会对货币的需求也就相对减少。而当中央银行降低再贴现利率,使其低于市场利率时,商业银行向中央银行借款或再贴现的资金成本降低,这就必然增加其向中央银行的借款或再贴现,商业银行的准备金相应增加,这就必然会使其扩大对客户的贷款和投资规模,从而导致市场货币供给量的增加。随着市场货币供给量的增加,银根松动,筹资较易,市场利率相应降低,社会对货币的需求也会相应增加。

(三)公开市场操作

公开市场操作是指中央银行在金融市场上买卖有价证券和外汇的活动。它是中央银行的一项主要业务,是货币政策的一种基本工具。中央银行买进或卖出有价证券或外汇意味着进行基础货币的吞吐,可以达到增加或减少货币供应量的目的。当金融市场上资金缺乏时,中央银行就通过公开市场业务买进有价证券,向社会投入一笔基础货币。这些基础货币如果是流入社会大众手中,则会直接地增加社会的货币供应量,如果是流入商业银行,则会引起信用的扩张和货币供应量的多倍增加。相反,当金融市场上游资泛滥、货币过多时,中央银行就可以通过公开市场业务卖出有价证券,无论这些证券是由商业银行购买,还是由其他部门购买,总会有相应数量的基础货币流回,引起信用规模的收缩和货币供应量的减少。中央银行就是通过公开市场上的证券买卖活动,以达到扩张或收缩信用、调节货币供应量的目的。

三、货币政策的运用

与财政政策一样,根据对总需求的调节方向不同,货币政策可分为扩张性货币政策、紧缩性货币政策和中性货币政策。货币政策运用的一般原则是"逆经济风向行事",即在经济萧条时,采用扩张性货币政策;在经济繁荣时期,采用紧缩性货币政策。

(一)扩张性货币政策

扩张性货币政策亦称积极或宽松的货币政策,是指通过增加货币供应量、降低利率来刺激总需求的货币政策。

在经济萧条时期,总需求小于总供给,存在大量失业,政府就要采取扩张性货币政策来刺激总需求,其中包括降低法定存款准备金率、降低再贴现率并放松再贴现条件、在公开市场上买进有价证券等,通过增加货币供应量、降低利率刺激总需求,促进充分就业和经济增长。

（二）紧缩性货币政策

紧缩性货币政策是指通过减少货币供应量、提高利率抑制总需求的货币政策。在经济繁荣时期,总需求大于总供给,存在通货膨胀,政府则需要采取紧缩性货币政策来抑制总需求,其中包括提高法定存款准备金率、提高再贴现率和再贴现条件、在公开市场上卖出有价证券等,通过减少货币供应量、提高利率抑制总需求,达到稳定物价的目标。

（三）中性货币政策

中性货币政策是指货币当局或中央银行对货币供应量既不扩大,也不紧缩的政策措施。其目的是使货币在经济活动中保持中立地位,不对经济增长发生任何实质性影响,完全通过市场机制来实现经济均衡。

第四节　财政政策与货币政策的搭配使用

一、财政政策与货币政策的区别

财政政策与货币政策各具特点,其区别主要表现在以下几个方面。

第一,政策的制定者不同。财政政策是由国家财政机关制定的,必须经全国人大或其常委会通过,而货币政策是由中央银行在国务院领导下直接制定的。

第二,调节的范围不同。财政收支及其政策体现政府职能的各个方面,其调节范围不仅限于经济领域,也涉及社会生活的其他领域;货币政策主要处理商业性金融系统功能边界内的事务,其调节范围基本上限于经济领域。

第三,调节的手段不同。财政政策所依靠的手段,主要有税收、预算支出、公债、财政补贴、贴息等,货币政策所凭借的手段,则主要有利率、存款准备金率、贴现率和公开市场业务以及贷款安排等。

第四,调控侧重点不同。虽然财政政策与货币政策都对总量与结构发生调节作用,但财政政策相对于货币政策而言带有更为强烈的结构特征;货币政策相对财政政策而言带有更为鲜明的总量特征,因为国民经济中的一切投资需求和消费需求,都要表现为有支付能力的货币购买力,中央银行作为唯一能够直接管理全社会货币供应总量的部门,正是运用货币政策对之加以调控。

第五,调控效果有异。当经济萧条时,人们对经济前景信心低迷,即使采用非常宽松的货币政策,人们仍不愿意增加消费和投资,而扩张性财政政策通过增加财政支出、减税能显著地提振经济,因而财政政策对经济复苏的作用优于货币政策;当经济过热时,人们对经济前景高涨,紧缩性货币政策能有效地抑制通货膨胀,货币政策对抑制经济过热的效果优于财政政策。

二、财政政策与货币政策的组合运用

常见的政策的组合运用有以下几种情形。

(一)扩张性财政政策与扩张性货币政策组合

扩张性财政政策与扩张性货币政策组合亦称"双松"模式,适用于经济萧条阶段。在经济萧条阶段,社会总需求小于社会总供给,政府采用扩张性财政政策在使总需求增加的同时会使利率上升,而同时配合采用扩张性货币政策,则会抑制利率上升,以消除或减小扩张性财政政策的挤出效应,使总需求增加。

(二)紧缩性财政政策与紧缩性货币政策组合

紧缩性财政政策与紧缩性货币政策组合亦称"双紧"模式,适用于经济过热阶段。在经济过热阶段,社会总需求大于总供给,政府采用紧缩性财政政策在使总需求减小的同时会使利率下降,而同时配合采用紧缩性货币政策,则会抑制利率下降,从而抑制总需求增加。

(三)扩张性财政政策与紧缩性货币政策组合

扩张性财政政策与紧缩性货币政策组合亦称"一松一紧"模式,适用于经济衰退阶段,在经济衰退阶段,政府采用扩张性财政政策刺激需求,采用紧缩性货币政策控制通货膨胀。这种政策组合使用会导致利率上升。

(四)紧缩性财政政策与扩张性货币政策组合

紧缩性财政政策与扩张性货币政策组合亦称"一紧一松"模式。当经济出现通货膨胀但又不严重时,可采用这种组合,一方面用紧缩性财政政策抑制总需求,另一方面用扩张性货币政策降低利率、刺激投资,以防止财政政策过紧而引起衰退。

本章小结

宏观经济政策是一国政府为实现一定的总体经济目标而制定的相关指导原则和措施。宏观经济政策的目标是充分就业、物价稳定、经济增长和国际收支平衡。凯恩斯主义理论的宏观经济政策主要是财政政策和货币政策。

财政政策是政府为实现一定的经济目标,运用财政收入和财政支出来调节经济的政策。财政政策工具主要有税收、公债、政府购买、政府转移支付和财政预算等。根据对总需求的调节方向不同,财政政策可分为扩张性财政政策、紧缩性财政政策和中性财政政策。

货币政策是政府通过中央银行控制货币供应量来调节利率,进而影响投资和整个经济以实现宏观经济目标的行为措施。货币政策工具主要包括法定存款准备金率、再贴现率和公开市场业务。根据对总需求的调节方向不同,货币政策可分为扩张性货币政策、紧缩性货币政策和中性货币政策。

财政政策与货币政策运用的一般原则是"逆经济风向行事",即在经济萧条时期,采用扩张性财政与货币政策;在经济过热时期,采用紧缩性财政与货币政策。政府在利用宏观经济政策调节经济时,应根据具体经济形势及各项政策措施的特点,灵活地选择适当的政策工具,相机抉择,以实现宏观经济政策目标。

思考与练习

一、单项选择题

1.宏观经济政策的目标是（　　）。

A.充分就业和物价稳定

B.物价稳定和经济增长

C.同时实现充分就业、物价稳定、经济增长和国际收支平衡

D.国际收支平衡和充分就业

2.不具有自动稳定经济功能的是（　　）。

A.政府购买   B.所得税

C.政府转移支付   D.农产品价格维持制度

3.经济过热时,政府应该采取（　　）的财政政策。

A.减少财政支出   B.增加财政支出   C.扩大财政赤字   D.减少税收

4.通货是指（　　）。

A.纸币和铸币   B.储蓄存款   C.活期存款   D.定期存款

5.中央银行在公开的证券市场上买入政府债券会使货币供给量（　　）。

A.增加   B.减少   C.不变   D.难以确定

6.下列选项中,（　　）是紧缩性货币政策。

A.降低法定存款准备金率   B.增加货币供给

C.提高再贴现率   D.中央银行买入政府债券

7.法定准备金率越高,（　　）。

A.银行越愿意贷款   B.货币供给量越大

C.越可能引发通货膨胀   D.商业银行存款创造越困难

8.贴现率是（　　）。

A.银行对其最有信誉的客户收取的贷款利率

B.银行为其定期存款支付的利率

C.中央银行对商业银行的存款支付的利率

D.当中央银行向商业银行贷款时,中央银行收取的利率

9.紧缩性货币政策会导致（　　）。

A.货币供给量减少,利率降低   B.货币供给量增加,利率提高

C.货币供给量减少,利率提高   D.货币供给量增加,利率降低

10.扩张性财政政策和紧缩性货币政策组合使用导致利率（　　）。

A.上升   B.不变

C.下降   D.以上答案均不对

二、多项选择题

1.下列属于扩张性财政政策的是（　　）。

A.减少政府支出   B.减少税收   C.增加政府支出   D.增加税收

2.经济萧条时,中央银行会采取以下货币政策(　　　)。

A.买进政府债券　　　　B.卖出政府债券　　　C.降低存款准备金率　　D.调低再贴现率

3.政府购买是指政府对商品和劳务的购买,如(　　　)。

A.购买军需品　　　　　B.机关公用品　　　　C.公共工程支出　　　　D.政府转移支付

4.M_2的组成部分有(　　　)。

A.硬币、纸币　　　　　B.政府债券　　　　　C.银行活期存款　　　　D.定期存款

5.中央银行降低再贴现率的货币政策作用有限,其原因有(　　　)。

A.中央银行不能命令商业银行增加贷款

B.中央银行不能命令商业银行前来贷款

C.商业银行前来借款多少由自己决定

D.商业银行已有超额准备

三、判断题

1.宏观经济政策的目标之一是使失业率降到自然失业率之下。　　　　　　　　　(　　)

2.中央银行发行的钞票是中央银行的负债。　　　　　　　　　　　　　　　　(　　)

3.活期存款和定期存款都可以很方便地变为交换媒介,所以按美国官方的货币分类,应归入 M_1 之中。　　　　　　　　　　　　　　　　　　　　　　　　　　(　　)

4.大众持有现金的偏好增强,货币创造乘数会下降。　　　　　　　　　　　　(　　)

5.中央银行法定准备金率越高,存款创造乘数也就越大。　　　　　　　　　　(　　)

6.提高贴现率可以刺激银行增加贷款。　　　　　　　　　　　　　　　　　　(　　)

7.如果一个存款者从银行提取了现金,那么,银行的准备率就会下降。　　　　　(　　)

8.如果中央银行希望降低利率,那么它可以在公开市场上出售政府证券。　　　　(　　)

9.大多数经济学家认为,扩张性的货币政策使得利率下降,国民收入上升。　　　(　　)

10.一般来说,货币政策的决策要比财政政策的决策迅速。　　　　　　　　　(　　)

四、简答题

1.宏观经济政策的目标是什么?

2.财政政策和货币政策的主要工具分别包括哪些?

3.货币政策有哪三大工具?

4.财政政策与货币政策有何区别?

参考文献

[1]高鸿业.经济学基础[M].北京:中国人民大学出版社,2016.

[2]杨洁.经济学基础[M].北京:人民邮电出版社,2015.

[3]童宏祥,刘春娣.经济学基础[M].上海:上海财经大学出版社,2016.

[4]史锦梅,王娟娟.经济学基础[M].北京:经济科学出版社,2014.

[5]赵磊,侯彦明.经济学基础[M].北京:中国铁道出版社,2016.

[6]刘标胜,李素萍,孙晶晶.经济学基础[M].北京:中国人民大学出版社,2017.

[7]叶航,何樟勇,李建琴.宏观经济学教程[M].杭州:浙江大学出版社,2016.

[8]高鸿业.西方经济学[M].北京:中国人民大学出版社,2014.

[9]尹伯成.现代西方经济学习指南[M].上海:复旦大学出版社,2014.

[10]曼昆.经济学原理[M].北京:北京大学出版社,2009.

[11]史蒂芬·列维特,史蒂芬·都伯纳.魔鬼经济学[M].广州:广东经济出版社,2007.

[12]保罗·A.萨缪尔森,威廉·D.诺德豪斯.宏观经济学[M].北京:人民邮电出版社,2004.

[13]华桂宏.经济学基础[M].北京:中国人民大学出版社,2016.

[14]梁建刚.聚集做大迪士尼产业链[N].解放日报,2016-1-20.

[15]姜欣欣.如何理解新供给经济学主张[N].金融时报,2015-12-21.

[16]田秋生.货币超常增长:CPI上涨最根本原因[N].南方日报,2011-3-21.

[17]朱小华.经济学基础[M].北京:中国人民大学出版社,2016.

[18]张顺.微观经济学习题集.[M].北京:中国人民大学出版社,2016.

[19]张顺.宏观经济学习题集.[M].北京:中国人民大学出版社,2015.

[20]付达院.经济学原理:微观经济学分册.[M].北京:北京大学出版社,2013.

[21]张连城.经济学教程.[M].北京:经济日报出版社,2012.

图书在版编目（CIP）数据

经济学基础 / 付兵,胡明琦,王竹主编. —杭州：
浙江大学出版社,2018.4
ISBN 978-7-308-18106-8

Ⅰ.①经… Ⅱ.①付… ②胡… ③王… Ⅲ.①经济学
Ⅳ.①F0

中国版本图书馆 CIP 数据核字（2018）第 060414 号

经济学基础

付　兵　胡明琦　王　竹　主　编

责任编辑	李　晨	
责任校对	高士吟	
封面设计	春天书装	
出版发行	浙江大学出版社	
	（杭州天目山路 148 号　邮政编码 310007）	
	（网址：http://www.zjupress.com）	
排　　版	杭州中大图文设计有限公司	
印　　刷	浙江省邮电印刷股份有限公司	
开　　本	787mm×1092mm　1/16	
印　　张	12.75	
字　　数	320 千	
版 印 次	2018 年 4 月第 1 版　2018 年 4 月第 1 次印刷	
书　　号	ISBN 978-7-308-18106-8	
定　　价	38.00 元	